# -*ky's*
# Literarische
# Trostpflaster

HORST BOSETZKY

# *-ky's*
# Literarische
# Trostpflaster
## Geschichten für alle Lebenslagen

VERGANGENHEITS
VERLAG

Bibliografische Informationen der Deutschen Nationalbibliothek.
Die Deutsche Nationalbibliothek verzeichnet diese Publikation in
der Deutschen Nationalbibliografie; detaillierte bibliografische Daten
sind im Internet über http://dnb.d-nb.de abrufbar.

ISBN: 978-3-86408-196-5 (Print) / 978-3-86408-197-2 (E-Book)

Korrektorat: Berenike Schaak

Grafisches Gesamtkonzept, Titelgestaltung, Satz und Layout: Frank
Petrasch

„*Ich lerne nichts mehr dazu, habe bloß immer noch die alten Geschichten, aber eigentlich sind das die besten.*"
Louis Henry Fontane in: Theodor Fontane, *Meine Kinderjahre*

# Inhalt

# Vorspann

So ist das Leben. Ich sitze in meinem italienischen Stammrestaurant am Berliner Bundesplatz und warte auf das georderte Mahl. Spricht am Nebentisch eine ältere, sehr sympathische Dame kurz mit ihrem Sohn, steht dann auf, kommt auf mich zu und sieht mich prüfend an. Ich zucke zusammen. Gott, wenn das so ist wie in einer TV-Serie: Da wäre sie eine intime, aber längst total vergessene Freundin aus dem Jahre 1975 und gesteht mir nun, dass sie damals ein Kind von mir bekommen hat, den jungen Mann um die Vierzig neben ihr am Tisch, mir das aber aus den verschiedensten Gründen verschwiegen hat.

„*Entschuldigen Sie*", beginnt sie. „*Sind Sie Horst Bosetzky?*"

„*Ja ...*", hauche ich.

„*Ich wollte Ihnen nur schnell sagen, dass einer Ihrer frühen Kriminalromane mein absolutes Lieblingsbuch ist – Ein Mord am Lietzensee.*"

„*Da haben Sie wirklich einen guten Geschmack, allerdings ist der besagte Roman nicht von mir, sondern von meinem Freund Richard Hey, und der ist leider schon vor über zehn Jahren gestorben.*"

Ich erhole mich nur langsam von diesem Schock und will nach dem letzten Bissen sofort das *Roma* verlassen, hätte aber noch gern zum Abschluss einen Kaffee getrunken und wende mich an den Ober.

„*Gibt es bei Ihnen auch diesen berühmten Kaffee aus einer der früheren deutschen Kolonien, der heute so angesagt ist?*"

„*???*"

„*Na, steht doch überall: Coffee to go!*"

Zu Hause wirft mir meine Tochter vor, ihr nichts aus dem Restaurant mitgebracht zu haben. „*Gemein von dir!*"

Beim Formulieren einer Antwort kommt mir sofort ein Lieblingsspruch meines Vaters in den Sinn: „*Gemein ist, wenn man seine Großmutter die Treppe hinunter stößt und dann ausruft: 'Oma, warum rennst du denn so!?'*"

Am Abend sehe ich – wie freitags immer – Oliver Welkes treffliche *heute-Show*, und da geht ein Reporter, möglicherweise auch ein Horst, der Lutz van der Horst, in der belebten Fußgängerzone einer deutschen Großstadt auf ausgesprochen bürgerliche Bürger zu, hält ihnen das Mikrofon hin und fragt sie ganz ernsthaft:

„*Haben Sie hier schon einmal einen Homo sapiens gesehen?*"

„*Nein, die gibt es bei uns zum Glück noch nicht.*"

So ist das jedenfalls in meiner Erinnerung gespeichert, und so erzähle ich es immer wieder – wie auch Hunderte anderer Anekdoten, Witze, Kalauer, Sentenzen kluger Frauen und Männer und Gags aus alten TV-Serien.

Als ich dann im Bett liege, denke ich darüber nach, was sich in meinem langen Leben in dieser Hinsicht schon alles angesammelt hat. Sollte ich das nicht aufschreiben, denke ich noch, dann falle ich in den verdienten Schlaf, zum Glück noch nicht in den ewigen. Am nächsten Morgen will ich gleich loslegen, doch dann tue ich nur das, was für mich typisch ist und das ich, weil es meine absolute Stärke ist, immer so formuliere: Schnell entschlossen zögerte er. Das nennt sich in der Fachsprache Prokrastination, salopp: die Aufschieberitis, gehobener auch Erledigungsblockade oder Handlungsaufschub. Irgendwann schreite ich dennoch zur Tat, schreibe alles auf, was mir in den Sinn kommt, und schicke das fertige

Produkt im Anhang einer E-Mail dem Dr. Alexander Schug vom Vergangenheitsverlag, der auch *-ky´s Berliner Jugend* veröffentlicht hat. Er ist mit meinem Titel *Was ich immer wieder gern erzähle* nicht einverstanden und schlägt in Anlehnung an Doktor *Erich Kästners Lyrische Hausapotheke* aus dem Jahre 1936 den Titel *-ky´s literarische Trostpflaster* vor. Okay!

Über das Trostpflaster lese ich bei *Wikipedia*:

*Es steht im übertragenen Sinn für eine Wiedergutmachung oder Genugtuung. Das Trostpflaster soll in Gestalt tröstender Worte oder kleiner Geschenke das Nichterreichen eines angestrebten Ziels quasi ersetzen und so im übertragenen Sinn die „offene Wunde" bedecken. Dies zeigt sich auch bei einem „Kinderpflaster" das oft bunt gehalten und gelegentlich bemustert ist, so dass man die verletzte Stelle am Körper nicht sieht und trotzdem der Verarztete etwas zum Vorzeigen hat.*

Bei mir sollen die „literarischen Trostpflaster" Leserinnen und Leser zum Schmunzeln und zum Lachen bringen, denn der klügste aller Psychologen, der Volksmund, weiß es schon lange: Lachen ist gesund. Inzwischen gibt es auch die die Gelotologie. *„Was bitte?"* Die Wissenschaft der Auswirkungen des Lachens. *„Das ist doch lachhaft!"* Hm ... Lesen wir einmal, was bei *Wikipedia* dazu geschrieben steht: *Die Gelotologie (von griech. γέλως gélōs „Lachen", Genetiv γέλωτος gélōtos) ... beschäftigt sich mit den körperlichen und psychischen Aspekten des Lachens. Begründer der Gelotologie ist der Psychiater William F. Fry, der 1964 an der Stanford-University erstmals über die Auswirkungen des Lachens auf die körperlichen Vorgänge forschte. Fry hat auch den Begriff Gelotologie geprägt. Als therapeutische Anwendung gelotologischer*

11

*Erkenntnisse gelten die sogenannten Humor-Therapien oder Lachtherapien ....*

Eine kleine Abschweifung: Bei unserem letzten Urlaub in Griechenland hatte ich stapelweise hochliterarische Hörbücher eingepackt, die mir zum Geburtstag geschenkt worden waren. Es ehrt mich ungemein, dass mich meine Freunde und Verwandten für einen intellektuellen Bildungsbürger halten. Nur einer/ein muss meine wahren Bedürfnisse erahnt haben und hat mir schamhaft eine CD von Eckart von Hirschhausen und Hellmuth Karasek geschenkt (mit dem zusammen ich einmal vor Jahren in Andernach „aufgetreten" bin): *Ist das ein Witz?* Und nun kommt mein Geständnis: Alles Andere habe ich nicht angerührt, diese CD aber jeden Abend gehört. Einmal kommt meine Frau aus dem Bad und fährt zusammen: „Du weinst ja!" Nein, ich habe nur Tränen gelacht.

Aber zurück zum Ernst der Gelotologie. Im Heft 3/2015 der *Psychologie Heute* findet sich ein Artikel von Annette Schäfer mit der dicken Überschrift: *Wir sollten was zum Lachen haben!* und dem Untertitel: *Wie Studien eindrucksvoll belegen, kann unser psychisches wie körperliches Befinden durch Gelächter verbessert werden.* Erwähnt wird der Pionier der modernen Lachtherapie, der amerikanische Wissenschaftsjournalist Norman Cousins, und unter der fundamentalen Erkenntnis „*Wer viel lacht, lebt potentiell länger*" auf die wichtigsten therapeutischen Wirkungen des Lachens hingewiesen:

- Gelächter reduziert Stress, verbessert die Laune und lindert Ängste.

- Herzhaft zu lachen kann sogar eine klinische Depression mildern, wie Studien mit schwermütigen Senioren belegen. Durch Lachyoga oder das Erzählen humorvoller Geschichten nahmen Depressionssymptome ab, der Schlaf verbesserte sich, und die Lebenszufriedenheit der alten Leute stieg an.

- Ein Ausbruch von Heiterkeit ist in der Lage, Schmerzen zu dämpfen.

- Lachen scheint zudem Herz und Blutgefäße gesund zu halten.

Wunderbar. Zwei eigene Erlebnisse sollen das Gesagte ergänzen: Zuerst: Werde ich nach meinem Schlaganfall, nachdem es mir besser geht, von der *stroke unit* in ein Zweibettzimmer gebracht. Das Nachbarbett ist noch leer. Wird ein Mann von etwa vierzig Jahren hereingebracht, der so verzweifelt aussieht, dass ich fürchte, er wird in den nächsten Stunden Selbstmord begehen. Er trägt an einer Stirnseite ein dickes Pflaster, denn er leidet unter einer Meningitis und man hat ihm gerade Nervenwasser abgenommen. „Gott", sage ich. „*Nun bekomme ich als Zimmernachbarn auch noch einen Bankräuber. Hat man also bei der Flucht auf Sie geschossen. War es nur ein Streifschuss oder steckt die Kugel noch im Kopf?*" Da fängt er – zum ersten Mal seit Tagen – an zu lachen, und von dieser Minute an geht es ihm, einem Lehrer, besser, denn wir blödeln noch eine Weile herum. – Dann zweitens: Etwas zum Lachyoga. Die Frau meines lieben Freundes Heiner (Name geändert, weiter unter aber steht sein richtiger) betreibt es seit Jahren. Ruft sie mich eines Tages lachend an. „*Du, Horst, soll ich dir mal etwas Urkomisches erzählen?*" – „*Ja, bitte, immer ...*" – „*Heiner ist doch gerade 82 geworden ...*" – „*Ja ...*" – Ihre Heiterkeit steigert sich: „*Und hat immer noch in seinem Hochbett schlafen wollen.*" – „*Ich weiß – und ...?*" – „*Nun schläft er im Keller. Für immer ...*" – „*Wieso denn das?*

Habt ihr euch gestritten?" – „Nein, er wollte schlafen gehen und ist von der Leiter seines Hochbetts gefallen. Nun liegt er im Leichenkeller der Charité ..."

Die komischsten Episoden aus meinem langen Leben will ich hier vor Ihnen ausbreiten, nicht nur aus Langeleben, einem Flecken am Rande des Elms, wo es einmal eine Jugendherberge gegeben hat und wohin wir unsere erste Klassenfahrt unternommen haben. Sie sehen schon, dass ich unter einem ganz besonderen Anankasmus leide, dem Zwang zum Kalauern und zum Assoziieren. Sitze ich neulich bei der Goldenen Hochzeit eines befreundeten Ehepaares, und alle singen das schöne Lied von Paul Gerhardt: *Geh aus, mein Herz, und suche Freud ...* Da ich bei Freud sofort an Sigmund denke, muss ich murmeln: „*Wieso denn das? Müssen sich die beiden psychiatrisch behandeln lassen, weil sie 50 Jahre nie jemand anderes hatten ...?*" – „*Pssst!*" – Den Witz, der mir sofort zu Sigmund Freund einfällt, wage ich nicht mehr zu erzählen: Frage: „*Wer liegt auf dem Friedhof neben Freud?*" – „???" – Antwort: „*Na, Leid, denn Freud und Leid liegen ja dicht beieinander.*" Da quietscht die Bartwickelmaschine ...

Zurück zu Langeleben und der besagten Klassenfahrt. Von der ist mir nur in Erinnerung geblieben, dass ich, obwohl ich wirklich klasse war, unser Tischtennisturnier fast verloren hätte, weil Ingrid Weiß, unsere Klassenbeste, mit einem damals neuartigen Schaumstoffschläger angetreten war, und Uwe Buchmann, unser schönster Mitschüler und ein Ebenbild des jungen Curd Jürgens, mich noch zusätzlich verunsichert hatte: „*Ich möchte mal wissen, wo Ingrid noch überall Schaumstoff hat ...?*" Da sollte ich nun nichts weiter als die Tischtennisbälle im Auge haben, die lautlos und mit ungewohntem Schnitt übers Netz kamen.

„*Der Mensch*", sagt Jean-Paul Sartre, „*ist immer Geschichtenerzähler und sieht alles, was geschieht, durch seine Geschichten.*"

Ja, so ist es, und das ist schlimm, denn immer wieder höre ich von der geliebten Gefährtin meines Lebens: „*Das hast du mir doch schon hundertmal erzählt!*" Dann nehme ich meine eingeübte Demutshaltung ein und erwidere: „*Ja, entschuldige, aber ich habe wieder einmal vergessen, alles zu vergessen!*" Mein Sohn geht noch härter mit mir ins Gericht („Bosetzky, setzen! Fünf!"), wenn ich alles an dem messe, was ich einmal erlebt habe. Ein Beispiel: Da gibt es bei uns in der Großfamilie ein „Wunderkind", das nur Einsen mit nach Hause bringt. Als wir auf die junge Dame zu sprechen kommen, entspinnt sich folgender Dialog:

ICH: „*Bei mir in der Schule wie auch an der Uni sind alle die Einser-Kandidaten später im Leben nicht groß herausgekommen, während die Sitzenbleiber ...*"

ER: „*Vater, du mit deinem Abiturschnitt von 3,2 ...!*"

ICH: „*Aber sitzengeblieben bin nicht nie! Nicht einmal in einem Interzonenzug zu DDR-Zeiten, als deren nicht eben weltmarkttüchtige Computer aus Sömmerda meinen Sitzplatz zweimal vergeben hat – und eine ältere und sehr gebrechliche Dame vor mir stand ...*"

ER: „*Was hat das mit den angeblichen Wunderkindern auf der Schule und der Uni und ihrem späteren Scheitern im Leben zu tun?*"

ICH: „*Nichts, aber angeblich soll ja Alles mit Allem zusammenhängen. Und die ältere Dame mit derselben Platzkarte sah nun einmal aus wie unsere frühere geniale Musterschülerin Ingrid.*

*Und die ist keine Nobelpreisträgerin geworden, sondern, glaube ich, ‚nur' Grundschullehrerin. Womit meine These als verifiziert gelten kann.*"

ER: *„Aber das ist doch unwissenschaftlich, was du da sagst! Du kannst doch von deinen zwei bis drei erlebten Fällen nicht auf Hunderttausende von Musterschülern schließen, von denen vielleicht 99,9 Prozent erfolgreiche Ärzte, Apotheker, Unternehmer, Manager oder Professoren geworden sind."*

Das genau ist mein Problem (aber nicht nur meins): die leichtfertige Generalisierung. Ein anderes wiegt ebenso schwer: Einiges von dem, was ich hier schildere, hat auch mein Protagonist Manfred Matuschewski in meinen *Kartoffel*-Romanen schon erlebt. Nun, ich bin nicht deckungsgleich mit ihm, denn wir weisen einen schwerwiegenden Unterschied auf: Er war nie Schriftsteller, also irgendwie süchtig nach dem Schreiben und Gedrucktwerden, und auch sonst bin ich beim Schreiben der Romane nach dem Prokrustesbett-Prinzip vorgegangen: Mal habe ich etwas weggelassen, was mir zu peinlich war, mal etwas hinzugefügt, was andere erlebt hatten, meine Romane aber bunter gemacht haben. Wer nun die Romane von *Brennholz für Kartoffelschalen* bis *Kartoffelsuppe oder Das Karussell des Lebens* gelesen hat, wird also öfter ausrufen: *„Das kenne ich doch schon!"*, aber dies dann bitte mit der Freude des Wiederkennens und nicht schimpfend. Und das Selbstplagiat ist ja nicht strafbar. Bundesminister will und kann ich auch nicht mehr werden.

Was ich im Internet finde, macht mir Mut zu meinem Vorhaben:

*Nichts fesselt die Aufmerksamkeit der Zuhörer mehr, als wenn der Redner zu Beginn eine spannende oder humorvolle Anekdote zum Besten gibt. Medienkundige und fernsehverwöhnte Kinder hören mucksmäuschenstill zu, wenn Sie ihnen eine exotische Ge-*

*schichte erzählen. Und auch bei einem fachkundigen Publikum ist Ihnen Aufmerksamkeit gewiss, wenn Sie Ihre Rede oder Ihren Vortrag mit einer lustigen Anekdote beginnen.*

Nun gibt es sicherlich Unterschiede zwischen dem Lesen eines Buches und dem Lauschen einer Rede, aber die grundsätzliche Frage ist dieselbe: Wie schaffe ich es, andere Menschen dahin zu bringen, mir zu folgen? Am besten, so scheint mir, indem ich sie zum Lachen bringe. Ich habe das Jahrzehntelang im Hörsaal, bei Lesungen, im Radio und Fernsehen, bei Familienfeiern und Versammlungen des Berliner Schriftstellerverbandes versucht. Da hatten wir zum Beispiel den Berliner Verleger Christoph Links zu einem Vortrag eingeladen, und die Frage kam auf: „*Warum gerade Links?*" Da habe ich dann geantwortet: „*Weil ich an den jeden Tag erinnert werde, wenn ich mit der S-Bahn fahre und alle zwei Minuten im Zug die Durchsage höre: 'Ausstieg links'.*" So gut dieser Einstieg auch sein mochte, sofort verdrehte ein Kollege von der Lyrik die Augen und rief in meine Richtung: „*Kann denn der Kerl nicht mal ernst sein!?*" Meine Reaktion auf diese laut geäußerte Kritik brachte ihn noch mehr auf die Palme. „*Gut, gehen wir alle ins Theater und sehen uns das Stück von Oscar Wilde an: Bunbury oder Die Kunst, ernst zu sein*".

Ein kleiner Einschub: 1815 hätten wir als Titel dieses Buches vielleicht *100 Schnurren aus dem Leben des Dr. -ky* gewählt, doch bei Schnurren denkt heutzutage alles an das, was bei *Wikipedia* so formuliert ist: *Schnurren ist ein niederfrequentes …, gleichmäßig vibrierendes Geräusch, das Katzen in bestimmten Situationen erzeugen. In der Regel signalisiert es Wohlbefinden, wird aber auch in Stresssituationen hervorgebracht.* Eine Schnurre hingegen wird definiert als: *eine kurze un-*

terhaltsame spaßige *Erzählung über eine wunderliche Begebenheit (von: Schnurrpfeife), siehe auch: Anekdote.* Aha! Bleibe ich also bei der, obwohl ich früher immer gerne etwas von Wolfgdietrich Schnurre (1920–1989) gelesen habe. Aber lasse ich das lieber mit der Schnurre, denn sie löst auch ungute Assoziationen aus: *Schnurrpfeife oder Schnurrpfeiferey ist ein veralteter Begriff für einen unbrauchbaren, nutzlosen und wertlosen Gegenstand, vergleichbar mit Tand oder Nippes.* Und wenn Leser dann mein Buch *100 Schnurrpfeifereyen aus dem Leben des Dr. -ky* nennen, dann ist das ja nicht so erhebend.

Ich frage mich gelegentlich, wenn ich wieder einmal nach einem Schlaganfall, einer Bandscheibenoperation oder einem diagnostizierten Karzinom im Krankenhaus liege, ob ich wohl auf dem Totenbett ernst sein kann oder wie Kaiser Augustus ausrufe: „*Habe ich meine Rolle gut gespielt? Nun, so klatscht Beifall, denn die Komödie ist zu Ende.*" Und wenn ich mich einmal voll dem Ernst zuwenden will, dann klappt es nicht. Da habe ich mir im letzten Urlaub bergeweise Hörbücher mit Texten der Hochliteratur mitgenommen, siehe oben, und ergötze mich an einem Witz wie diesem: Wir sind im tiefkatholischen Bayern, die Oma hat sich in der Scheune erhängt. Niemand traut sich zum Pfarrer zu gehen und ihm das zu erzählen, weil man Angst hat, dass sie sonst keine ordentliche Beerdigung bekommt. Schließlich schickt man den minderjährigen Enkel hin, um den Tod der Oma zu vermelden. Der Pfarrer staunt: „*Wie konnte das denn geschehen, gestern in der Kirche war sie doch noch kerngesund?*" – „*Ja, aber heute Nacht hat der Herr sie mit dem Lasso heimgeholt.*"

Ich bin kein Neurobiologe, aber ich vermute einmal, dass unser Gehirn längst nicht so viel Speicherplatz aufzuweisen hat, um unser Leben, dauert es siebzig oder achtzig Jahre, Sequenz für Sequenz aufzuzeichnen. Unwichtiges wird bald wieder gelöscht werden, und wir behalten nur die Szenen im Gedächtnis, die für unser Leben entscheidend sind und ein ganz besonderes Erlebnis darstellen. So scheint es, blicken wir auf unser Leben zurück, als hätte es nur aus wenigen *takes* bestanden. Selbstverständlich habe ich auch Schreckliches erlebt: Den Bombenkrieg im Luftschutzkeller, die Gräuel beim Einmarsch der Roten Armee, als meine Mutter neben mir vergewaltigt worden ist und ich sie nur mit Mühe am erweiterten Suizid hindern konnte, den Beschuss durch Tiefflieger, den Tod vieler Menschen, an denen ich ungemein gehangen habe, die eigenen Operationen, die Krebs-Diagnosen – und, und, und. Aber all das will ich hier ausblenden, und im Großen und Ganzen nur von dem berichten, was in die Rubriken Humor und Situationskomik fallen dürfte. Dabei versuche ich, meinem großen Guru Theodor Fontane gerecht zu werden, wenn er schreibt: „*Ohne einen feinen Beisatz von Selbstironie ist jeder Mensch mehr oder weniger ungenießbar.*" Ohne Ironie und Selbstironie nicht und mein Motto: „*Ein bisschen Hollywood muss überall dabei sein.*" Schön, einen großen Literaturpreis werde ich nie verliehen bekommen, zumal, wenn ich ausrufe: „*Lieber Hertha BSC als Herta Müller!*", nicht einmal mit der versteckten Drohung beziehungsweise dem Versuch einer Erpressung den Literaturpäpsten gegenüber: „*Wenn ich einmal meinen ersten Mord begehen sollte, dann wüsste ich schon, wer da in Frage käme ...*"

In der Wissenschaft soll ja gelten: *Publish or perish*, also veröffentlichen oder umkommen, untergehen, sterben ... Ich mache daraus für mich: Wer schreibt, der bleibt ... am Leben. Besonders wenn dabei gelacht werden kann.

Am 9.10.2014 hatte ich die Ehre, bei einer Veranstaltung des VS Berlin unter der Überschrift *(Fast) Vergessene Schriftsteller* Texte von Fred Wander zu lesen, unter anderem dies: *Und wovon lebt der Mensch – vom Wort und von den Bildern in seinem Kopf!* – Das hat mir Mut gemacht, an diesem Text weiterzuschreiben.

Zwischenruf: „*Geht´s denn nicht bald mal los!?*"

Ja, sofort. Es folgen also all die Anekdoten und Episoden, die mein Leben ausmachen, und von denen ich hoffe, dass sie Trostpflaster in der oben beschriebenen Art für alle Leser und Leserinnen sind, wobei ich, schließlich war ich einmal der Wissenschaft verpflichtet, versuchte habe, alles ein wenig zu ordnen und in den Schubladen unterzubringen, die oben unter „Inhalt" zu finden sind. Hinzugefügt sind noch alle Zitate und Sprüche, die ich immer wieder „ablasse" und das, was ich an Sitcom-Serien liebe.

Also: „*Auf die Plätze! Fertig ... Schuss!*" Als alter Hundertmeterläufer komme ich nicht los davon. Tragisch ist auch, dass sich mein großer Jugendtraum nicht erfüllt hat, einmal Deutscher Meister zu werden. Bei den Jugendmeisterschaften 1956 habe ich den ersten und letzten Anlauf genommen – und bin schon im Vorlauf ausgeschieden. Wo das war? In Paderborn. Nun raten Sie einmal, warum ich als Fußballnarr nicht gerade Anhänger des SC Paderborn bin.

Doch nun zuerst zu den amüsanten Szenen, die mir spontan einfielen, wenn ich an meine Eltern denke ...

# I. Geschichten für Leute mit Zweifeln am eigenen Namen oder die meinen, keine Wunschkinder zu sein

Meine Eltern, das waren Hildegard Bosetzky, geb. Schattan (* 11.6.1910 in Rixdorf, † 28.5.2009 in Berlin) und Otto Bosetzky (* 24.1.1906 in Züllichau/Unterweinberge, † 17.7.1968 in Berlin). Meine Mutter ist in der Muskauer Straße in Kreuzberg groß geworden, hat ein Lyzeum am Mariannenplatz und danach die Höhere Handelsschule besucht, um dann solange bei der AOK zu arbeiten, bis sie „gemaßregelt" wurde, wie das damals hieß, also entlassen, weil ihr Vater/mein Großvater (Oskar) Jude war. Mein Vater war ein nichteheliches Kind, ist auf der Oder auf dem Schleppkahn seiner Tante und später in einem Kreuzberger Kohlenkeller aufgewachsen, hat bei der Reichspost das Handwerk des Telegraphenbauhandwerkers gelernt, ist später zur Gaußschule gegangen und ist dort, wie man heute sagt, Ingenieur (FH) geworden. Früh in die SPD eingetreten, hat er in Kreuzberg gegen die Nazis gekämpft und stand auf deren Abschussliste, wurde aber nicht aus dem Reichspostzentralamt (RPZ) entlassen, weil er für die kriegswichtige Produktion unentbehrlich war und seine Nazi-Vorgesetzten ihre Hand schützend über ihn hielten (bis er dann Anfang 1945 doch noch „eingezogen" wurde, also Soldat werden musste).

Warum ich Horst (Otto, Oskar) heiße? Ich weiß es nicht, ich weiß nur, dass ich noch mit 77 Jahren darunter leide, zumal mein Sohn Sascha mir nach einem heftigen Streit einmal zugerufen hat: „*Vater, du heißt nicht nur Horst, du bist auch ein Horst!*" Ein „Horst„ ist ja nicht nur in der Jugendsprache ein „Depp" oder „Trottel". „Sich zum Horst machen" bedeutet, sich lächerlich zu machen, sich zu blamieren. Zwischenruf meiner – bei allen ganz besonders beliebten – Lehrerin für Deutsch und Latein: „*Bosetzky, so wie Sie mit diesem Buch!*" Egal ... Und auch einen Zusammenhang mit dem Schwulsein gibt es, wenn man an den Witz denkt: „*Wohin fliegt der schwule Storch? Zu seinem Horst.*" Es besteht aber auch eine eher tiefenpsychologische Vermutung für meine „Behorstung": Meine Mutter hatte, wie gesagt, einen jüdischen Vater und eine jüdische Großmutter, und da war ihre Angst nicht ganz unberechtigt, einmal in ein KZ oder nach Theresienstadt verbracht zu werden oder in den Weiten des Ostens leben zu müssen. Also dachte sie, wenn ich meinen Sohn nach Horst Wessel nenne, dann bin ich mit Mann und Kind gerettet. Nicht zuletzt aus diesem Grunde bin ich froh, wenn Freunde -ky zu mir sagen.

Bei den eben angerissenen mörderischen politischen Umständen ist es verständlich, dass ich nicht gerade ein Wunschkind war, und so rutschte meiner Mutter einmal raus, ich sei nur ein „Rechenfehler" gewesen, also ein Irrtum bei der Verhütung. *Die Memoiren eines Rechenfehlers* – wäre das nicht ein schöner Titel? Jetzt weiß ich jedenfalls, warum ich mit der Mathematik nie zurechtgekommen bin.

Nun zur ersten richtigen Anekdote. Meine Eltern waren begeisterte Paddler, hatten fast alle großen deutschen Flüsse befahren, und es wurde sogar gemunkelt, ich sei im Frühsommer 1937 in ihrem Faltboot gezeugt worden. Das erscheint mir, der ich selbst viele Sommer lang ... äh: gepaddelt bin, relativ unwahrscheinlich, selbst wenn man, was ich bei meinen Eltern ausschließen möchte, das Kamasutra sorgfältig studiert und ausprobiert hat.

Fast jeden Sonntag waren sie auf den Gewässern um Schmöckwitz unterwegs, ich mit meinen vier Jahren immer vorn im Boot zwischen den Knien meiner Mutter. Mein Vater führte über jeden im Boot zurückgelegten Kilometer sorgfältig Buch, weil es vom Kanuverband bei einer größeren absolvierten Strecke einen extra Wimpel gab, den er gern am Bug seines Schffleins flattern sah. Von daher hatte er es gar nicht gern, wenn unnötig angelegt und Zeit verplempert wurde.

Da verspüre ich das, was er immer „ein menschliches Rühren" genannt hat.

*„Vati, ich muss dringend groß. Ich kann es nicht mehr aushalten."*

*„Dann halte es eben ein."*

Das versuche ich dann auch, aber irgendwann auf dem großen Seddinsee will mein Afterschließmuskel nicht mehr mitspielen und ich verfahre nach dem Laissez-faire-Prinzip („Alles einfach so laufen lassen, wie es gerade kommt"). Es ist eine Erlösung! Von nun an sitze ich viel weicher als vorher, und wärmer ist es auch noch.

Meine Eltern paddeln zügig durch den Gosener Graben, und wenn sie wirklich ganz bestimmte Gerüche wahrnehmen, dann führen sie es auf die Düngung der umliegenden Wiesen zurück.

Nach Erreichen des Dämeritzsees wird es Zeit zum Mittagessen. Zu diesem Zweck halten wir in Richtung Müggelspree auf eine Lichtung zu, an deren Ufer sich gut anlegen und aussteigen lässt. Behälter mit Buletten und Kartoffelsalat werden ausgeladen, dazu die nötigen Teller. Alles ist aus Glas und Porzellan, Plastik gab es ja noch nicht, und man muss aufpassen, dass dabei nichts entzwei geht. Schnell ist eine Stelle gefunden, sich gemütlich zu lagern. Doch kaum hat meine Mutter den ersten Bissen im Mund, schreit sie auf.

*„Otto, hier stinkt es!"*

*„Ich war es nicht"*, erwidert mein Vater.

Meine Mutter glaubt ihm nicht, denn er war, bevor Tomi Ungerer sein diesbezügliches Buch *Der Furz* geschrieben und so herrlich illustriert hatte, schon mehrfach als „Kunstfurzer" in Erscheinung getreten, so hatte er mir beispielsweise, als meine Mutter und ich im Rahmen der Kinderlandverschickung während des Krieges evakuiert waren und er uns an jedem Wochenende besuchte, die vier Himmelsrichtungen auf ganz besondere Weise beigebracht. Bei „Nord", „Ost", „Süd" und „West" streckte er jedes Mal sein Hinterteil aus und ließ dabei – so im Berliner Jargon – mächtig einen fahren, vier richtige Knaller also. Um mich in der Flatologie kundig zu machen, recherchiere ich im Internet und finde im Spiegel 27/1987 einen Bericht über den Palast der Winde in Hamburg und auch folgende Definitionen:

*Nach der Lehre der Bauch- und Darmwinde zerfällt die Gattung Furz in vier Unterfürze: 1. den geräuschvollen, gleichwohl geruchlosen und kontrollierten Preßfurz; 2. den gemeinen, lauten Stinkpups, auch vapor tonans odoratus oder „het windje", wie die Holländer ihn verniedlichend nennen, 3. den ordinären Kolonnenknaller, der häufig nach mißbräuchlichem Genuß von Hülsenfrüchten oder Apfelwein mit Bullrichsalz auftritt, 4. den nassen, gelben Färber (vapor succulentus), den man an seinem brutzelnden Begleitgeräusch erkennt (vgl. Limbach, „Der Furz". Handbuch der Flatologie, München, 1983, S. 20 ff).*

Als mein Vater bei einer Geburtstagsfeier einmal behauptet hat, er könne zaubern, sah er nur ungläubige Gesichter.

*„Was kannst du denn zaubern, Otto?"*

*„Dass die Luft nach Kacke stinkt."*

Ich weiß, wer ein wenig Psychologie studiert hat, schreit jetzt sofort auf, ebenso auf mich wie auf meinen Vater bezogen: anale Fixierung! Nein, nein, beide weisen wir nicht deren typische Merkmale auf, nämlich ein starkes Bedürfnis nach Ordnung, Sauberkeit und Kontrolle bis hin zu Geiz und Pedanterie, tief sitzende Angst vor Kontrollverlust und Hingabe. Eher ist es bei uns, um Sigmund Freud noch einmal zu bemühen, die Lust am Tabubruch. Und so erwähne ich jetzt auch das, was mir Heike, die geliebte Gefährtin meines Lebens sicher sehr übel nimmt: Angenommen ich blähe am Morgen um 7 Uhr, reiße danach das Fenster auf und lüfte stundenlang und ausgiebig, und sie kommt um 17 Uhr nach Hause, dann ruft sie sofort: *„Hier stinkt es gewaltig!"* Mein Pech ist, dass sie eine so feine Nase hat, wie sie sich die Parfümeure aus Grasse (siehe Patrick Süskinds *Parfum*) nur erträumen können.

Genug davon, nehmen wir Rücksicht auf die Koprophoben unter uns. Daneben gibt es aber auch die Koprophagen. Einen solchen habe ich einmal in einem Kriminalroman (*Friedrich der Große rettet Oberkommissar Mannhardt*) auftreten lassen und geschrieben: *„Der Mensch lebt nicht vom Kot allein", sagte der Koprophage und biss in einen Apfel.* Damals gab es noch kein Internet und kein bashing, aber die Zahl der empörten Leserbriefe, die den Verlag erreichten, war beträchtlich.

Zurück zu dem Tag, an dem ich die Hosen gestrichen voll habe. Meine Eltern schlussfolgern, dass der ekelerregende Duft (im elaborierten Kot, äh, Code: die olfaktorische Belästigung) aus dem nahen Gebüsch kommen muss.

*„Da haben bestimmt welche hin gemacht!"*

Wir ziehen zwanzig Meter weiter, um hier unsere Decke auszubreiten und unser Picknick fortzusetzen. Wieder rümpft meine Mutter die Nase.

*„Hier müffelt es aber auch gewaltig!"*

Daraufhin sucht mein Vater die umliegenden Büsche sorgsam nach menschlichen Exkrementen ab, denn die transportablen Toiletten waren ja noch nicht erfunden worden. Er entdeckt aber weder einen menschlichen „Haufen" noch Kuhfladen oder Pferdeäpfel.

Lange wird nun über die besagte nicht unerhebliche olfaktorische Belästigung gerätselt. Und es wird immer schlimmer, denn inzwischen habe ich alles breit gesessen und den Düften damit geholfen, sich voll zu entfalten.

Dann aber sieht meine Mutter, wie sich an meinem rechten Bein vom Rand meiner Hose zum Knie hinunter ein braunes Rinnsal schlängelt.

Der Fall ist aufgeklärt. Im anschließenden Prozess werde ich dann freigesprochen.

*„Otto, wärst du ans Ufer gefahren, ohne zu meckern, hätte sich der Junge nicht in die Hose gemacht. So hat er sich nicht getraut, was zu sagen."*

Schläge ebenso wie andere negative Sanktionen, zum Beispiel Stubenarrest und Taschengeldentzug, blieben mir also erspart – anders wie zehn Jahre später...

... als mein Vater und ich in einer übervollen Straßenbahn stehen, eingequetscht wie die Sardinen in der

Büchse. Da lässt einer der Fahrgäste in unserer Nähe „einen durch die Reihen schleichen", wie man damals sagte, entledigt sich also lautlos einer Blähung der Marke *vapor oderatus*. Es stinkt fürchterlich, und alles ist empört, zumal ja augenblickliches Entweichen ausgeschlossen ist.

Da sage ich laut und vernehmlich: „*Vati, musste das denn sein?*"

Er bekommt die berühmte „rote Birne", was alle als Schuldeingeständnis werten, und wäre am liebsten vor Scham im Boden versunken, aber wie denn?

Bleiben wir noch bei meinem Vater. Ich habe Tränen in den Augen, da ich dies schreibe, denn ich habe sehr an ihm gehangen. Nun, als eine Folge meines Schlaganfalls überfällt mich jetzt immer leicht die Rührung, ich werde leicht rührselig, habe also dicht am Wasser gebaut. Die nächste Szene dürfte aber auch hartgesottene Gemüter nicht gänzlich kalt lassen.

Mein Vater hat Krieg und Kriegsgefangenschaft überlebt, ist aber aus Russland mit einer Hüftgelenks-Tbc heimgekehrt und liegt im St. Hedwigs-Krankenhaus. Ich habe ihn mehr als drei Jahre nicht gesehen, und meine Mutter steht mit mir in der Tür eines Krankensaals, in dem an die dreißig ausgemergelte und vom Tode gezeichnete Männer liegen. Einer sieht aus wie der andere. Da sagt sie zu mir: „*Geh, such deinen Vati!*"

Und ich steuere ohne jedes Zögern auf sein Bett zu.

Noch heute rätsele ich, was mir damals diese Gewissheit verschafft hat. Gibt es so etwas wie die Stimme des Blutes? Unsinn, das ist mir zu viel Nazi-Ideologie. Waren es magische Anziehungskräfte, Wellen, die von ihm ausgingen und mich erreicht haben? Ach, nein, ich bin kein Freund alles Esoterischen? Haben meine Gene auf seine Gene irgendwie reagiert und in unseren Gehirnen bestimmte Orientierungsprozesse freigesetzt? Müsste ich einmal einen Neurobiologen befragen. Wahrscheinlich hatte sich sein Gesicht bei mir so eingeprägt, dass ich es trotz all der Veränderungen – weißer Stoppelbart, totale Abmagerung, Glatze – instinktiv wiedererkannt habe. Psychologen würden vielleicht auf die operante Konditionierung verweisen und sagen: Hat der Bosetzky also ein bestimmtes Reiz-Reaktions-Muster erlernt, bevor sein Vater Soldat geworden ist, und das ist dann bei der beschriebenen Szene im Krankenhaus wieder zum Vorschein gekommen.

Er ist dann vom St. Hedwigs-Krankenhaus (Ost-Berlin) ins Oskar-Helene-Heim (West-Berlin) gebracht worden, wo er auch in den Zeiten der Berliner Blockade gelegen hat. Wir konnten von der Neuköllner Ossastraße aus am besten mit der U-Bahn zu ihm fahren, aber die verkehrte aus Mangel an Strom nur bis 18 Uhr, dann musste man auf die DDR-liche S-Bahn ausweichen und hatte weite Wege zurückzulegen. Gab es dazu auch noch eine Stromsperre, so musste ich die vielleicht zwei Kilometer vom Bahnhof Sonnenallee nach Hause im Dunkeln zurücklegen. Da zog ich ein jedes Mal aus, das Fürchten zu lernen.

Mein Vater wurde schließlich mit einem „Gehgips" entlassen, den er später gegen einen „Gehapparat" eintauschen konnte. Schließlich brauchte er nur noch einen Stock. Als er nach einem schweren Schlaganfall spürte, dass er nicht mehr lange zu leben hatte, flüsterte er mir auf dem Sterbebett zu: „*Den will ich mit in den Sarg nehmen ...*"

Als ich den Ärzten und dem Herrn vom Bestattungsunternehmen dies mitteilte, dachten die ganz offensichtlich, dass eine Einweisung in die Psychiatrie für mich das Beste sei. Nun, die Frage, ob der Stock wirklich mit im Sarg gelegen hat und so ins Krematorium gekommen ist, quält mich nicht sonderlich, dafür aber etwas Anderes bis hin zur posttraumatischen Belastungsstörung, und ich erzähle es immer wieder, um es abzuarbeiten: Als mein Vater im Koma liegt, und ich mit meiner Mutter an seinem Bett sitze, kommt eine jüngere Ärztin, die ich gut kenne, weil sie mit meinem Cousin Curt und seiner Frau Bärbel befreundet ist und man sich bei Geburtstagsfeiern immer wieder trifft, zu mir und sagt mir, dass mein Vater nicht mehr zu retten sei und womöglich bis zu seinem Tod über Jahre hinweg im Koma liegen werde. „Er spürt aber trotz seines elenden Zustandes genau, dass ihr bei ihm seid. Wenn ihr geht, dann merkt er, dass das ein Abschied für immer ist und …" Ich weiß nicht, was Medizin und Neurologie heute dazu sagen, und vielleicht wird man es nie herausfinden, im Jahre 1968 aber war ich mir sicher, dass genau das eintreten würde, was man heute beim Thema Sterbehilfe salopp „den Stecker ziehen" nennt. Meine Mutter überließ mir die Entscheidung, und ich entschied mich, seinen Qualen ein Ende zu bereiten. Wir küssten ihn noch einmal, dann gingen wir. „*Mutti, wir nehmen keine Taxe, wir laufen nach Hause, um müde zu werden.*" Als wir eine Stunde später an der Treptower Brücke ankommen, klingelt das Telefon. Es ist das Neuköllner Krankenhaus. Man teilt uns mit, dass mein Vater soeben verstorben sei.

Ich sehe ihn noch heute immer wieder vor mir die Straße entlanglaufen. Langsam mit der steifen Hüfte und seinem Stock. Seine Aktentasche hatte er mit einem langen Riemen über der Schulter hängen, und egal, ob Sommer oder Winter, immer trug er einen braunen Hut. Er hatte nämlich kaum noch Haare auf dem Kopf und begründete dies mit Sprüchen wie: „*Wo Verstand und gute Sinne walten, da könn'n sich keine Haare halten.*" Ich schlich mich oft von hinten an ihn heran, schob mit dem Zeigefinder die Hutkrempe nach oben, so dass sie vorn seine Augen bedeckte und rief: „*HO senkt die Preise!*" Das war ein geflügeltes Wort, weil in einigen Jahren die Handelsorganisation (HO) aus Ost-Berlin alle West-Berliner zum Einkauf in der Hauptstadt der DDR bewegen wollte.

Die Ossastraße ... Die ist nicht benannt nach dem Gebirgsmassiv in Nordgriechenland, sondern nach einem Fluss in Ostpreußen (in Polen heute nur Osa). An die 50 Kilometer entfernt von der Os(s)a fließt die Pissa, und an der lag Pisserkehmen (auf Pruzzisch „Dorf an der Pissa"). Kommen nun die verspotteten Anwohner vom Ufer der Pissa nach Berlin und bitten den Kaiser, ihren Fluss umzubenennen. Seine Majestät nickt huldvoll und verkündet: „*Genehmigt! Soll Urinoko heißen.*" So jedenfalls mein Vater.

Otto Bosetzky war ein liebenswerter, belesener, politisch sehr interessierter, humorvoller und pfiffiger Mann, und immer wieder erzähle ich davon, wie wir uns so um 1955 einmal auf dem Balkon versammelt hatten, um Kirschen zu essen. Viele davon gab es nicht, und damit es gerecht zuging, wir drei alle dieselbe Anzahl von Früchten in den Mund stecken konnten und ich als Schnellster nicht das meiste abbekam, wurde vereinbart, dass alle die Kerne ihrer verzehrten Kirschen in Reih und Glied auf den Teller legen sollten. - Fünf Minuten später: Meine Mutter hatte, sagen wir, neunzehn Kirschkerne auf dem Teller liegen, ich zwanzig, mein Vater aber nur fünf, obwohl wir uns sicher waren, dass er ebenso oft wie wir in die Schale gegriffen hatte. Was war passiert? Er hatte die Mehrzahl seiner Kerne einfach hinuntergeschluckt ... Nix da mit einer Blinddarmentzündung, die uns Kindern bei solchem Verschlucken immer angedroht wurde.

Meine Eltern waren Mitglied der Freien Volksbühne, gingen also jeden Monat einmal ins Theater. Wurde einer von ihnen krank oder war sonst wie verhindert, durfte ich mit. Trat man ins Foyer, gab es jedes Mal ein besonderes Beispiel an sozialer Gerechtigkeit, das an utopische Gesellschaftssysteme denken ließ: Nicht, dass die Schönen und die Reichen vorn im Parkett in der ersten Reihe saßen und das Prekariat ganz hinten oder oben auf dem 2. Rang, nein, es gab einen Sektkübel, in dem die Sitzplatznummern zusammengerollt wie Lose steckten, und in den jeder hineingreifen durfte, der einen Anrechtschein vorweisen konnte, egal, was er verdiente und wo er in der sozialen Schichtungspyramide verortet war. Das war immer ungemein spannend. Diesmal sollte es ins Schiller-Theater gehen, und wir, das heißt, mein Vater und ich, freuten uns auf Erich Schellow und Martin Held. Wir kamen von Bekannten und mussten am Zoo in die U-Bahn zum Ernst-Reuter-Platz umsteigen. Der Zug war gerade weg, und es hieß, neun Minuten warten. Mein Vater wollte die Zeit nutzen, mir Nachhilfe im Fach Heimatkunde zu erteilen und trat mit mir an den Stadtplan.

„*Hier unten ist Schmöckwitz, hier Neukölln, hier Kreuzberg, und da ist die Manteuffelstraße, wo dein Vater im Kohlenkeller groß geworden ist. Wer war Manteuffel?*"

„*Keine Ahnung, wahrscheinlich ein Bezirksbürgermeister von Kreuzberg.*"

„*Unsinn! Bosetzky, setzen: Fünf! Otto Theodor Freiherr von Manteuffel war um 1850 preußischer Innenminister und später auch Ministerpräsident und Außenminister.*" Er zeigte mit dem Finger auf die Waldemarstraße. „*Nach wem ist die benannt?*"

Ich lachte. „*Nach deinem Freund Waldemar Blödorn.*" Der kam aus Rahnsdorf und war Gewerbelehrer in Neukölln, also „Grenzgänger", und von Waldi sangen sie immer: „*Er hieß Waldemar, weil es im Wald geschah.*"

„*Quatsch! Die ist nach einem preußischen Prinzen benannt, der um 1850 nach Südamerika und nach Indien gereist ist, bis nach Tibet hinauf, bis die Engländer ihren Krieg gegen die Sikhs begonnen haben und er schleunigst nach Deutschland zurückkommen musste. Aber wenn es nach mir ginge, dann sollte die Waldemarstraße nach dem letzten Askanier heißen, dem Markgrafen Waldemar ...*" Und nun holte er zu einem längeren Vortrag über diesen Waldemar aus (1280 bis ???). Danach zeigte er auf die Wrangel- und die Muskauer Straße und ließ sich das Längeren über die Fürsten Wrangel und Pückler aus.

Ich schlich mich leise davon. Er merkte das nicht und stand dann allein und laut redend und gestikulierend vor dem Stadtplan auf dem Seitenbahnsteig. Die Leute ringsum hielten ihn für einen „armen Irren" und ließen die flache Hand vor den Gesichtern kreisen.

Wie sehr mir mein Vater noch immer in Gehirn und Blut steckt und damit bestimmte Thesen der Genforschung verifiziert, habe ich neulich im Supermarkt bemerkt. Da stehe ich vor der Käsetruhe und suche nach einer bestimmten Art und Marke. Kommt eine jüngere Verkäuferin vorbei, und ich sehe sie fragend an:

*„Haben Sie keine Leichenfinger?"*

Sie fährt zusammen, glaubt, wieder einmal einen älteren Berliner vor sich zu haben, der eigentlich in die Karl-Bonhoeffer-Nervenklinik gehörte, erkennt mich aber dann als „den -ky" und fragt, ob ich für meinen nächsten Kriminalroman eine Leiche in der Kühltruhe suchen würde.

Ich grinse. *„Schön wär's, aber ich suche nur Harzer Käse in rollenförmiger Form, in Stangen, die so aussehen wie abgeschnittene Finger, von meinem Vater 'Leichenfinger' genannt."*

Jetzt aber zu meiner Mutter. Sie hat mich nicht nur „unterm Herzen getragen", wie es in den Lore-Romanen so schön geschrieben stand, und unter Schmerzen zur Welt gebracht, sondern auch ... Wir haben so etwa das Frühjahr 1943, sind noch nicht evakuiert worden, sondern verbringen das Wochenende bei meiner Oma in Schmöckwitz. Gegen Mitternacht: Fliegeralarm. Alle werden aus dem Tiefschlaf gerissen. *„In den Bunker!"* Der eigene im Garten ist ebenso wenig fertig wie der im Wald nach Karolinenhof hin. Also heißt es: *„Ab zu August!"* August, Herr August, das ist der Nachbar und nicht mein Urgroßvater August Quade, der auch in Schmöckwitz wohnt. Herr August hat schon einen Luftschutzkeller. Später hat man Türen in die Zäune zum Nachbarn eingebaut, um sich schneller helfen zu können, wir aber müssen noch über die Straße. Der Weg dorthin ist sandig. Ich, der Fünfjährige, gehe an der Hand meiner Mutter. Wir haben etwa zehn Meter hinter uns, da gibt es unweit unseres Grundstücks einen Volltreffer. Meine Mutter reißt mich zu Boden und wirft sich schützend über mich ...

Später lästern wir, dass sie mich, schlank war sie nicht gerade, fast zerquetscht hätte, aber es war die Nacht, in der zwei Verwandte, Tante Friedel und Onkel Paul, in ihrer Laube in Senzig bei einem „Notabwurf" von einer Fliegerbombe getötet worden sind. Sie hatten in Neu-kölln in der Friedelstraße im vierten Stock gewohnt und waren ins Berliner Umland geflohen, um größere Chancen des Überlebens zu haben ...

Weil wir gerade bei Beerdigungen und meiner Mutter sind. Sie war ja auf dem Lyzeum gewesen, hatte auch Französisch gelernt und war immer ein wenig am Vornehmen orientiert. Lief ich schlampig herum, bekam ich sofort Folgendes zu hören: *„Wie du wieder rumläufst heute!? Nimm dir mal ein Beispiel an Peter Ledworuski! Der sieht immer aus wie aus dem Ei gepellt."* Ledworuskis waren unsere Nachbarn auf der 3. Etage im Hinterhaus Ossastraße 39. Vier Parteien gab es da. Wir hatten die Wohnung Mitte links, die Ledworuskis die Wohnung außen rechts, die einzige ohne Innentoilette. Wer musste, der musste sich zwar nicht nach unten auf den Hof begeben, aber auf die Außentoilette, die am Treppenabsatz zwischen 2. und 3. Etage gelegen war. Da sie sehr klein war, ließ Erich L. „beim Knöcken" die Tür immer offen. Da er nicht nur eine kräftige Verdauung hatte, sondern auch noch Zigarrenraucher war, quollen immer fürchterliche Düfte ins Treppenhaus.

*„Bosetzky, Sie schweifen wieder einmal ab!"* Ja, aber es hängt ja alles mit allem zusammen, und ohne diesen Gestank aus der Außentoilette wären wir vielleicht nicht in

die Neubauwohnung an der Treptower Brücke gezogen und meine Mutter hätte nicht das erlebt, was ich eigentlich an dieser Stelle erzählen will. Da wohnte in der Etage unter uns ein lieber netter Nachbar, der aber wohl gerne trank, so dass seine liebe nette Ehefrau ganz erheblich in und unter ihrer Ehe zu leiden hatte. Alle im Haus bedauerten die arme Frau. Nun stirbt ihr Mann, und meine Mutter geht natürlich zur Beerdigung. Am Grab, als sie der Witwe die Hand drückt, sagt sie nun nicht: *„Mein herzliches Beileid"*, sondern will ihr Mitgefühl mit den Worten: *„Ich konduliere"* etwas gehobener ausdrücken, sagt aber, Freud lässt grüßen: *„Ich gratuliere"*. O Gott, wie peinlich! Sie wäre, sollte sie später sagen, vor Scham am liebsten auch gleich ins Grab gesunken. Darüber später.

So sehr meine Mutter bei meiner Sozialisation darauf aus war, mit strenger Erziehung für ein gut entwickeltes Über-Ich im Sinne Sigmund Freuds zu sorgen, also in meiner Psyche die Schubladen Moral und Gewissen mit bürgerlich-christlichen, aber auch spießigen Werten zu füllen („Nur nicht auffallen", „Nur nicht anecken", „Immer artig sein") und das Es, die naturnahe Triebinstanz niederzuringen, so einfühlsam und tolerant hat sie sich ihren drei Enkelkindern gegenüber verhalten. Unendlich viel Zeit hat sie damit verbracht, mit ihnen zu spielen und etwas vorzulesen, bis dahin, dass sie meiner Tochter Lisa, die begeisterte Reiterin war und ist, als Pferd gedient hat und mit ihr auf dem Rücken durch den Garten unserer Laube in Heiligensee geritten ist. „Oma, hüh!" Und das mit etwa 75 Jahren. Aber da sie lange Mitglied der Hausfrauen-Abteilung des TuS Neukölln gewesen ist, konnte sie das. „Mutti, wie geht es dir?" – „Eigentlich ganz gut." Immer hat sie das relativierende „eigentlich" in ihre Aussagen eingebaut.

Sie wohnt seit 1954 in der Treptower Straße, und ich besuche Sie dort regelmäßig einmal in der Woche, obwohl das vom Haus in Frohnau wie der Arbeitsstätte in Friedrichsfelde immer eine Weltreise ist. Kommt einmal eine Journalistin einer großen Tageszeitung auf die Idee, mich in der Wohnung meiner Mutter zu interviewen und uns nach der Enge unserer Beziehung zu befragen. Ich prahle regelrecht damit, wie oft ich sie besuche.

Meine Mutter nickt, als sie mein „regelmäßig" hört und fügt hinzu: *„Ja, einmal im Jahr ist auch regelmäßig."*

Zu der Zeit ist sie auch traurig, und als ich sie nach dem Grund dafür frage, erzählt sie mir, dass ein netter älterer Mann aus dem Nachbarhaus gestorben sei, der ihr sogar einmal „Avancen" gemacht habe, der „Opa Ninnemann".

Als ich sie kurz danach zum Essen abhole, kommt uns Herr Ninnemann fröhlich entgegen. Meine Mutter staunt.

*„Aber Sie waren doch gestern noch tot!?"*

Nun zu ihr und ihrem jüngsten Enkelkind, der Alina, die nach ihr und zur Erinnerung an sie, mit zweitem Vornamen Hilde heißt, Alina Hilde also. Der schenkt sie, als Alina vielleicht fünf Jahre alt ist, zum Spielen ein weißes Schäfchen. Wie immer mit der Hinzufügung: *„Ihr müsst nicht denken, dass das billig war."* Nein, war es ganz sicher nicht, da es aus der Fabrik von Käthe Kruse stammte und am Ku'damm gekauft worden war. Ich wohnte zu dieser

Zeit in Frohnau und hatte weder Lust noch Zeit, den Rasen zu pflegen und vor allem regelmäßig zu mähen. Meine Mutter hatte zu eingeladenen Freunden schon missmutig und anklagend auf die verwahrloste Stelle gezeigt: „*Früher, da hatten wir da mal Rasen …!*" Also: Von einem englischen Rasen konnte keine Rede mehr sein, ich hatte als *green keeper* versagt, und wir hatten nur noch eine Steppe mit vielen kahlen Stellen darin. Regnete es, so entstand dort herrlich schwarzer Matsch, in dem Alina gerne spielte, auch mit ihrem neuen wertvollen weißen Schäfchen. Das durfte sich nun, als wäre es ein Wildschwein, in dieser „Matschepampe" suhlen und hatte alsbald auch die Färbung einer Wildsau angenommen. Als alle Reinigungsversuche gescheitert waren, rief meine Mutter höchst theatralisch das aus, was wir bis heute bei jeder sich bietenden Gelegenheit wiederholen: „*Das Schäfchen ist versaut!*"

Auf dieser eben beschriebenen Steppe mit ihren Wasserlöchern sollte nun im Jahre 2000 der 90. Geburtstag meine Mutter gefeiert werden. Ihre Wohnung in Neukölln war für die über 30 Gäste, die wir erwarteten, viel zu klein, und so wurde beschlossen, bei uns in Frohnau zu feiern. Aber all die Lieben im nicht eben großen Haus unterzubringen, schien mir auch unmöglich zu sein.

„*Mutti, dann müssten welche oben auf dem Dachboden sitzen und andere unten im Heizungskeller.*"

„*Dann will ich gar keinen Geburtstag feiern, bringt mich doch gleich auf den Friedhof!*"

„*Ob die dich aber nehmen, so gesund und munter wie du bist …?*"

Die Gefährtin meines Lebens hatte eine naheliegende Idee: „*Gehen wir doch in ein Restaurant, in das alle reinpassen.*"

„*Ich will aber in kein Restaurant gehen, wozu habe ich euch das Grundstück hier eigentlich geschenkt?!*"

Das stimmte so nicht ganz, denn sie hatte „Frohnau" mit drei Cousinen zusammen geerbt und uns lediglich ihr Viertel geschenkt, die drei Cousinen aber waren auszuzahlen gewesen, was eine Grundstückshypothek von erheblicher Höhe nötig gemacht hatte. Wir hatten also pro Monat zwanzig Jahre lang erhebliche Zinsen zu zahlen, und konnten das teilweise nur dank ihrer finanziellen Unterstützung. Von daher also konnte sie durchaus gewisse Ansprüche anmelden.

Was nun? Wir begannen, in unserer Essküche sitzend, nachzudenken, sogar Mac, unser Collie, der neben der Tür auf seiner Decke lag, blickte nachdenklich zu uns herüber. Dies aber vor allem, weil auf dem Tisch auf einem Plastikteller gerade gekaufte Kekse für ihn lagen. Ohne dass wir das so schnell checken, wie man heute sagt, greift sich meine Mutter einen von den Hundekeksen, steckt ihn in den Mund und gibt auch sogleich ein Testurteil ab: „*Schmeckt gut, nur ein bisschen hart.*" Mac springt auf und verbellt sie heftig wegen dieses seltenen Falles von Mundraub.

Nach tagelangem Grübeln und Diskutieren hatte ich im Hinblick auf ihre Geburtstagsfeier endlich die rettende Idee.

„*Mutti, wir mieten uns für den 11. Juni ein großes Zelt!*"

Ich strahlte, sie zeigte indes wenig Begeisterung. „*Wir können doch auch so im Garten sitzen und Kaffee trinken und Abendbrot essen.*"

„*Ja, aber es soll Gewitter geben, an deinem Geburtstag gibt es immer Gewitter.*"

„*Ach, Unsinn!*"

„*Doch!*" Ich erinnerte sie an einen Geburtstag, der bei uns in Heiligensee in der Laube, die wir damals gepachtet hatten, gefeiert worden war. „*Da hat es einen Wolkenbruch nach dem anderen gegeben, so dass halb Berlin unter Wasser gestanden hat. Max konnte aus Kladow gar nicht kommen, weil bei ihm alles überschwemmt war und er auf die Feuerwehr warten musste.*"

Das überzeugte sie, dann aber kam ihr Anderes in den Sinn. „*Ein Zelt, was das kostet!*"

„*Das kostet genau tausend Mark, wenn sie es zu deinem Geburtstag aufbauen, also am Sonnabendvormittag, und dann Sonntag wieder abbauen.*" Ich hatte mich schon erkundigt.

„*Das ist mir zu teuer!*"

„*Für Deine Lieben ist dir doch nie etwas zu teuer.*"

So ging es eine Weile hin und her, bis sie schließlich ihre Zustimmung gab: „*Ein Zelt aber nur, wenn es wirklich regnet. Wenn es nicht regnet, dann zahlst du alles.*"

„*Okay.*"

Das Zelt, das fast so groß ist, das es für einen Kinderzirkus gereicht hätte, nur dass es eckig ist, kommt und wird am Vormittag aufgebaut. Am Nachmittag trudeln nacheinander die Gäste ein. Als alte Neuköllnerin hat sie natürlich Heinz Buschkowsky mit einem Blumenstrauß erwartet, doch es kommt nur sein Seniorenbeauftragter. Was sie aber tröstet, das sind die Musiker, die wir bestellt haben, und die Schlager aus ihrer Jugend spielen, so zum Beispiel *Wenn der weiße Flieder wieder blüht*. Ich halte eine Rede, das heißt, ich trage ihr zuliebe Gereimtes vor, etwa: „*Heute sind ja Deine Lieben alle versammelt hier aus West und Ost, / Und gekommen ist sogar die Erna von der Post.*" Das ist grausam, erfreut aber alle. Dann erzähle ich die Geschichte, wie sie vor zwanzig Jahren, mit siebzig Jahren also, noch versucht hat, das Radfahren zu erlernen. „*Als junge Frau wollte sie es nicht, und als sie es dann in Groß Pankow, wo wir evakuiert gewesen sind, versuchen wollte, hatten die Russen unser Rad erbeutet. Jahre später ... Wir haben die Laube in Heiligensee, und vor der gibt es einen breiten Schotterweg ohne Autos. Außerdem habe ich ein niedriges Klapprad, auf dem nichts passieren kann. Sie steigt auf, ich halte sie am Sattel fest, renne hinterher – und sie fährt. Sie tritt so kräftig in die Pedale, dass ich loslassen muss. Hurra, sie kann es! Hundert Meter weiter landet sie im Maschendrahtzaun eines Nachbarn!*"

Es wird ein heiterer Tag, und immer wieder gehen meine Blicke zum Himmel hinauf. Der ist so blau, so blau wie die Donau im Strauß´schen Walzer, und Wolken gibt es keine. Nicht gerade, dass ich bete, aber ... Viel Geld hatte ich nicht, denn nach der Trennung von meiner Frau habe ich eine Menge an Unterhalt zu zahlen. „*Himmel, lass es regnen!*"

Und dann geschieht das Wunder: Punkt 21 Uhr kommt der große Regen, und welch Glück, dass wir alle im Zelt sitzen können!

Das war ihr 90. Geburtstag, am 95. hat sie dann schon als Pflegefall im Bett gelegen, aber wieder alle ihre Lieben eingeladen. Die durften nebenan im Restaurant *Ramona* feiern und tafeln, und ich hatte die Aufgabe, sie in kleinen Gruppen nacheinander zum Gratulieren an ihr Bett zu führen. „*Bitte schenkt mir nichts, ich brauche nichts mehr!*" Sie war es, die uns immer etwas schenkte. Zum Beispiel bei jedem Besuch, also mindestens einmal die Woche, einen Kasten *Mon Cherié*. Um sicher zu gehen, dass meine Erinnerung mich nicht trügt, schaue ich im Internet nach und lese: „*Mon Chéri ist eine mit Branntwein gefüllte Praline des italienischen Herstellers Ferrero. Das Produkt wird fast weltweit vertrieben.*" Zuerst haben wir gejubelt und uns wirklich gefreut, dann aber ... an die fünfzig Kästen *Mon Chéri* im Jahr, und an die Kinder konnten wir die Pralinen wegen des Alkohols nicht weitergeben. Meine Mutter hatte auch eine solche Freude am Schenken, dass wir es nicht wagten, ihr zu sagen: „*Mutti, bitte nicht mehr.*" Also verschenkten wir unsere *Mon Chéri* und legten sie da, wo wir arbeiteten, für Kollegen, Kunden und Studenten zum Zugreifen aus. Nie hat sie davon erfahren. Und erfährt sie es durch diese Anekdotensammlung? Wer weiß, glauben wir daran ... Sie hat sich ja noch mit 92 Jahren taufen lassen. Das geschah in der Ananias-Gemeinde in Neukölln, nachdem sich der Frohnauer Pfarrer geweigert hatte, sie ohne umfangreichen Unterricht ans Taufbecken treten zu lassen.

Eigentlich hätte der Täufling ja getragen werden müssen, aber ...

## II. Tröstliches über Geburt, alte Väter, Patchworkfamilien und widerspenstige Kinder

Im Hörsaal habe ich beim Thema Sozialisation immer gesagt: *„Schafft euch Kinder an, sonst könnt ihr des Lebens ganze Fülle nicht genießen."* Ich selbst habe drei: Sascha, Jahrgang 1972, und Lisa, Jahrgang 1977, von meiner ersten Frau, Alina, Jahrgang 1997, von meiner zweiten Frau, genauer gesagt: Lebensgefährtin. *„Bist du dir da wirklich sicher?"*, werden nun die Spötter fragen. Ja, das bin ich. Vielleicht mit der Hinzufügung: leider. Wenn ich da an Markgraf Friedrich Wilhelm von Brandenburg-Schwedt denke (1700-1771), den „tollen Markgrafen", dann könnte ich schon neidisch werden, sagt man ihm doch neben den fünf ehelichen Kindern unzählige nichteheliche nach, Früchte seiner Amouren. Oder wenn ich da den Buchtitel meiner sehr geschätzten Kollegin Charlotte Worgitzky im Kopf habe: *Meine ungeborenen Kinder* und daraus mache: Meine ungezeugten Kinder. Vielleicht lassen sich diese Gedanken auch dadurch erklären, dass ich Einzelkind war und darunter erheblich gelitten habe. Doch drei Kinder sind ja doch schon weit mehr als der deutsche Durchschnitt, und das Kinderhaben ist ja durchaus immer ein Risiko: Man hofft, dass sie einen ein Leben lang lieben und ehren und fürchtet aber doch irgendwie, dass es so kommen könnte wie bei Hiob (19, 17): *„Mein Odem ist zuwider meinem Weibe, ich bin ein Ekel den Kindern meines Leibes."* Ich formuliere es also druckreif für die Rückseite eines Abreißkalenders: Eigene Kinder sind das große Lotteriespiel des Lebens. (Nebenbei: Ich habe nur Hauptgewinne gezogen!)

Bei meinen drei Kindern berichte ich immer wieder von deren Geburt. Schon 1972 war es für einen fortschrittlichen Menschen und dazu noch einen (halb)linken Soziologen von der FU Berlin ein absolutes Muss, bei der Geburt des Kindes dabei zu sein. Bei Sascha ging das allerdings nicht, denn er ist in Bremen in einem katholischen Krankenhaus zur Welt gekommen, und da war der Kreißsaal für werdende Väter eine absolut verbotene Zone. Als ich dann am Vormittag des 16. August im Büro saß und der Anruf aus dem St. Joseph-Krankenhaus kam, dass ich der Vater eines gesunden Knaben geworden sei und es auch der Mutter gut ginge, stießen meine vier Kollegen in der *Kommission für Verwaltungsreform* erst einmal kräftig mit mir an, schließlich hatte ich in Bremen schon meinen Frei- und Fahrtentrinker gemacht. Die Vaterwerdungsfeier zog sich hin, und als ich dann endlich im Zimmer von Mutter und Kind ankam, da war ich nicht mehr zu „überriechen". Steffi, die Mutter unseres Kindes, hält mir das noch heute bei jedem Patchwork-Familientreffen vor. Fünf Jahre später sollte dann unsere gemeinsame Tochter Lisa, eigentlich nach ihren Groß- bzw. Urgroßmüttern: Lisa-Maria, zur Welt kommen. Wieder stand ich bereit, der Mutter bei den einsetzenden Wehen die Hand zu halten und ihr Mut zuzusprechen, und fuhr mit ihr in ein Wilmersdorfer Krankenhaus. Dort aber wurde gerade, nur durch einen Vorhang von uns getrennt, bei einer Türkin der Geburtsvorgang eingeleitet, und der Korantreue Vater konnte es nicht ertragen, dass ein Christ wie ich akustischer Zeuge dieses Vorgangs wurde. Also sprach der Arzt zu mir: „*Sie können ruhig nach Hause gehen, Herr Bosetzky, und in aller Ruhe Mittag essen. Wenn Sie dann wieder hier sind, wird Ihre Frau immer noch Stunden brauchen.*" Zwar gab es damals noch keine IS-Kämpfer, ich verließ aber dennoch das Krankenhaus. Als ich dann nach einer Stunde wieder vor Ort war, lag unsere Lisa-Maria schon schlummernd im Arm ihrer glücklichen Mutter. Zehn Jahre später der dritte Anlauf, diesmal mit Heike als werdender Mutter und in einem Krankenhaus in der Pulsstraße, also im Ortsteil Westend. Ich hatte im Geburtshaus Charlottenburg trotz meiner 59 Jahre als moderner Vater alle Vorbereitungskurse mitgemacht. Was wir nicht gelernt hatten, war die Tatsache, dass sich eine Geburt schon einmal über 24 Stunden hinziehen kann und eine Peri-Dural-Anästhesie (kurz PDA) auch nicht immer hundertprozentig wirkt. Es war schrecklich, zumal ich ständig an einen Freund denken musste, einen knallharten Polizeibeamten, der bei der Geburt seines Sohnes in Ohnmacht gefallen war. Ich nicht. Ich war erst nahe am Umkippen, als man mir Alina, die mir die Hebamme in den Arm gedrückt hatte, von den Medizinern sofort wieder entrissen wurde – und ich gedacht hatte, es sei Schreckliches passiert und unser Kind würde gleich sterben. Nein, Gott sei Dank lag nur die Routineuntersuchung an und das Team, es war 0 Uhr 07 wollte endlich nach Hause.

Bleiben wir bei Alina. Wie oft habe ich in Kita, Vor- und Grundschule zu hören bekommen: *„Ah, Alina, du hast heute nicht deinen Vater, sondern deinen Opa mitgebracht.*" Nun ist es nicht meine Art, Frauen zu erwürgen, aber ...

Im Internet finde ich unter www.zehn.de „die 10 ältesten prominenten Väter im Überblick": 1. Jean Pütz, 2. Fritz Wepper, 3. Karel Gott, 4. Nick Nolte, 5. Clint Eastwood, 6. Rod Stewart, 7. Richard Lugner, 8. Julio

Iglesias, 9. Elton John und 10. Paul McCartney. – Nummer 11 also bitte: Horst Bosetzky (-ky). Gleichzeitig lese ich aber auch, oh Gott, was im Berliner Kurier gestanden hat, dass nämlich alte Väter wegen ihres veränderten Erbgutes ein Risiko für ihre Kinder sein würden. Wann kommt endlich das Gesetz, das allen Männern über 30 das Kinderzeugen verbietet, ja mehr noch, ihre Zwangssterilisation durchsetzt.

Ich gehörte also in den Knast. Und da wäre ich Alinas wegen auch beinahe gelandet. Das kam nämlich so ... Wir traten aus dem St. Joseph Krankenhaus in Tempelhof, wo sie eine Freundin besucht hatte, auch eine Neunjährige.

*„Papa, fahren wir mit der Taxe nach Hause?"*

*„Nein."* Denn wozu hatte ich gerade mein *Abo 65 plus* erworben und konnte ab der 23. Fahrt, wie ich mühsam und mit Hilfe meines Taschenrechners ermittelt hatte, quasi umsonst Bahnen und Busse in ganz Berlin-Brandenburg benutzen.

*„Ich will aber mit der Taxe nach Hause fahren!!!"*

Nun, des lieben Friedens willen lasse ich mich auf das ein, was man im weiteren Sinne ein Gottesurteil nennen kann. „*Steht vor dem Krankenhaus oder am Bahnhof Südkreuz auf unserer Seite eine, dann nehmen wir die, sonst aber: S-Bahn."*

Es stand aber nirgendwo eine Taxe, und Lust, eine per Handy zu rufen und fünf bis sieben Minuten zu warten, hatte ich nicht, und so beschloss meine geliebte Tochter, in den Laufstreik zu treten. *„Ich fahre nicht mit der S-Bahn, ich bleibe hier stehen!!!"*

Was blieb mir übrig, als weiterzugehen, denn ich hatte Stunden vorher im Hörsaal gerade verkündet, wie schädlich eine *overprotective education* für ein Kind doch sei.

Alina würde mir schon folgen, wenn ich dabei war, aus ihrem Gesichtsfeld zu geraten. Tut sie aber nicht. Ich laufe an die zweihundert Meter zurück, packe sie und zerre sie – antiautoritärer Vater hin oder her – zum S-Bahnhof Südkreuz. Immer wieder will sie ausbrechen, doch es gelingt mir, sie auf die Rolltreppe zu zerren. Es geht hoch zum Bahnsteig. Dort reißt sie sich los und steuert auf eine Bank zu, um dort in einen Sitzstreik zu treten. Der Zug rollt in den Bahnhof, und da er das nur alle zehn Minuten tut (und auch das ungewiss ist) greife ich mir Alina und ziehe sie mit mir fort. Dabei zetert sie gewaltig, und stößt auch übertrieben laute Schmerzens-schreie aus und wehrt sich nach Kräften. Egal, wir errei-chen den Zug mit Müh und Not. Als er losfährt, reißt sie sich von mir los und fällt weitab von mir auf einen Sitz. Wir haben nicht weit zu fahren. Schöneberg, Innsbru-cker Platz, Bundesplatz. Dort müssen wir aussteigen. Alina tut es zu meiner großen Erleichterung auch. Als ich auf sie zugehen will, bauen sich ein Kraftkerl von der DB-Security und eine Polizistin vor mir auf und ver-sperren mir den Weg.

*„Dürfen wir einmal Ihren Ausweis sehen?"*

*„Ja, bitte ..."* Gegen die beiden habe ich keine Chance.

Der zweite Mann der DB-Security sieht sich inzwi-schen den Schülerausweis meiner Tochter an, und dann vergleichen sie die Daten. Da meine Tochter den Nachna-men ihrer Mutter trägt und nicht meinen, hebe ich schon die Hände. Wer Kinderschänder auf der Flucht erschießt, dürfte auch heute noch mit einem Freispruch rechnen.

Und dann kommt die Frage, die in meinem Falle über Leben oder Tod entscheidet, die Frage an Alina.

*„Ist dieser Mann hier dein Vater?"*

Sagt sie nein, bin ich geliefert. Und ich habe nicht einmal einen Rechtsanwalt.

Lange zögert das Kind. Dummer- oder klugerweise, ganz wie man will, haben ihr ihre Mutter und ich einen hohen IQ vererbt. Wird sie sich nun für die nicht bewilligte Taxe rächen oder wird sie erkennen, in welche Schwierigkeiten sie ihren Vater bringt, wenn sie ... Das Kind zögert.

„*Alina ist das nun dein Vater oder ist das ein fremder Mann?*"

Nach einer gefühlten Ewigkeit haucht sie dann endlich: „... *mein Vater* ..."

Jetzt leuchtet bei mir eine rote Warnlampe auf, eingeschaltet von Arthur Schopenhauer: „*Der Witz ist sehr verführerisch; steigt einem Poeten einmal ein recht witziger Einfall auf, so möchte er lieber gehangen werden, als den Einfall in der Geburt ersticken. Er glaubt es sei eine Art von Kindermord, ein so schönes Geschöpf des Verstandes zu vertilgen. Wer einmal einen Hang zum Witz hat, kann ihn nicht dämpfen.*" - Danke für die Warnung, philosophische Hoheit, aber: Hier schreibe ich und kann nicht anders! Also, was ich von meinen Kindern immer wieder erzähle ...

Etwa, dass wir zu Alinas Geburtstagen immer viele Kinder eingeladen haben und, um denen eine Freude zu machen, auch Clowns. Zauberer und Puppenspielerinnen. Einmal hatte uns ein Profi versetzt – und ich musste als Magier einspringen. Nun gut, zwei Kunststücke hatte ich ja im Repertoire. Das erste war ein Entfesselungstrick. Da lasse ich mir eine Schnur wie einen Schlips um den Hals binden und vor dem Adamsapfel fest verknoten. Dann verlasse ich kurz den Raum – und komme gleich darauf wieder, die nicht zerschnittene Schnur in der Hände. Beifall der Kinder, heftige Kritik bewegter Mütter: „*Wenn die Kinder das nachmachen, hängen sie sich auf!*" Dennoch wage ich den zweiten Trick. Da lasse ich mir eine Stecknadel mit buntem Kopf und einen prall aufgeblasenen Luftballon reichen – und „Achtung!" fahre mit der Nadel in den Ballon. Der platzt nicht und die Nadel bleibt drin stecken. Wie das? Ich habe vorher zwei unsichtbare Streifen Tesafilm über Kreuz auf den Ballon geklebt ... Hatte ich diesmal auch etwa eine Stunde vor Erscheinen der lieben Kleinen, und da muss sich der Tesafilm schon etwas gelöst haben, jedenfalls platzt der Luftballon – und die Stecknadel ist nicht mehr aufzufinden. Schreckensschreie der Mütter! Hat sie ihr Kind im Auge? Nein, keines. (Ich übrigens auch nicht!) „*Dann muss sie einer in den Mund bekommen und verschluckt haben!*" Panikattacken drohen. Da meldet sich die befreundete Mutter Ingrid Diebold mit ihrer unerschütterlich ruhigen Art: „*Da steckt sie doch – bei euch im Bild!*" Sie zeigt auf unser von einem naiven Maler geschaffenes „Gemälde" mit dem Titel: *Die Schmöckwitzer Uferbahn am Vatertag*. Die Situation ist gerettet. Ich kann es nicht glauben, denn von der Physik her scheint mir das unmöglich, aber ich hatte in diesem Fach immer nur eine Drei. Bis heute hat mir Ingrid nicht verraten, ob sie eine zweite Nadel herbeigezaubert hatte oder nicht.

Nun zu Lisa, mit der ich stundenlang mit ihren Playmobil-Figuren und -pferden Ponyhof gespielt habe, solange, bis ich todmüde war und Hotelspielen vorgeschlagen habe. Da konnte ich mich nämlich als Gast ihres Hotels ins Bett legen und eine Weile verschnaufen. Immer mehr Playmobil-Figuren häuften sich an bei ihr, auch welche mit Skiern unter den Füßen. Mit denen haben wir dann olympischen Abfahrtslauf gespielt. Die Piste war ein breites zwei Meter langes Brett. Und die Zeitmessung ...? Mein Sohn war ein begabter Bastler und besorgte die mit seinem Computer, dem ersten den es damals gab, und zwei Lichtschranken. Als einmal viel Schnee lag, habe ich im Garten eine echte Sprungschanze gebaut und wir spielten dort mit dem Playmobil-Männchen Skispringen.

Natürlich sollten die beiden nicht ohne Haustier aufwachsen, und als wir bei einem Kurzurlaub in Tannenreuth beim Bauern Tröger Quartier genommen hatten, lief ihnen der Kater Felix über den Weg. „*Wie süß!*" Die Oberfranken hatten schon überlegt, das schwarzweiß gefleckte Tier einschläfern zu lassen, weil es zu viele Katzen auf dem Hof gab, und da riefen die Kinder sofort: „*Den nehmen wir mit nach Berlin, bitte, bitte.*" Das war leichter gesagt als getan, denn für die Rückreise durch die DDR brauchten wir an sich die Bestätigung eines Amtstierarztes in Hof, dass Felix gesund war. Er hätte ja aus dem Wagen springen und die gesamte DDR verseuchen können. Nach Hof zu fahren und beim Tierarzt ewig zu warten, das war mir im Urlaub zu viel, da wollte ich nicht mitmachen. Also wurde leichtsinnigerweise beschlossen, den Kater ohne Gesundheitszeugnis durch die Zone zu schmuggeln, im Kofferraum unter dem Gepäck versteckt. Felix war auch still und apathisch – solange, bis an der Grenze ein Grenzpolizist auf uns zutrat: „*Ihre Papiere bitte!*" In diesem Augenblick begann der Kater fürchterlich zu miauen. Der DDR-Grenzer lugte schon misstrauisch in unseren VW-Passat, da begannen beide Kinder, Katze miteinander zu spielen, zu sich zu kratzen und wild zu fauchen. Wir waren gerettet.

Stolz sein auf meine beiden großen Kinder konnte ich auch Jahre später beim Tod meiner Mutter. Sie war in Pankow im *Krankenhaus Maria Heimsuchung* verstorben. Mein Sohn hatte die Nacht über im Bett neben ihr geschlafen und ihr das Hinübergleiten in die Ewigkeit erleichtert, ganz großartig. Auch Lisa hatte am frühen Morgen am Sterbebett gesessen. Als ich dann ankam, war meine Mutter gerade gestorben. Wir drei standen noch lange am Totenbett. In ihren gefalteten Händen steckte ein Blumenstrauß. Wir waren erschüttert, hatten Tränen in den Augen, brachten kein Wort hervor und schafften es nicht, aus dem Zimmer zu gehen. Dazu wurden wir dann aber sanft gedrängt, denn ein leeres Bett wurde gebraucht. Als Letztes tippe ich meiner toten Mutter auf die Nasenspitze, denn der verdankte ich irgendwie meine Existenz, hatte sich doch mein Vater wegen dieser „Himmelfahrtsnase" in seine Hilde verliebt. Minuten später saßen wir im Auto nach Frohnau, immer noch unfähig, miteinander zu reden. Da fahren wir an der Filiale der Bestattungsfirma Otto Berg in Hermsdorf vorbei und ich breche spontan das Schweigen. „*Wollen wir nicht gleich aussteigen und das regeln, was geregelt werden muss.*" Ja, okay. Es ist vieles an Daten aufzunehmen, dann ist die Urne auszusuchen. Wir stehen vor einem Regal mit Dutzenden von Urnen und schaffen es viele Minuten lang nicht, uns zu entscheiden. So freundlich und einfühlsam die Dame von Otto Berg auch ist, nun wird sie doch ein wenig ungeduldig. Da zeigt meine Tochter auf die wohl hässlichste aller Urnen. „*Die bitte.*"

Es ist die, die wie ein Kochtopf aussieht und zwei riesige Henkel an der Seite hat. „*Klar, dass du auf die gezeigt hast*", sagte ich. „*Das musste wohl so sein, weil deine Oma immer so gut für dich gekocht hat.*"

Zu den besonderen Erlebnissen mit meinem Sohn. Das Ironische muss er von mir geerbt haben. So versuche ich einmal, meine Englischkenntnisse zu verbessern, übe Stunde für Stunde und begrüße ihn beim nächsten Treffen mit einigen Sätzen auf Englisch. Sieht er mich groß an und lacht. „*Gut, Vater, dass du im hohen Alter noch versuchst, eine neue Fremdsprache zu lernen. Was ist denn das – Isländisch?*" Er durfte, gesponsert von seiner Oma, ein Schuljahr in Colombus, Ohio, verbringen (seine Schwester eines in Gardner, Mässaschutta, wie besagte Oma ihren Freundinnen immer erzählt hat). Sascha liebt es, seinen Vater ab und an blass aussehen zu lassen. Das mag daran liegen, dass ich ihn als Jungen immerzu geschlagen habe. Ja, ich gestehe es reumütig: im Schach und beim Tischtennis. Auch etwas Anderes muss ihn furchtbar gewurmt haben: Bekommt er, als er etwa sechs Jahre alt ist, von seiner Oma eine riesige Playmobil-Ritterburg geschenkt. Die bauen wir in ihrer Neuköllner Wohnung auch gleich zusammen und spielen mit ihr. Es wird spät, und wir müssen zurück nach Frohnau. Also muss die schöne Burg wieder auseinandergenommen und in den Karton gepackt werden. Das will er nicht zulassen, soviel wir auch mit ihm diskutieren und unsere stimmigen Argumente vorbringen. Er schreit solange Zeter und Mordio, bis ich die Geduld verliere, ihn an den Hüften packe und auf den Schrank seiner Oma setze. Der ist so hoch, dass er nicht hinunter springen kann.

Zwölf Jahre später, er ist inzwischen ein kraftstrotzender Zehnkämpfer geworden, packt er mich in unserer Straße in Frohnau, als wir vom Italiener zurückkommen, bei den Hüften und trägt mich an die fünfzig Meter weit vor sich her. Ich zappele mit den Beinen und zetere lautstark. Die Nachbarn stehen an den Zäunen und amüsieren sich köstlich. Da sagt er: *„Das ist die Rache für das, was du damals bei Oma mit mir gemacht hast!"*

*„Wer Gott vertraut und Bretter klaut, der hat ´ne billje Laube."* Wir hatten unsere für viel Geld dem Vorgänger abgekauft, und die Bretter zum Bau eines riesigen Buddelkastens bei einer Holzhandlung legal erworben. Ebenso die riesigen Mengen an feinem Ostseesand, die wir mühselig Schubkarre für Schubkarre von der Straße, wo man ihn hingeschüttet hatte, aufs Laubengrundstück transportierten. Da baue ich dann mit Sascha zusammen einen Vulkan und lasse den mit einer Räucherkerze richtig qualmen. Ein Andermal errichten wir einen fast meterhohen Staudamm und lassen ihn mit Hilfe unseres Gartenschlauchs solange volllaufen, bis es einen herrlichen Dammbruch gibt. Zum Spielen wurde auch ein gelber Bulldozer angeschafft, denn Sascha liebte diese Baufahrzeuge und schon als Dreijährigen musste ich ihn vorn auf dem Rad durch Heiligensee fahren, weil er pausenlos *„Bulledose, bitte!"* verlangte. Damals saßen die kleinen Kinder noch in einem Körbchen, das man vorn am Lenker befestigte, und hatten die ganze Welt vor Augen, während sie heute beim Radfahren nur auf den Rücken ihrer Eltern starren dürfen. Als wir dann eine Super-Acht-Filmkamera hatten, wurde festgehalten, wie Sascha mir eine Sahnetorte ins Gesicht klatschen durfte. Als er einmal etwas ausgefressen hatte und seinen jäh-

zornigen Vater fürchtete, kroch er unters Sofa und kam da stundenlang nicht mehr hervor. Manchmal fuhren wir auch mit der „Fährige", wie Sascha eine Fähre nannte, von Tegelort nach Spandau hinüber. Ich fahre bis heute immer noch Fährige.

Ja, in Heiligensee war immer viel los, insbesondere an Kindergeburtstagen. Einmal hatte ich für Sascha und seine Gäste eine damals so genannte „Negerkuss-Wurfmaschine" gebaut, dies etwa nach dem Muster mittelalterlicher Belagerungsmaschinen. Bei der „Schokokuss-Wurfmaschine" musste ein Kind mit einem Ball eine Art Zielscheibe treffen, um einen Mechanismus auszulösen, der wie ein Katapult wirkte und einen Schoko-Kuss in Richtung des Werfers beförderte. Wenn einer gefangen wurde, durfte er auf der Stelle verspeist werden. Nur leider gelang das keinem Kind, denn ich hatte die Gummibänder zu straff gespannt, so dass die Schoko-Küsse wie Geschosse angeflogen kamen und im wahrsten Sinne des Wortes voll ins Auge gingen. Klatsch! Platsch! Großes Geschrei. Dafür war eine andere Sache ein großer Spaß. Ich musste mir meinen Anzug anziehen und den Ahnungslosen spielen. Dann fielen sieben, acht Jungen wie ein Rudel Wölfe über mich her, packten mich und schleiften mich mit großem Hallo zum aufgeblasenen Planschbecken. Da half keine verzweifelte Gegenwehr, sie ließen nicht von mir ab, bis ich in voller Montur im Wasser lag.

Eine der größten Gemeinheiten meines Lebens habe ich mit Sascha als Mittäter begangen. Da wohnten wir schon in Frohnau – und plötzlich kam Tante Biene aus Leipzig zu Besuch. Als wir auf ihrer Datsche in Ferch am Schwielowsee bei ihr gewesen waren, hatte man sie mit ihrer malignen Logorrhoe gerade eben noch ertragen und auch hinnehmen können, dass sie sich in alles einmischte und unsere modernen Erziehungsmethoden entsetzlich fand, weil man ja nach zwei Stunden wieder abreisen konnte, nun aber äußerte sie den Wunsch, sich mehrere Tage bei uns einquartieren zu dürfen. Da warfen wir uns alle – meine erste Frau, mit der sie blutsverwandt war, Lisa-Maria, Sascha und ich – Blicke der tiefsten Verzweiflung zu. Steffi, ihre Nichte, hätte ihr diese Bitte aber nicht abschlagen können, also musste ich mir etwas einfallen lassen. Das tat ich dann auch, und Sascha spielte mit. Als er seinen Saft ein wenig auf die schöne neue Tischdecke gekippt hatte, schrie ich ihn fürchterlich an – und er schrie zurück. Jeder verschoss seinen Vorrat an Beleidigungen und üblen Schimpfwörtern, und schließlich taten wir noch so, als würden wir uns ernsthaft prügeln. Eine Stehvase kippte um und überschwemmte den Boden. „*Aufhören!*", schrie nun meine erste Frau, die das abgekartete Spiel aber schon lange durchschaut hatte. „*Ich hole sonst die Polizei!*" Die kleine Lisa-Maria fing filmreif an zu weinen. „*Nein, die war doch gestern erst da.*" Da beschloss Tante Biene, sich ein anderes Quartier zu suchen und ließ sich eine Taxe kommen.

Zu dieser Zeit war es bei uns in Frohnau Kult, am Sonnabendnachmittag immer Waffeln zu backen. Ein jedes Mal, wenn die Klappe des elektrisch betriebenen Waffeleisens geöffnet und die frischen Produkte entnommen wurde, entbrannte ein Kampf um jedes herrlich duftende bräunlich-gelbe Segment. Da wir mit meiner Mutter zusammen fünf hungrige Interessenten waren, und die Schüssel mit dem Teig schnell leer war, musste man schon sehr clever agieren, um nicht zu kurz zu kommen. Ich versuchte die Situation dadurch ein wenig zu entschärfen, dass ich Heiteres vortrug, etwa vom Film *Woody, der Unglücksrabe*, wo der Protagonist solange gemobbt und verprügelt wird, bis er auf die schiefe Bahn gerät und einen Banküberfall begeht. Dabei stürmt er zum Schalter und hält dem Beamten einen Zettel hin, auf dem etwas legasthenisch steht: *Geld her, sonst hole ich meine Waffel hervor!* Nun, als Sascha eines Samstags etwas verspätet am Kaffeetisch erscheint und wir anderen schon kräftig zugeschlagen haben, glaubt er, dass es nur gerecht sei, wenn die nächste Waffel ganz allein für ihn da ist. Wir lehnen sein Ansinnen ab. Was macht er da, um seine Ansprüche durchzusetzen, er spuckt auf die Waffel, als sie zur Aufteilung auf dem Teller liegt, und hat sie nun ganz für sich allein.

Bleiben wir beim Punkt Nahrungsaufnahme. Ritual war es bei uns, am Sonntag essen zu gehen, dies gemäß des damals aktuellen Mottos: Am Sonntag bleibt die Küche kalt, da geh´n wir in den Wienerwald. Wir gingen allerdings nicht zum Hähnchenbrater, sondern zum Italiener am Donnersmarckplatz, dem *Gangi*. Dort allerdings waren die Gerichte so teuer, dass ich, der ich einmal bei Siemens Buchhaltung gelernt und im Nebenfach auch Betriebswirtschaftslehre studiert hatte, angesichts unserer manchmal desolaten Kassenlage zu leiden begann und einen Vorschlag machte, der mir eigentlich den Nobelpreis in Wirtschaftswissenschaften hätte einbringen müssen: „*Sascha bestellt sich ein teures Gericht, ich ein billiges, und wenn jeder die Hälfte gegessen hat, dann tauschen wir.*" Das klappte wunderbar. Allerdings verspottet er mich noch heute wegen dieser meiner Wahnsinnsidee, mehr noch aber dafür, dass ich zu Hause immer mit der

Schere alle Servietten in der Mitte durchgeschnitten habe, um Kosten und Platz in der Mülltonne zu sparen.

Den größten Schrecken hat er uns erspart. Als wir von Bremen zurückgekommen sind an die Spree und in Wilmersdorf eine schöne Wohnung gefunden hatten, war dort gerade der Teufel los. Warum? Weil eben eingeschulte Knaben hoch oben auf dem Flachdach eines vierstöckigen Mietshauses Fußball gespielt hatten. Wenn da nun ... !!! Und die Eltern hatten nicht gewagt, vom Hof aus noch oben zu schreien: *„Kommt ihr da runter, verdammt noch mal!"* Ein Crashkurs in Psychologie wäre vonnöten gewesen. Nun, man stieg auf den Dachboden und versuchte es durch die Luke hindurch. Wie gesagt, Sascha war nicht unter den (schließlich glücklich geborgenen) Kindern, aber als er von der Episode hörte, beschloss er, nie mehr Fußball zu spielen, sondern sich der Leichtathletik zuzuwenden.

Etwas ganz Anderes. Mein Freund und Kollege Peter Heinrich, siehe weiter unten, behauptete im Hörsaal und zur großen Freude unserer Studenten immer wieder, ich hätte aus ideologischen Gründen nur eine Hose. Als wir nun zur Adventszeit bei meiner Mutter in Neukölln waren, da wollte sie ein Stündchen ihre Ruhe haben, und mein Sohn und ich nutzten die Zeit zum Einkaufsbummel bei *Hertie* in der Karl-Marx-Straße. Als wir nun die Abteilung Herrenkleidung streifen, kommt mir der Gedanke, mir eine neue Hose zu kaufen und die dann am Montag in der Tragetasche in den Hörsaal mitzunehmen und auszurufen. *„Hier der Beweis, ich habe in Wirklichkeit auch eine zweite Hose!"* Das Beinkleid ist schnell ausgesucht und anprobiert und wir gehen damit zu Kasse. Die Warteschlange ist lang, endlich sind wir an der Reihe. Beim

Bezahlen sage ich zu der vorweihnachtlichen Aushilfskraft, die mir die Tragetasche mit der Zweithose hinhält: *„Bitte geben sie die doch gleich meinem Träger"* und zeige dabei auf Sascha. Darauf sie: *„Ihrem Pfleger, ja, natürlich."*

Seit mein Sohn, der schon als Student gern Hausbesetzer gewesen ist, mein Haus in Frohnau besetzt hat, um da mit seiner Familie zu wohnen, fahren wir vom Bundesplatz immer gern hinaus, denn Kerstin, meine Schwiegertochter ist ein Juwel und darf mir bei der Begrüßung auch gern *„Hallo, schwieriger Vater!"* zurufen, und Jasper, ihr Sohn aus erster Ehe, ist lieb und nett. Und dann ist da auch noch Lydia, meine geliebte Enkelin, beider Kind. Sitzen wir dann gemeinsam am Kaffeetisch, dann bin ich oft nicht so ernst wie mein Sohn mich gern hätte und blödele als „Professor Deppie" herum. *„Wie geht es dir denn, Linda?"* – *„Lydia, Opi Horst!"* – *„Verstehe ich nicht, wechselst du denn andauernd deine Vornamen? Letzte Woche warst du doch noch die Lucretia ...? Sei doch bitte einmal ehrlich: Du bist doch die Linda."* Da greift mein Sohn ein: *„Vater, nimm endlich deine Medikamente!"* Lydia versteht „Mediakente" und fragt mich noch Jahre später immer wieder: *„Opi Horst, hast du deine Mediakente genommen?"* Neulich nun bitte ich meinen Hausarzt, mir neue Mediakente zu verschreiben.

Sascha kann es nicht ausstehen, dass ich ihn ab und an damit aufziehe, er sei ja gar kein echter Berliner, sondern ein Bremer – und damit aus der Art geschlagen. Kontert er neulich: *„Ja, hättest du damals nicht die popelige Stelle in Bremen gehabt, sondern eine Professur in Harvard, dann könnte ich heute voller Stolz sagen: I´m an American."* – Das gefällt mir, das ist gut, und da ich hart im Nehmen bin, lache ich mit allen mit.

Er war in seiner Kindheit und Jugend immer ein wenig lakonisch (heute allerdings redet er in seinen Seminaren stundenlang), und ich habe einmal über ihn gesagt: *„Wenn er sich als Passagier auf der 'Titanic' befunden und als einziger deren Untergang überlebt hätte, wäre ihm nichts weiter zu entlocken gewesen sein als: „Na ja, was soll schon groß gewesen sein ...?“*

Sascha und ich lieben es, ab zu einmal zusammen ins Theater zu gehen. Die Karten zu einem gemeinsamen Theaterbesuch bekomme ich meistens zu Weihnachten oder zu meinem Geburtstag im Februar geschenkt. Diesmal soll es Ibsens *Hedda Gabler* in der Schaubühne am Lehniner Platz sein, und zwar, sagen wir, am 11. März. Wir treffen uns vorher noch zum Essen bei einem nahegelegenen Chinesen, dann laufen wir zum Theater. Sascha zeigt am Eingang die beiden Karten vor, die werden kontrolliert und abgerissen, dann steigen wir hoch zu unseren Plätzen in der 11. Reihe. Das ist sehr, sehr weit oben, aber meine Augen sind ja noch in Ordnung. Man sitzt in diesem Saal der Schaubühne auf einer improvisiert wirkenden Tribüne wie etwa beim Beach Volleyball am Hauptbahnhof. Wir nehmen Platz und harren der Dinge, die da kommen werden. Zuerst kommen zwei Damen mit gezückten Platzkarten. *„Entschuldigung, die Herren, Sie sitzen auf unseren Plätzen, Reihe 11, 5 und 6.“* Sascha hat aus seiner Zeit in Indien die beeindruckende Gelassenheit eines Gurus. Die legt er auch jetzt an den Tag und zieht unsere beiden Karten aus der Jackentasche. „Wir aber auch, Reihe 11, 5 und 6.“ Treffer! Also ein Irrtum des Computers? Nein, die Damen hatten sie für den 11. März – wir aber welche für den 11. April. Entschuldigungen murmelnd steigen wir wieder hinab, um den Saal zu verlassen – und das geht nur durch den Eingang neben der Bühne. Kommt uns eine Mitarbeiterin des Hauses entgehen. *„Was denn, hat es Ihnen bei uns nicht gefallen?"* Doch, aber ... Wir schildern ihr unseren Irrtum. Da lächelt sie. *„Dann nehmen Sie doch die beiden frei gebliebenen Plätze gleich hier vorn in der zweiten Reihe."* Das tun wir dann auch, nachdem wir uns gebührend bedankt haben.

Mein Sohn ist seit seiner Jünglingszeit Vegetarier. Schon damals hat er mir vorgeworfen, totes Tier zu essen. *„Na, soll ich vielleicht lebendiges essen?"* Nun, als wir zum ersten Mal am ersten Weihnachtsfeiertag nach Frohnau gefahren sind, bin ich beglückt, als ich in der Küche eine braun gebratene Weihnachtsgans sehe. Es leben die Rituale, es lebe die Tradition! Wie hieß es doch immer: *„Eine gut gebratene Gans ist eine gute Gabe Gottes."* Beim näheren Hinsehen stellt sich allerdings heraus, dass die Weihnachtsgans keine ist, sondern nur ein panierter Blumenkohlkopf.

# III. Vom rechten Umgang mit den lieben Verwandten

Da die meisten der übrigen Verwandten schon vom Herrn heimgeholt wurden in die Ewigkeit, kann ich also getrost mit Beerdigungen beginnen. Generell gilt aber, erst einmal hehre Worte über die Familie wiederzugeben. Es muss ja nicht gleich der Mafioso Don Corleone in Mario Puzos *Der Pate* sein, wenn er ausruft: „*Familie ist alles!*" Unter *www.aphorismen.de* findet man aber auch schöne Weisheiten, etwa wie die aus China: *In einer friedlichen Familie kommt das Glück von selber.*

Und nun aber: *Ran an′n Sarch und mitjeweent!* So der Titel einer Anthologie mit Acht-Minuten-Geschichten Berliner Autoren, die ich im Namen des VS Berlin 2010 im Eulenspiegel Verlag herausgegeben durfte und in der auch diese meine Geschichte zu finden ist: *Hier steh ich nun an deinem Grabe.* Aus der zitiere ich mich der Bequemlichkeit halber erst einmal, denn eine Dissertation ist ja diese kleine Schrift nicht, und das Eigen- oder Selbstplagiat ist nicht verwerflich, wenn man sich an eine eiserne Regel hält: Wer sich selbst zitiert, muss es kenntlich machen. Und das tue ich mit der obigen Quellenangabe wie dadurch, dass der eigene Text von gestern kursiv gesetzt ist:

*Immer wieder zitiere ich den Fontane-Satz „Ein Tod kann unsterblicher sein als ein ganzes Leben", und in diesem Sinne ist auch jede Beerdigung, ist auch jede Trauerfeier der Höhepunkt im Dasein eines Menschen, denn endlich ist er da angekommen, wo er schon immer hin wollte: er wird vom Redner als einmalig geschildert, als gütig, hilfreich, aufopfernd. liebevoll, liebenswert, alles ver-*

*zeihend, einfühlsam, intelligent, humorvoll, charmant, fleißig, kompetent, erfolgreich und so weiter. Nicht eine einzige schlechte Eigenschaft wird ihm nachgesagt. Ich freue mich schon auf das, was sie über mich sagen werden, wenn ich im Sarg liege oder schon abgefüllt worden bin in eine Urne. Dementsprechend haben wir uns in früheren Zeiten auch zugerufen „Komm jut in´ne Urne!"*

Dabei kommt mir jetzt beim Durchlesen ein anderer lockerer Altberliner Spruch in den Sinn: „*Spaß muss sein bei der Leiche, sonst jeht keena mit.*" Aus diesem Grund gibt es auch das Ritual des Leichenschmauses am Ende der meisten Trauerfeiern. Mit den engsten Freunden und Verwandten geht man in ein nahe gelegenes Café, erinnert sich an die vielen schönen Stunden, Tage und womöglich Jahre, die man mit dem Von-uns-Gegangenen verbracht hat und freut sich, dass man selbst noch am Leben ist. Meine herzensgute Schmöckwitzer Oma war geradezu süchtig nach Trauerfeiern und ist auch zu Beerdigungen von Menschen aus dem Raum Schmöckwitz, Karolinenhof und Eichwalde geeilt, denen sie vorher nur einmal im Wartezimmer von Dr. Schuchardt begegnet war. Ins Kino und Theater ist sie nicht mehr gegangen, die Friedhofskapelle in Baumschulenweg hat ihr alles an Rührung gegeben, die ein alter Mensch so dringend braucht, und vielleicht war sie auch deswegen so einfühlsam und wurde, obwohl Atheistin, von vielen zur Seelsorge aufgesucht. Ich fahre mit ihr und mit mir selber fort:

*Ihre eigene Beerdigung in Baumschulenweg ist ohne jeden Gag abgelaufen, abgesehen davon, dass wir nicht pünktlich anfangen konnten, weil meine damalige Frau erst noch eine Zigarette rauchen musste. Was uns bei aller Trauer froh machte, war die Tatsache, dass man uns als Westberlinern Passierscheine ausgestellt hatte.*

*Ganz anders war die Beisetzung ihres Vaters verlaufen, meines Urgroßvaters also, denn den hatten wir im Sommer 1945, als der Transport „seiner sterblichen Überreste" nach Baumschulenweg im Nachkriegschaos schier unmöglich war, in eine Holzkiste gelegt und auf einem Handwagen in den Wald gefahren, um ihn dort auf einem Notfriedhof ins selbst ausgehobene Grab hinabzulassen.*

Dort ruhen seine Gebeine noch heute, und vom zuständigen Bezirksamt habe ich eine Skizze mit der genauen Lage der damaligen Grabstätten bekommen, dazu die Nachricht, dass man eine Überführung der sterblichen Überreste auf den Friedhof Grünau oder den in Baumschulenweg nicht plane.

*Bei der Trauerfeier für meine Mutter wollte der Pfarrer besonders auf die vielen anwesenden kleineren Kinder eingehen und stellte ihre Lieblingsbeschäftigungen pantomimisch dar, so auch das Paddeln. Dabei irrte er sich aber in der Sportart und tat so, als würde er ein Kanu durch das Wasser ziehen. Ich verdrehte die Augen: „Gott, sie hat ihr Geld bei der AOK verdient und nicht im Spreewald mit dem Staken von Kähnen." Seitdem habe ich immer Angst, dass dieser Pfarrer bei meiner Beerdigung Drehbewegungen macht – und meine Kinder dann aus der Fassung geraten: „Warum denn das!? Horst, hat doch nie richtig tanzen können!" Nein, der wackere Mann hatte den Anwesenden nur mitteilen wollen, dass ich in meiner Jugend ein begeisterter Diskuswerfer gewesen bin.*

Noch ein Exkurs: Ich habe auch schon einmal in einem Sarg gelegen. Da war ich Moderator bei der Reinickendorfer Kriminacht in der Humboldt-Bibliothek in Tegel und wollte die Veranstaltung mit einem ganz besonderen Gag beginnen. Wir hatten aber leider vergessen, Kissen in den Sarg zu legen, und da die Träger keine Profis waren, sondern Verwaltungsmitarbeiter, ließen sie den Sarg nicht sanft auf die Bühne hinab, sondern aus einem halben Meter hart auf den Boden krachen. Ich war einer Gehirnerschütterung wie einer zweiten Bandscheibenoperation sehr nahe. Als ich mich wieder halbwegs gerappelt hatte, gelang es mir zwar, den Sargdeckel zu öffnen, dann aber ... Wie früher in der Schule beim Turnunterricht: *„Bosetzky! Fünf!"* Mir gelang es einfach nicht, mit den Beinen voran aus dem verdammten Sarg herauszukrabbeln, und als ich es wie früher beim Hochsprung mit einem Bauchwälzer versuchte, war meine gesetzlich garantierte Menschenwürde völlig dahin. Kommentar meiner anwesenden älteren Tochter: *„Daddy, da hast du dich wieder einmal zum Horst gemacht."* Hätte ich mir doch nur einen der Stehsärge ausgesucht, wie sie bei unseren Lesungen in den Lagern der uns sponsernden Bestattungsfirmen aufgestellt sind. Nun gut, liege ich als echter Toter im Sarg, werde ich diese Probleme nicht mehr haben. Schade.

Die älteste Freundin meiner Mutter war Irma, und als beide geheiratet hatten, die einen ihren Otto, die anderen ihren Max, da waren sie auch zwei eng befreundete Ehepaare. Kein Wunder, dass man schon früh die diesbezügliche Phantasie spielen ließ und abmachte, dass Bulgrins Inge einmal Bosetzkys Horst heiraten sollte. Daraus wurde allerdings nichts, denn einmal war Inge vier Jahre älter als ich und zum anderen sind wir wie Geschwister aufgewachsen – und so konnten wir mit

Klaus Lage nur singen: *Tausendmal berührt, tausendmal ist nix passiert.* Und ZOOM hat es eben nicht gemacht.

Inge starb früh einen schrecklichen Krebstod. Die Erdbestattung hat dann im Januar auf dem Friedhof *In den Kisseln* in Spandau stattgefunden, eigentlich schon weit draußen im Havelland. Schön, streng genommen ist Inge nicht der übrigen Verwandtschaft zuzurechnen, aber bei uns werden und wurden alle „Bulgrine" immer als solche wahrgenommen. Also ...

*Es ist Januar, und das Thermometer zeigt -15 Grad an, wegen des eisigen Windes sind es aber gefühlte -35 Grad, kurzum, Spandau ist an diesem Vormittag der absolute Kältepol der Erde. Trotzdem sind viele, viele Trauergäste gekommen, denn Inges Verwandtschaft und Freundeskreis ist groß, und auch als Geschäftsfrau war sie außerordentlich beliebt. In der Kapelle war es noch auszuhalten, aber dann, als wir wieder ins Freie traten, brach gelinde Panik aus, denn der Trauerzug war so lang, dass, setzte man für das Ritual am Grab pro Person auch nur eine Minute an, im hinteren Teil mit einer Wartezeit von einer Stunde zu rechnen war, also Erfrierungen drohten und mit Frostbeulen und amputierten Zehen zu rechnen war. Und da der Sand an der offenen Grube festgefroren war und immer erst mit einem Eispickel gelockert werden musste, kam sicherlich noch einmal eine Viertelstunde hinzu. Als ich zur Gefährtin meines Lebens sagte, unter diesen Umständen würden die ersten Kältetoten anfallen, machten einige ältere Damen auf dem Absatz kehrt und strebten dem Ausgang zu. Wer wollte sich auch den Tod auf einer Beerdigung holen. Ich hielt durch, weil die cleveren Bediensteten der Bestattungsfirma auf die Idee gekommen waren, nicht nur den Sand vorzuwärmen, sondern uns auch immer zu zweit ans Grab treten zu lassen. Neben mir hantierte mein Sohn, der gar nicht auf der*

*Welt gewesen wäre, wenn Inge mich genommen hätte, damals, und nicht den anderen ...*

Von Berlin-Spandau nun nach Krefeld. Dort hat Onkel Walter als Postamtmann gelebt. Er war der Mann von Tante Elfriede, einer Cousine meines Vaters. Walter und Elfriede hatten einen Sohn namens Bernd. Als der eingesegnet wurde, sind mein Vater und ich natürlich nach Krefeld gereist. Der Pfarrer hatte am Vormittag wunderschön gegen den Krieg und über das Gebot *Du sollst nicht töten!* gepredigt, und als er am Nachmittag all seine Konfirmanden besucht, liege ich mit Bernd gerade auf dem Boden seines Zimmer und spiele mit ihm die Schlacht von Zorndorf: Die Preußen mit mir als Friedrich dem Großen an der Spitze sind seine blauen Halmafiguren und die Russen seine grünen. Bernd ist der russische General Fermor. Wir versuchen, mit einer kleinen Stahlkugel die Figuren des Feindes umzulegen. Bernd mäht Friedrich den Großen um und jubelt. Voller Entsetzen steht der Pfarrer in der Tür und sieht uns zu.

Er spielt auch in der nächsten Szene eine gewisse Rolle, als Onkel Walter gestorben ist und seine Beerdigung ansteht:

*Als wir aus der Friedhofskapelle kommen, beginnt es urplötzlich zu regnen, und aus dem Regen wird schnell ein Wolkenbruch. Zurück will und kann der Trauerzug nicht mehr. Aber immerhin gibt es einen Schirm, wenn auch nur einen für etwa hundert Trauergäste. Bernd, Eigentümer dieses Utensils, weiß nun nicht, wen er vor völliger Durchnässung schützen soll: Seine Mutter, den Pfarrer oder den Vorgesetzten seines Vaters. Jeder von den Dreien hat ein Recht darauf, wie er glaubt, und so lässt er den Schirm unaufhör-*

*lich über ihren Köpfen kreisen. Als es dann aufhört zu schütten,*
*schimpft alles, nur Großvater Gottfried nicht, denn der hatte unter*
*chronischer Blasenschwäche zu leiden, Windeln aber abgelehnt,*
*und ist nun froh, alles laufen lassen zu können, ohne dass es ihm*
*peinlich sein muss. Nun tritt der Herr Postrat ans Grab, holt sei-*
*ne Rede aus dem Jackett und beginnt. „Lieber Walter, ich stehe*
*nun hier an deinem Grab ..." Weiter kommt er nicht, die Stimme*
*bleibt ihm weg, er bricht in Tränen aus und wendet sich nach hin-*
*ten. Eine Minute vergeht. Zweiter Versuch. „Lieber Walter, ich*
*stehe nun hier an deinem Grab ..." Wieder muss er abbrechen.*
*Erst beim dritten Anlauf schafft er es. Der Himmel dankt es*
*ihm mit einem gewaltigen Donnerschlag.*

Schluss mit den Trauerfeiern! Zu anderen Anekdoten
mit den übrigen Verwandten und noch einmal zurück
nach Schmöckwitz. Wir haben den 5. August 1954. Meine Oma ist etwas aufgeregt, denn ihre Schwester Klara,
vornehm geschrieben: Claire, aber ausgesprochen: Kläre,
hat heute Geburtstag und wollte eigentlich rauskommen
zum Feiern, aber ...? Man hatte sich gestritten. Kläre war
Gattin eines vornehmen Prokuristen gewesen, den man
zumindest als konservativ / deutschnational einzustufen
hatte, meine Oma hingegen war früher in der SPD gewesen und in der DDR dann nach der Zwangsvereini-
gung von SPD und KPD Mitglied der SED geworden.
Klagt Kläre: *„Ach, Mariechen, wollen die doch der englischen*
*Königin die Apanage kürzen, die Ärmste!"* Da geht meine
Oma in die Luft: *„Na, Kläre dann schick ihr doch deine Rente*
*hin!"* Da läuft Kläre zur nächsten Straßenbahn und fährt
nach Hause in ihre kleine Wohnung in Kreuzberg. In ihrem Palais in Lichtenberg war sie ausgebombt worden.
Wir warten also auf Kläre. Ich stöbere inzwischen im

Schuppen und entdecke eine noch gut erhaltene Zeitung vom 5. August 1953. Damit gehe ich nun zu meiner Oma und tue so, als hätte ich ihre geliebte *Berliner Zeitung* eben frisch aus dem Briefkasten geholt. Sie beginnt ihre Lektüre, und es dauert eine gute Viertelstunde, bis sie irgendwie stutzig wird. *„Komisch, hier steht, dass die UdSSR ihre erste Wasserstoffbombe zünden will ... Aber das hat sie doch schon vor einem Jahr getan ..."* Langsam geht ihr ein Licht auf und sie ruft: *„Du Schlingel du!"*

Tante Claire kommt schließlich doch. Es ist wohl ihr letzter Besuch in Schmöckwitz, denn wenig später zieht sie in das Haus, das sich ihre Tochter Lolo und deren Mann Kurt in Frohnau gekauft haben. Eine steile Treppe führt hinauf in ihr Dachstübchen. Eines Tages geht ihre Tochter, die gut und gern zwei Zentner auf die Waage bringt, hinter ihr, stürzt, fällt auf ihre Mutter und erdrückt sie. Die Kripo ermittelt. Lolos Cousine Eva murmelt: *„Es liegt ein Fluch auf diesem Haus!"* Trotzdem bin ich so mutig, 1981 mit meiner Familie dort einzuziehen.

In Frohnau ist es, wo ich meinen Brandmelder aus dem Schlafzimmer entferne und entsorge, weil er andauernd piept. Später stellt sich heraus, dass sich im Schrank unten Mäuse eingenistet hatten.

Kommen wir zu meinem nichtehelichen Schwiegervater. Der Arme kann seit der operativen Entfernung seines Lungenkrebses, wo man ganz bestimmte Nerven zerstört hat, nicht mehr richtig laufen und ist auf einen Rollstuhl angewiesen. Nach einiger Zeit ist die AOK so großzügig, ihm einen Elektrorollstuhl zu bewilligen. Der ist wegen der mitgeführten Batterie ziemlich schwer und könnte auf dem Bürgersteig schon Kinder und auch ältere Fußgänger gefährden. Darum muss mein Schwiegervater vor der ersten Ausfahrt auch eine Prüfung ablegen. Zu steuern ist das Gefährt mit einem Stick, wie man ihn von Spielkonsolen und den großen Flugzeugen kennt. Karlheinz, der ein heller Kopf war, besteht die Prüfung natürlich ohne jede Mühe. Als er uns aber bei einem Besuch bei ihm in Neukölln seine neueste Errungenschaft vorführen will, ist er so aufgeregt, dass er den Stick falsch bedient, gegen die Wand kracht und dann Meter und Meter an ihr entlang schleift. Da er sich offensichtlich nicht verletzt hat, beginne ich den alten Gassenhauer von Hermann Frey und Walter Kollo zu singen: „*Und dann schleich ich still und leise / Immer an der Wand lang, / Immer an der Wand lang, / heimwärts von der Bummelreise ... / Immer an der Wand, / An der Wand entlang.*" Der Beifall von Seiten meiner Lieben ist mäßig, denn a) kann ich nicht singen und b) man bezichtigt mich der fehlenden Herzlichkeit und Empathie. Ja, das stimmt schon und tut mir leid, aber es ist nun einmal ein Bild gewesen, bei dem ich nicht anders konnte.

Man wohnt in der 17. Etage eines der vielen Hochhäuser in der Neuköllner Gropiusstadt. Natürlich gibt es vier Fahrstühle, und in einen von ihnen steige ich auch ein jedes Mal, wenn wir die Schwiegereltern besuchen, obwohl ich einmal in meiner Anfangszeit als Schreibwerker einen Heftroman fabriziert habe, in dem in den USA der A den B umbringt, indem er einen Lift so manipuliert, dass dessen Fußboden nach unten weg klappt, wenn eine gewissen Höhe erreicht ist ... Nun, diese meine Ängste haben sich immer als beherrschbar erwiesen, ganz anders als die Klaustrophobie einer inzwischen verloren gegangenen Verwandten, die sich nie in einen der engen Fahrstühle gewagt hat, also die 17 Stockwerke nach oben zu Fuß bewältigen musste – und das mit einem beträchtlichen Übergewicht. Oben angekommen, war sie dem Tod recht nahe. Der Dusche aber nicht.

Saß die Großfamilie dann zusammen, hatten alle viel zu erzählen. Ich ließ sie gewähren, denn aus klugen Büchern wusste ich, dass die Logorrhoe eine Krankheit ist. Wenn ich etwas sagen wollte, dann meldete ich mich wie früher in der Schule mit lautem Fingerschnippen. Meistens vergeblich, denn was hatte ich schon zu vermelden? „Nun spiel´doch nicht gleich die beleidigte Leberwurst! Geh doch auf den Balkon und setz´ dich in die Sonne!“, wurde mir geraten. Ja, wie denn bei einer großen Höhenangst! Also pflanzte ich mich in einen abseitig postierten Sessel und begann an der folgenden Kürzestgeschichte zu arbeiten, der *Postcard Story Crime 2 Nr. 24*, des Verlages ars vivendi, betitelt *Das letzte Date*:

*Stefan rückte die Leiter dicht an die Brüstung seines Balkons heran und stieg hinauf. Er war Fallschirmspringer, und vom 17. Stockwerk in die Tiefe zu blicken, ließ ihn nicht erschaudern. Direkt unter ihm lag der Hauseingang. Und aus dem musste Svea kommen. In zwanzig Sekunden.*

*Sie hatte ihn betrogen, sie hatte jahrelang auf seine Kosten gelebt. So dass er nun Schulden über Schulden hatte, und sie hatte ihn zum Alkoholiker werden lassen. Ihre neue Liebe war ihr neues Leben – ihn erwarteten Hartz IV und die Psychiatrie.*

*Doch sie sollte sich verrechnet haben. Trat sie unten aus dem Haus, stürzte er sich in die Tiefe. Er zweifelte nicht daran, seinen Körper mit den Händen und dem Stoff seines Jacketts so lenken zu können, dass er sie traf. 83 Kilo aus 50 Metern Höhe waren absolut tödlich.*

*Sie hätte schon längst da sein müssen. Hoffentlich hatte sie keine Nachbarin getroffen.*

*Nein, sie kam allein. Und – Sprung! Elegant wie Superman glitt er auf sie zu.*

Das abrupte Ende ist nun kein uralter Trick beim Krimischreiben: der *Cliffhanger*, sondern der Tatsache geschuldet, dass nicht mehr auf der Vorderseite einer normalen Postkarte unterzubringen war.

(Während ich diesen Abschnitt noch einmal durchgehe und Korrektur lese, ist mein Schwiegervater verstorben. Ich rufe ihm hinterher, was ich bei Kindergeburtstagen immer höre: *„Wie schön, dass Du geboren bist, wir hätten Dich sonst sehr vermisst!"* Und wir tun es jetzt wirklich.)

Henri, seinen Schwiegersohn und meinen nichtehelichen Schwager, der einmal Koch in Westerland war und immer viel erzählen kann, frage ich nach zwei hübschen Anekdoten. Hier sind sie:

1. Kommt ein junges Paar an die Hotelrezeption, und man befragt den Mann: *„Haben Sie Kinder dabei?"* Antwort: *„Nein, die wollen wir aber hier bei Ihnen machen."*

2. Henri geht selbst essen und bestellt sich ein Gericht mit billigem Tintenfisch. Die offensichtlich sehr wohlhabende Dame am Nebentisch ordert teure Scampis. Der Ober bringt beide Gerichte zugleich, vertauscht sie aber. Die Dame bemerkt das nicht und bezahlt später ihre Scampis.

Aber zurück nach Schmöckwitz, wo heute auf dem Grundstück meiner Oma meine Cousinen Genia und

Christine mit ihren Männern wohnen, Axel und Jochen, der eine Arzt, der andere Lehrer. Als ich Jochen zum ersten Mal sehe, schluchzt er. Ich bin mit meiner ersten Frau aus Bremen gekommen, um die Hochzeit von Jochen und Christine mitzuerleben. Nun dieses! Ich bin verwirrt. Ist Jochen eigentlich schwul und weint, weil er in mir den entgangenen wahren Lebenspartner sieht? Nein, er hat nur bei meinem Anblick an einen gerade verstorbenen Freund denken müssen.

Jahre später ... Jochens Schwiegermutter, meine Tante Gerda, wohnt allein im hinteren Teil des Grundstücks, seit ihr aus Polen stammender Mann verstorben ist, und soll ein neues Telefonkabel bekommen. Weil es zu teuer wird, wenn eine Firma den Graben zum Verlegen des Kabels ausheben muss, übernimmt Jochen dies. Er kommt aus Marzahn, wo er zu diesen Zeiten noch wohnt, angefahren und macht sich ans Werk. Er hat gehört, dass ein Kabelgraben mindestens 80 Zentimeter tief sein muss. Sicherheitshalber gibt er noch ein paar Zentimeter dazu. Als er sich bückt, um eine Wurzel herauszureißen, brechen die Wände aus lockerem Sand über ihm zusammen. Er ist verschüttet und droht zu ersticken. Zu seinem Glück hat ihn aber sein Schwager nebenan beobachtet, und so wird Axel vom Hautarzt zum Notarzt und rettet ihn.

Axel ist also mein zweiter angeheirateter Cousin und ein ausgezeichneter Dermatologe. Wie bequem! Da kann ich mir doch das ewig lange Warten beim Hautarzt in Wilmersdorf ersparen. Bei einer Familienfeier in einem Ost-Berliner Restaurant bitte ich ihn, sich doch einmal meinen Rücken anzusehen, ob da nicht Melanome wachsen. „*Klar, komm mal mit auf die Toilette.*" Dort ziehe ich also mein Hemd hoch, und er tritt dicht hinter mich. Kommt ein echter Macho herein, sieht uns und schreit los: *„Ay, wieder mal zwei Schwule, bloß weg von hier!"*

Zurück zu Jochen. Meine Wandergruppe beschließt in der Zeit nach der Wende, einmal von Drahnsdorf, das an der Berlin-Dresdener Eisenbahn liegt, nach Dahme (Mark) zu wandern. Und da mir einfällt, dass nicht nur der berühmte Kaufmann und Apotheker Otto Paul Unverdorben (1806-1873), der 1826 das Anilin entdeckt hat, aus Dahme stammt, sondern auch mein angeheirateter Cousin Jochen, bitten wir ihn, mit uns durch die Mark zu ziehen und als Cicerone zu dienen. Er sagt zu, und keiner nimmt deswegen eine Landkarte mit. GPS-Geräte gab es damals noch nicht. Wir steigen in Drahnsdorf aus dem Zug, und Jochen übernimmt die Führung. Bald haben wir uns verlaufen, man kann auch sagen: verirrt. Das Land ist zu menschenleer, um jemanden fragen zu können, und da es bewölkt ist, kann uns auch der Stand der Sonne nicht weiterhelfen. Zu allem Unglück hakt mein Kompass irgendwie, ohne dass ich es merke, und zeigt Westen an, während wir nach Süden laufen. Endlich tauchen die Türme eines Städtchens vor uns auf. *„Das ist Uckro!"*, ruft Jochen, und da Luckau-Uckro eine Bahnstation hat, setzen wir uns Richtung Uckro in Bewegung. Da läuft uns ein Förster über den Weg. *„Wir wollen nach Uckro, laufen wir da richtig?"* – *„Nein, was da vor Ihnen liegt, ist Dahme."*

Jochen ist Anhänger des Ost-Berliner Eishockeyclubs Dynamo, später die Eisbären, wir West-Berliner schwören auf die Preußen. Um etwas zum Spotten zu haben, laden wir Jochen zu einem Spiel Preußen gegen Dynamo in die Eissporthalle in der Jafféstraße ein. Die Ost-Berliner Fans werden von der West-Berliner Polizei geschlossen in den Gästeblock geführt und singen: „*Schlagt den Preußen die Schädeldecke ein!*" Die aber siegen 7:0. Jochen ist am Boden zerstört. Und die Pointe dabei: Bald darauf sind die Preußen Pleite und verschwinden von der Eisfläche, während die Eisbären x-mal Deutscher Meister werden.

Was fällt mir noch zu Jochen ein? Als wir von seiner eingangs erwähnten Hochzeit mit unserem VW-Käfer zurück nach West-Berlin wollen, müssen wir an der Grenzübergangsstelle Heinrich-Heine-Straße auf eine Grube rollen. Es könnte ja ein Republikflüchtling unter dem Wagen kleben. Ich habe keinen Führerschein, und meine erste Frau, die kurz vor dem Mauerbau aus der DDR ausgereist (geflüchtet) ist, verliert die Nerven, als sie unten in der Grube einen Grenzpolizisten sieht, und verreißt das Steuer. Ich antizipiere, wie wir abstürzen, den Mann zerquetschen und in Bautzen landen.

Nein, es geht noch einmal gut.

Steffi ist es dann auch, die uns Jahre später noch einmal in Gefahr bringt, als wir nämlich am Grenzkontrollpunkt Sonnenallee in die Hauptstadt der DDR einreisen wollen und sie gefragt wird: „*Haben Sie Waffen bei sich?*" Antwort: „*Nein, warum denn, bei Ihnen in der DDR braucht man doch keine, da soll doch alles ganz sicher sein. Oder?*" Als wir rechts an den Rand fahren müssen, durchsucht man unser Auto und findet im Handschuhfach eine Benjamin Blümchen-Kasette. Lisa-Maria ist verrückt nach dem sprechenden Elefanten. „*Törrrööö!*" Der Grenzer weist uns ans, die Kassette gegen Quittung zu hinterlegen und bei der Ausreise wieder abzuholen. Das ist mir zu umständlich und ich sage. „*Werfen wir sie doch einfach in den*

*Müll!'* Aber das wird mir nicht gestattet. Natürlich holen wir sie auf der Rückreise nicht ab, wir haben eh zu viele davon. Ob deswegen noch ein Strafverfahren gegen uns anhängig ist?

Ein Andermal kommen wir mit unseren beiden Kindern von der Ostsee zurück, sind erschöpft und wollen an der Raststätte Michendorf noch eine kleine Pause einlegen, ehe in Dreilinden ewig auf die Abfertigung zu warten ist. Das Kreuz tut uns weh. Steffi und ich steigen also aus, wollen ein wenig unsere Schultern lockern und heben die Arme. Sofort springt ein staatlicher Parkplatzüberwacher, hier versteckt, um das Zusteigen von DDR-Bürgern in Westautos zu verhindern, aus dem Gebüsch auf uns zu uns ruft: *„Ist das ein Überfall hier!?"*

Zu einem anderen Jochen aus meiner Familie, dem Onkel Jochen, Vater meines (Groß-)Cousins Curt aus Zehdenick. Dort führte die Familie Schuster seit den Zeiten des Großen Kurfürsten eine Apotheke am Markt. Onkel Jochen war als junger Mensch an Kinderlähmung erkrankt und seither in der damaligen Sprache ein Krüppel, der sich nur mit zwei Stöcken vorwärts bewegen konnte. Als die SED die privaten Apotheken, Hotels, Bauernhöfe usw. in die Hand des Volkes sehen will, schafft sie dafür ein spezielles Recht oder Unrecht, wie auch immer. Aber damit nicht genug, man kriminalisiert die Eigentümer auch noch, um sich ihren Besitz unter den Nagel zu reißen. Onkel Jochen wird angeklagt, die Schiffsbewegungen der kleinen Zehdenicker Schleuse aufgezeichnet und dem französischen Geheimdienst mitgeteilt zu haben. So hirnrissig das auch sein mag, er wird zu drei Jahren Zuchthaus verurteilt – und hat sie in

Brandenburg/Havel auch abgesessen. Die ganze Familie flüchtete nach West-Berlin und bekam schließlich im Spandauer Ortsteil Hakenfelde eine Wohnung.

Onkel Jochen trinkt nun am Abend vor der Hochzeit seines Sohnes so viel, dass er sich übergeben muss. Dabei lockert sich sein Gebiss, rutscht ihm aus dem Mund und versinkt in der Kloschüssel. Geld haben sie verständlicherweise nicht viel, und der Zahnersatz ist unersetzlich. Was tun? „*Nur nicht spülen!*", rufen die Anwesenden im Chor, als sie von seinem Malheur erfahren. Aber wer hat die nötige Ekelüberwindungskraft, das gute Stück zu bergen. Alles blickt auf seine Frau, meine Tante Eva, die Cousine meiner Mutter, denn die ist von Beruf Krankenschwester und damit, scheint es, prädestiniert für solche Sondereinsätze. Doch sie weigert sich. „*Ich bin doch nicht im Dienst!*" Onkel Jochen ist schon eingeschlafen, er selbst kann nicht mehr in Aktion treten. Man berät lange, und sogar Schiller wird zitiert, denn man gehört schließlich zu den gehobenen Ständen: *Wer wagt es, Rittersmann oder Knapp, / Zu tauchen in diesen Schlund? / Einen goldnen Becher werf ich hinab, / verschlungen schon hat ihn der schwarze Mund. / Wer mir den Becher kann wieder zeigen, / Er mag ihn behalten, er ist sein eigen.* Niemand aber möchte das Gebiss, so wertvoll es wegen der eingearbeiteten Goldzähne auch sein mag, sein eigen nennen und im Munde tragen. So vergehen die Minuten. Als dann andere Gäste ein dringendes Bedürfnis verspüren, muss gehandelt werden, und schließlich fasst sich Onkel Jochens Schwägerin, auch eine Cousine meiner Mutter, also meine Tante Ilse, ein Herz und fischt das Gebiss aus der stinkenden Kloschüssel. Er wird sorgfältig gereinigt, und Onkel Jochen trägt es bis zu seinem Tod im Munde.

Weniger unappetitlich sind, da kann ich Sie beruhigen, die beiden anderen Gebiss-Anekdoten aus meiner Großfamilie.

Beginnen wir mit meiner Kohlenoma, der Mutter meines Vaters, die einen eigenen Kohlenkeller hatte, bis der Anfang 1945 im Bombenkrieg völlig ausgebrannt ist – und mit ihm ihre Wohnung darüber. Später hat sie dann auf einem Kohlenplatz auf dem Gelände des heutigen Görlitzer Drogenabgabeparks gearbeitet. Gewohnt hat sie zu dieser Zeit in der Manteuffelstraße unweit ihres zerstörten Kohlenkellers. Ab und an übernachtete ich bei ihr, denn von der Ossastraße bis zu ihr war es ein machbarer Fußweg, und nach Schulschluss besuchte ich sie öfter einmal, um mit ihr *Mensch-ärgere-dich-nicht* zu spielen. Einmal wohnte ich auch ein paar Tage bei ihr, als meine Eltern in den Winterurlaub geflogen waren. Es muss im außerordentlichen strengen Winter 1953/54 gewesen sein, als sie am Morgen an mein Bett tritt und mächtig nuschelt. „*Horscht, aufschtehen, schieben Uhr.*" Ich bekomme einen mächtigen Schreck, denn bei einem Nachbarn hatte es nach einem Schlaganfall auch so geklungen. Verwaschene Sprache heißt das heute. Bei meiner Kohlenoma aber gab es einen anderen Grund: Sie hatte ihr Gebiss beim Schlafengehen aus dem Mund genommen, in ein Glas gelegt und dies in ihrer ungeheizten Küche aufs Fensterbrett gestellt, wo es in der Nacht eingefroren war.

Bleibt die letzte Gebiss-Anekdote. Darin sind involviert Tante Trudchen, die angeheiratete Schwägerin meiner Schmöckwitzer Oma, und deren Mann, Onkel Adolf. Tante Trudchen ist Reinemachfrau gewesen, Onkel Adolf Koch. Geboren waren sie alle so um 1890, hatten die Blüte ihres Lebens im Ersten Weltkrieg durchlitten und waren froh und glücklich, als endlich wieder Friede war und sie alles gesund überstanden hatten. Da wurde in den Goldenen Zwanzigern viel und ausgiebig gefeiert, zumeist in einem der Ausflugslokale im Berliner Umland. So auch an einem lauen Sommerabend in einem Gartenlokal am Ufer der Löcknitz. Onkel Adolf war dann ziemlich voll, als es von Erkner aus mit dem letzten Dampfzug nach Berlin zurückging. Gerade hatten sie den Bahnhof Köpenick passiert, da wurde Onkel Adolf furchtbar schlecht. Er öffnete das Zugfenster, was damals noch völlig unproblematisch war, und erbrach sich. Die Pointe kennen sie schon. Am nächsten Morgen nun, es war ein arbeitsfreier Sonntag für beide, fuhren sie nach Köpenick zurück und suchten stundenlang neben dem stadteinwärts führenden Gleis nach Onkel Adolfs teurem Gebiss. Vergeblich. Monatelang soll der Haussegen schiefgehangen haben.

Noch ein kurzer *take* mit Vetter Curt. Der arbeitet lange Zeit bei einer pharmazeutischen Firma und hat öfter Dienstreisen zu unternehmen. Meist mit Erfolg, einmal aber bleibt der aus. Er wohnte damals im eigenen Haus in Hermsdorf, und von dort ist es bis zum Flughafen Tempelhof ein ganzes Stück. Er muss am nächsten Morgen ganz früh in Ludwigshafen sein, und dazu ist es unerlässlich, dass er die letzte PANAM-Maschine nach Frankfurt noch schafft. Also springt er aus der Taxe und rennt ins Flughafengebäude. Es geht um Minuten. Er wird es schaffen, denn zeitaufwändige Leibesvisitationen gibt es zu dieser Zeit noch nicht, er braucht nur seinen schnell aus der Innentasche seines Jacketts gerissenen Personalausweis zum Abfotografieren auf eine Glasplatte zu legen. Die Prozedur dauert verdächtig lange. Schließlich schaut der Polizeibeamte zu ihm auf. *„Bärbel Schuster, hm ... Tut mir leid, Frau Schuster, so richtig ist Ihnen die Geschlechtsumwandlung noch nicht gelungen. Ich kann sie leider nicht mitfliegen lassen."* Curt hatte aus Versehen den Ausweis seiner Frau eingesteckt und auch keinen Reisepass bei sich.

Als Curt seinen 50. Geburtstag feiert und sich seine Familie und seine engsten Freunde in einem abgetrennten Raum einer Gaststätte versammeln haben, soll ich eine kleine Rede halten, klopfe mit dem Messer gegen mein Glas, stehe auf und will, als alle andachtsvoll schweigen, das Folgende sagen: *„Lieber Curt, lass mich mit dem Blick auf deine Mutter mit dem alten Spruch beginnen: Gezeugt mit Freuden, aber unter Schmerzen auf die Welt gebracht."* Nun, vielleicht bin ich an diesem Abend ein wenig fahrig, vielleicht aber steckt doch eine gehörige Menge von jenem sogenannten Bösen in mir, von dem Konrad Lorenz immer gesprochen hat, jedenfalls sage ich: *„Gezeugt unter Schmerzen ..."* Alles lacht sich halbtot, nur seine Mutter, meine Tante Eva, nicht. Zum Glück für mich ist sie aber nicht fürchterlich erbost über meinen Fauxpas, sie hat nur nichts verstanden, weil die Batterie ihres Hörgeräts gerade den Geist aufgegeben hatte.

Kehren wir zu meiner Kohlenoma zurück – beziehungsweise ihrem zweiten Sohn Helmut. Der war sechzehn Jahre jünger als mein Vater, und eigentlich „nur" sein Halbbruder. Mein Vater hatte ihn oft im Kinderwagen spazieren fahren müssen und dabei immer einen knallroten Kopf bekommen, wenn man ausgerufen hatte: *„So* *jung und schon Vater!*" Onkel Helmut war vor dem Krieg Karuselldreher bei der AEG gewesen, so seine damalige Berufsbezeichnung, also ein Mechaniker mit der Aufgabe, sehr große und unförmige Werkstücke mithilfe einer karusellähnlichen Drehmaschine zu bearbeiten. Ich hatte als Kind immer gedacht, er sei auf dem Rummelplatz beschäftigt. Onkel Helmut war in französische Kriegsgefangenschaft geraten und hatte im Bergbau arbeiten müssen. Durch das ständige Tragen eines Helmes hatte er alle Haare verloren. Seine Lieblingsanekdote aus dieser Zeit war folgende: „*Wir müssen bei einem Bauern schuften und werden schlecht behandelt. Stundenlang müssen wir auf seinem Hof in große Fässer steigen und geschnittenen Wirsingkohl mit nackten Füssen zu Sauerkraut fest stampfen. Die Sonne brennt vom Himmel, wir bekommen nichts zu trinken. Da pinkelt einer neben mir aus Rache ins Fass.*"

Als ich dann bei einem Besuch in Straßburg Sauerkraut auf dem Teller hatte, da ...

Zurück in der Heimat will Onkel Helmut wieder Fußball spielen und zwar beim BBC Südost. Er wird auch in der ersten Mannschaft aufgestellt, wenn auch nur als Linksaußen. Bei seinem ersten Spiel herrscht ein mächtiges Chaos, denn die 22 Akteure sind nicht einheitlich gekleidet, sondern jeder hat angezogen, was der Krieg an Jerseys und Hosen übrig gelassen hatte. Keine Farbe fehlte. Unter diesen Umständen den richtigen eigenen Kameraden anzuspielen, war schier unmöglich, da auch der Gegner derart individuell gekleidet war. Da hatte Onkel Helmut eine geniale Idee: Er sammelte nach dem Spiel die Klamotten seiner Mitspieler ein und ließ sie auf eigene Kosten schwarz einfärben. Der Jubel war groß, und er spielte auch nicht schlecht, wurde aber dennoch von einigen antifaschistischen Zuschauern verhöhnt und beschimpft. Warum das? Weil auf seinem Trikot, das er aus Frankreich mitgebracht hatte, die Buchstaben PG durchgekommen waren, was für *Prisonnier de Guerre* stand, aber als Parteigenosse, also Nazi, gedeutet wurde. Nebenbei: Dieselbe Idee mit der einheitlichen Schwarzfärbung hatte Friedrich Ludwig Jahn, unser „Turnvater", schon im Jahre 1813, als er in Breslau im Befreiungskampf gegen Napoleon Männer für das Lützow´sche Freicorps rekrutierte und jeder mit anderer Kleidung oder Uniform erschien. Kamen bei den Epauletten und Knöpfen noch die Farben Rot und Gold hinzu, um das Ganze etwas zu schmücken, und fertig waren unsere späteren Nationalfarben Aber weiter zum Thema Onkel Helmut und der Fußball: Am 18. Juli 1948 wollten wir das Qualifikationsspiel um die Deutsche Meisterschaft zwischen Union Oberschöneweide, dem Berliner Meister, und dem FC St. Pauli miterleben. Auf also ins Olympiastadion! Wir trafen uns auf dem Schlesischen Bahnhof, dem heutigen Ostbahnhof. Himmel und Menschen. Die S-Bahn ist rettungslos überfordert, und die Reichsbahn setzt dampfbetriebene Sonderzüge ein. In einen von denen kann ich mich als spindeldürrer Zehnjähriger gerade eben noch hineinquetschen, Onkel Helmut schafft es aber nicht mehr. Panik kommt bei ihm auf, denn mein Vater befindet ich noch in sowjetischer Kriegsgefangenschaft, und er ist verantwortlich für mich. Also schwingt er sich bei Abfahrt des Zuges draußen aufs Trittbrett. So stehen wir uns dann auf der Fahrt ins Olympiastadion sozusagen Nase an Nase gegenüber, er draußen, ich drinnen am Fenster.

Nach dem Krieg hat er sich scheiden lassen und seine neue Liebe geheiratet, die Irma vom konkurrierenden Kohlenhändler Rylski schräg gegenüber in der Manteuffelstraße. Seine Mutter, meine Kohlenoma, fiel in Ohnmacht als sie das hörte, denn Helmut war zu dieser Zeit ihr einziger Sohn, hatte sie doch kurz zuvor nach einem Streit mit meinem Vater ausgerufen: *„Ich habe nur noch einen Sohn!"* Nun, man versöhnte sich wieder, und es gab in den folgenden Jahren viele feuchtfröhliche Geburtstagsfeiern in SO 36. Da man nur eine Wohnung in einem Abschnitt der hinteren Manteuffelstraße gefunden hatte, der schon fast als Slum gelten konnte, hatte man die Toilette auf dem Hof. Das führte dazu, dass die Entleerung der Blasen in der Küche stattfand. Die Männer pinkelten direkt in den Ausguss, die Frauen schalteten der Aufwischeimer dazwischen. Dazu wurde immer wieder das Lied vom alten Haus von Rocky Docky gesungen – und zwar in der deutschen Fassung von Bruce Low: *„Dieses Haus ist alt und hässlich, / Dieses Haus ist kahl und leer, / Denn seit mehr als fünfzig Jahren, / Da bewohnt es keiner mehr. / Dieses Haus ist halb verfallen, / Und es knarrt und stöhnt und weint, / Dieses Haus ist noch viel schlimmer als es scheint."* Der Höhepunkt einer der Feiern war ein Experiment, das Onkel Helmut eigentlich den Nobelpreis in Chemie hätte einbringen müssen. Man stritt sich darum, ob Magenwinde brannten oder nicht, sagte natürlich Fürze dazu. Onkel Helmut, der sich als Ex-Bergmann mit schlagenden Wettern auskannte, bejahte es, andere stritten es ab. *„Dann mach doch mal 'nen Versuch!"*, rief jemand. Es wurden Wetten abgeschlossen, ob Helmut die Entflammung gelingen würde oder nicht. Sollte er Erfolg haben, sollte er von jedem eine Mark bekommen, bei einem Misserfolg jedem eine zahlen. Mein Vater als unbestechlicher Beamter schrieb die Namen aller auf, die ihr Markstück in einen Topf geworfen hatten, und übernahm die Rolle des Notars. Onkel Helmut verschwand im Schlafzimmer und kam nach zwei Minuten mit einer sauberen Unterhose zurück. Nun stieg er auf die Kochmaschine. Sein langes Oberhemd hatte er anbehalten, um vorn seine Blöße zu bedecken, als er die weiße Unterhose auf die Knie hinunter zog. Dann streckte er uns sein Gesäß entgegen, und alles starrte unter lautestem Gekicher auf seinen *Musculus sphincter internum* und seinen *Musculus sphincter externum*, vornehm: Anus, auf gut deutsch: Poloch. Er hatte zu Mittag Kohlrouladen gegessen, also musste er nicht lange warten, bis er, wie alte Soldaten das nannten, „abprotzen" konnte. Das von seiner Frau hingehaltene Feuerzeug war schon aufgeflammt. Jetzt! Der Knall. Eine gewaltige Stichflamme schlägt uns entgegen. Onkel Helmut schreit auf. Er hat zwar 18 Mark gewonnen, sich aber den Anus und die Hoden derart verbrannt, dass es höllisch schmerzte und er am nächsten Morgen zum Arzt eilen musste.

Alle, die mich näher kennen, werden nun fragen: Und was ist mit Heike? Sie spielt eine entscheidende Rolle in meinem Leben, ist mein Goldschatz. Sie war die für mich hübscheste und klügste aller Studentinnen, aber – bitte von einer nachträglichen Anzeige absehen! – wir sind uns erst neun Jahre, nachdem sie unsere Hochschule verlassen hatte, bei einem Ehemaligentreffen nähergekommen. Gerade haben wir den 25. Jahrestag unseres ersten Kusses gefeiert. Und nun die anekdotischen Lebenserinnerungen, aber Heike nur ein paar Mal kurz erwähnt? Unmöglich!!! Doch, sie hat ihr Veto eingelegt, sie möchte nicht, dass ihr Leben in die Öffentlichkeit „gezerrt" wird. Wie schade! Nur eine Anekdote hat sie freigegeben: Ich war einen langen und himmlischen Abend bei ihr in der Neuköllner Weisestraße in ihrem sehr alten Altbau und musste noch nach Frohnau hinaus, um mich um unseren Hund zu kümmern. Ich springe also in die Taxe und fahre in den hohen Norden. Dort angekommen, rufe ich sofort bei ihr an, um ihr meine glückliche Ankunft zu melden und sie dahingehend zu beruhigen, dass im Haus nicht eingebrochen worden ist und mich kein versteckter Eindringling ermordet hat. Kaum aber habe mein „Hallo ..." in den Hörer gehaucht, da höre ich sie laut aufschreien. Mein Gott, sie ist in ihrer Wohnung überfallen worden! Und ich kann ihr nicht zur Hilfe eilen, schrecklich! Sie erholt sich und teilt mir mit, dass sie gerade eine dicke fette Ratte in ihrem Badezimmer gesichtet hat.

Womit ich sie am meisten nerve? Wahrscheinlich damit, dass es mich hin und wieder überkommt und ich aus dem ck ein tz mache, also Brützke sage statt Brücke, Mützke statt Mücke und so weiter. Das liegt daran, dass ich in der Rütli-Schule einen Klassenkameraden mit Nachnamen Nowacki hatte, der sich beim Aufrufen am Anfang der Stunde, ob denn wohl auch alle anwesend seien, immer mächtig aufregte, wenn die Lehrer nicht Nowatzki, sondern eben Nowacki zu ihm sagten. Meine Tante Gerda, die in zweiter Ehe einen gebürtigen Polen zum Manne hatte, hieß in Polen immer Brodzki, in der DDR aber Brocki. Nebenbei: Ich war noch nie auf dem Brotzken.

Von einer meiner neuesten schlimmen Taten weiß Heike nichts, und wird es hoffentlich auch nie erfahren.

Da reicht sie mir, als ich auf dem Balkon sitze und mich sonne, einen Teller mit Himbeeren. Ich bedanke mich, zucke aber alsbald zurück, denn jede Frucht ist furchtbar geschrumpft, und ich schätze ihr Mindesthaltbarkeitsdatum auf Mitte des vergangenen Jahrzehnts. So werfe die Himbeeren den Vöglein hin und mache sie glücklich, schließlich bin ich im BUND.

Am Abend erklärt mir Heike, dass gerade die getrockneten Bio-Himbeeren unendlich reich seien an lebensverlängernden Inhaltsstoffen ...

# IV. Anleitungen zum Überleben in der Schule, bei Spiel und Sport

Schule ... Da kokettiere ich immer damit, dass ich einmal in die Rüttli-Schule gegangen bin, so etwa zwischen 1946 und 1951. Ich weiß: man schreibt sie nur mit einem t, aber ich bitte das lautmalerisch zu nehmen, denn ich ärgere mich immer, wenn zugereiste Süddeutsche Rüüütli-Schule sagen. Dafür kann ich noch den Rütlischwur, wie er feierlich in Schillers *Wilhelm Tell* erklingt: *Wir wollen sein ein einzig Volk von Brüdern, / in keiner Not uns trennen und Gefahr. / Wir wollen frei sein, wie die Väter waren, / eher den Tod, als in der Knechtschaft leben. / Wir wollen trauen auf den höchsten Gott / und uns nicht fürchten vor der Macht der Menschen.* Merkte dazu die Deutschlehrerin an, das sei im „Zweiten Aufzug" gesagt, kam es sofort aus den hinteren Reihen: „*Wieso soll der Tell das im Fahrstuhl gesagt haben, den gab es doch damals noch gar nicht.*" Ach ja, wie sind wir doch alle verdorben durch *Die Feuerzangenbowle*. Ich liebe diesen Film und habe extra unter anderem auch Psychologie studiert, um herauszufinden, wie die Krankheit des Herrn Oberschulrats heißt, der am Schluss des Films erscheint, als Hans Pfeiffer als Professor Crey verkleidet vor die Klasse getreten ist und den schrulligen Chemielehrer mit seinem selbstgemachten Heidelbeerwein („*Jeder nur einen winzigen Schlock, sonst steigt er in den Kopf!*") parodiert. Der Oberschulrat hält Pfeiffer für den echten Crey und kommentiert das Gekreische in der Aula mit: „*Wissenschaft mit Humor gewürzt. Muss auch sein, auch sein.*" Das ist die Palilalie, der krankhafte Zwang, eigene Sätze und Wörter wiederholt zu sprechen, wiederholt zu sprechen.

Am meisten erinnern wir uns sicher an die Lehrerinnen und Lehrer, die irgendwie einen Tic, eine Macke hatten. Als Einstieg zum Thema seltsame Lehrkräfte empfehle ich: Ernst Heimeran, *Lehrer, die wir hatten*, erschienen 1954, also einem Jahr, in dem ich selbst noch zur Schule gegangen bin.

Eingeschult worden bin ich in der Zeit, in der wir evakuiert worden sind, 1944 in der einklassigen Dorfschule von Zieko, heute ein Stadtteil von Coswig in Sachsen-Anhalt. Zwei andere Berliner Jungen war auch nach Zieko gekommen, und so hatte ich das Glück, nicht der Einzige gewesen zu sein, der von der Dorfjugend permanent gehänselt und verprügelt wurde. Es war nicht schön, ein Kind mit Migrationshintergrund zu sein. Der Lehrer sah aus wie Hindenburg und war Mitte der Siebzig, reaktiviert worden, nachdem man die jüngeren Kollegen an die Front geschickt hatte. Schreiben gelernt habe ich auf einer Schiefertafel. Die hängt heute noch neben meinem Schreibtisch. Rechnen auch? Ich weiß nicht so recht, obwohl besagte Schiefertafel auf der einen Seite auch Karos aufweist. Geschrieben wurde mit einem Griffel, Falsches mit einem nassen Schwamm sofort wieder weggewischt. Gott, war das schon nachhaltig, und die Grünen sollten die Wiedereinführung von Schiefertafel, Griffel und Schwamm in ihr Wahlprogramm aufnehmen. Viel schneller gehen Korrekturen heutzutage mit dem Computer auch nicht. Wollte ich einer Tracht Prügel entgehen, musste ich weglaufen, musste ich schneller sein als die Dorfjugend. Damit war der Grundstein für meine späteren Erfolge als Hundertmeterläufer gelegt. Danke, Zieko! Weitere Übungseinheiten hatte ich, wenn der Ganter des Bauern hinter mir her war, um mir in die nackten Beine zu beißen, was mächtig weh tat, obwohl ein Indianer ja keinen Schmerz kennt. (Jetzt weiß ich auch, warum ich auf die Weihnachtsgans nicht gern verzichte ...)

Von der einen Dorfschule ging es weiter in die nächste, in die von Groß Pankow, das zwischen Pritzwalk und Perleberg gelegen ist und sogar ein Schloss aufweist, in dem einmal ein Zweig der Edlen Herrn Gänse zu Puttlitz zu Hause gewesen ist. Wir waren dort endlich wieder mit meinem Vater vereint, wenigstens bis der Anfang 1945 noch Soldat werden musste. In der Prignitz hatten wir das Glück, dass wir Untermieter beim Ortsbauernführer Martin Blumenthal sein durften, der größten Respektsperson im Dorfe, und da traute sich von der Dorfjugend niemand mehr an mich heran. Der Ortsbauernführer war im Dritten Reich der Leiter der kleinsten beziehungsweise untersten Einheit im Aufbau des Reichsnährstandes. Erinnerungen an die Schule in Groß Pankow habe ich keine mehr, außer der, dass wir neu dazu gekommenen Kinder aus Berlin und Hamburg nicht mehr in die kleine Dorfschule passten, sondern im Tanzsaal einer Gaststätte unterrichtet wurden. Das heißt, viel Unterricht gab es im Winter 1944/45 und Frühjahr 1945 nicht mehr, weil sich alles fragte, wozu denn eigentlich noch? Trotzdem habe ich in Groß Pankow viel gelernt, zum Beispiel, was eine Plantage ist, denn die Blumenthals hatten eine mit vielen Johannisbeeren, und dass nicht nur Berlin eine Panke hat, sondern auch die Prignitz. Sie mündet hier in die Stepenitz. Wir Kinder wurden gern zu kleineren Arbeiten herangezogen, zum Beispiel zum Kühe-Hüten. War man im Mai 1945 schon barfuß unterwegs, konnte man sich die Füße wunderbar erwärmen, wenn man in einen frischen Kuhfladen trat.

Im August 1945 kehrten meine Mutter und ich von Groß Pankow nach Berlin zurück, wo in unserer Wohnung in der Ossastraße lange Zeit meine in der Manteuffelstraße ausgebombte Kohlenoma gewohnt hatte. Mein Vater weilte noch in Russland, in der Nähe von Orel. Ich hätte gern auf einen Schulbesuch in Berlin verzichtet, denn Schreiben, Lesen und Rechnen konnte ich ja nun so einigermaßen und fühlte mich fit für die Berufe, die man mir immer wieder in Aussicht stellte, wenn ich weiterhin so faul sein würde: Müllkutscher, Ritzenschieber und Gullitaucher. Letztere wurden zur Reinigung der Abwasseranlagen eingesetzt, und Ritzenschieber hielten die Rillenschienen der Straßenbahn frei von Sedimenten. Und für meinen Traumberuf Straßenbahnfahrer würde es allemal reichen, dachte ich mir. Aber den Zwang zur Schule zu gehen, gab es damals auch schon, und so schleifte meine Mutter mich zu einer weit entfernten Schule am Hermannplatz, denn die nahegelegene Rütli-Schule, die im Krieg als Lazarett gedient hatte, wies wohl noch zu geringe Kapazitäten auf. Die Grundschule am Hermannplatz, Eingang Sonnenallee, war ein riesiger roter Backsteinkasten. Wir fragten uns durch und landeten bei, so meine Erinnerung, bei einer Frau Bülow, die Klassenlehrerin der, sagen wir, 2c war. Meine Mutter schilderte ihr meinen Bildungsgang, und Frau Bülow fand, dass ich in ihrer Klasse nichts zu suchen hätte und noch einmal in der 1. Klasse anfangen müsste. Da kämpfte meine Mutter wie eine Löwin für mich, eine andere als diese abgegriffene Wendung fällt mir nicht, und die Lehrerin gab schließlich nach. So

94

durfte ich jeden Morgen von der Ossastraße zum Hermannplatz traben, anfangs noch, um die Schuhsohlen zu schonen, barfuß. Ich hatte zwar noch die Holzsandalen aus Groß Pankow, aber die klapperten mir zu sehr. Es wurde Winter, und da das Heizmaterial knapp war, gab es oft Kälteferien oder Schichtunterricht. Auch wurden wir hin und hin wieder, zum Beispiel, wenn ein Wasserrohr geplatzt war, in ein Schulgebäude in der Weserstraße verbracht. Dann ging es endlich in die Rütli-Schule.

Ich hatte schnell einen Lieblingslehrer, aber der durfte eines Tages nicht mehr vor die Klasse treten, da die Spaltung Berlins begonnen hatte, und der Mann in der SED war. Mein Glück war Frau Falkenberg. Als die unsere Klasse übernommen hatte, war der Spaß am Lernen plötzlich da.

*„Bosetzky, das sind doch eigentlich keine Anekdoten! Wo bleiben die?"*

*„Gut, eine fällt mir ein."*

*„Na, dann mal los!"*

Es muss im Jahre 1951 gewesen sein, da gab es noch den Fußball-Länderpokal, und die Berliner Stadtmannschaft spielte gegen Schleswig-Holstein. Ich war damals Aktiver beim 1. FC Neukölln, und unsere Mannschaft wurde vom Verein in lokalpatriotischer Manier geschlossen ins Olympiastadion geschickt. Das war trotz unserer Anwesenheit nur bestenfalls halb gefüllt. Als das Gekicke unten auf dem Rasen unerträglich wurde, nutzte ein Betrunkener die Gunst der Stunde, seine komödiantische Ader auszuleben, trat an die Brüstung des Oberrings, brüllte *„Heil Hitler!"*, begrüßte alle mit ausgestrecktem rechten Arm und setzte an zu einer längeren Rede. *„Därr deutsche Fußball muss rrrollen für den Sieg! Jede Minute eine*

*Bombe aufs Torrr!"* Die Leute jubelten, erschien ihnen das Ganze doch als gelungene Parodie. Möglich war aber auch, dass der Mann ein Ewiggestriger war. *„Ich will ein Deutsches Rrrreich, in dem unsere Fußballer harrrt wie Krrruppstahl und zäh wie Sohlenlederrr sind! Alles Weiche ist mirrr zuwiderrr!"* Weiter kam er nicht, denn Wachleute und Schutzpolizisten zogen ihn fort in die Katakomben des Olympiastadions. Ich war schwer beeindruckt von diesem Auftritt, und stieg am nächsten Tag in der Pause in unserem Klassenzimmer auf einen Stuhl, um das wiederzugeben, was ich da erlebt hatte. Das r gut rrrollen konnte ich. Ich hatte mir ein Stück schwarzes Papier als Hitlerbärtchen unter die Nase geklebt, entbot meinen Mitschülern den „vaterländischen Gruß" und begann: *„Därr deutsche Fußball muss rrrollen für den Sieg! Jede Minute will ich eine Bombe aufs Torrr! Mein Wille ist ein Deutsches Rrrreich, in dem unsere Fußballer harrrt wie Krrruppstahl und zäh wie Sohlenlederrr sind! Alles Weiche ist mirrr zuwiderrr!"* Da kam Herr Schröder, der Rektor, ins Klassenzimmer gestürzt und riss mich vom Stuhl. *„Das geht zu weit, né!"* Alle seine Sätze beendete er mit diesem né, und da ich von ihm schon mehrmals beim Nachmachen erwischt worden war, hatte er mich schon lange auf dem Kieker. Meine Hitler-Parodie kam ihm da gerade recht. Er ließ meinen Vater „antanzen".

*„Herr Bosetzky, Ihr Junge ist sittlich verwahrlost und gehört nicht auf diese Schule – und auf ein Gymnasium erst recht nicht!"*

Mein Vater war der geborene Diplomat und bedankte sich bei Herrn Schröder für dessen Aufmerksamkeit. *„Ich freue mich, dass Sie alle nationalsozialistischen Umtriebe sofort unterbinden. Aber was meinen Sohn betrifft, da ..."* Er erzählte dann dem Rektor, wie er selbst als junger Mann in den Kreuzberger Straßen gegen die Nazis gekämpft hatte, dass ich einen jüdischen Großvater hatte, dass mein Onkel Berthold als Kommunist zwölf Jahre im KZ gesessen hatte – und, und, und. Am Ende tranken beide Männer einen Cognac miteinander – und ich war gerettet.

Die Rütli-Schule ... Mit Freude registriere ich gerade bei *Wikipedia*, dass ich auf deren Homepage in der Rubrik „Bekannte ehemalige Schüler" auftauche, gleich neben Arno Funke, dem „Kaufhauserpresser" Dagobert. Zu ihrer 100-Jahrfeier durfte ich in der Turnhalle auch eine kleine Rede halten, genau unter den Kletterstangen, die ich als Junge nie in voller Höhe hatte erklimmen können, noch immer mit den Worten des Turnlehrers im Ohr, der den schön Namen Kwasigroch getragen hatte: *„Hat die Welt jemals einen solchen nassen Sack gesehen!"* Die Kraft zum erfolgreichsten Stangenkletterer Neuköllns hatte ich schon, aber war ich mehr als anderthalb Meter vom Erdboden entfernt, wurde ich von unüberwindbarer Höhenangst gepackt.

Hier nun die gesamte Rede:

*Aufgewachsen bin ich in der Ossastraße, durchaus nicht unglücklich darüber, und habe von 1946 bis 1951 in der 31. Grundschule in der Rütlistraße besucht. Koedukation gab es noch nicht.*

*Die sozialen Verhältnisse waren nicht so, dass wir Kinder lieb und artig daherkamen. Oft war der Vater im Krieg gefallen oder saß noch in Gefangenschaft, und die Mütter mussten arbeiten gehen. Viele von uns waren Schlüsselkinder, und die Sozialisation erfolgte weithin durch die Gleichaltrigen. Alle waren wir irgendwie* traumatisiert, hatten in einstürzenden Luftschutzkellern gesessen, waren evakuiert gewesen und in den Dörfern von der einheimischen Jugend malträtiert worden, hatten miterlebt, wie nach Bombenangriffen die Brände gelöscht und die Toten abtransportiert wurden, wie unsere Mütter in unserem Beisein vergewaltigt worden waren, wie unsere Wohnhäuser in Schutt und Asche lagen und unsere Großväter ganz einfach verhungerten. Da waren viele zum Wolf unter Wölfen geworden, und die Straßen wurden von jugendlichen Warlords beherrscht. Die hatten ihre Ausbildung zum Teil in der HJ genossen und waren in Nazihaushalten aufgewachsen, wo der deutsche Junge zäh wie Sohlenleder und hart wie Kruppstahl sein musste. Weh dem Knaben in der Nähe der Rütli-Schule, der da zart besaitet war. Die Zeiten waren, um es soziologisch zu sagen, ganz schön anomisch.

Jede Woche gab es Straßenschlachten, zum Beispiel Ossa- gegen Tell-Clique. Karl May mit seinen Kämpfen zwischen Apatschen, Kiowas, Sioux und Kommantschen wirkte sehr anregend. Tribalismus war angesagt, man verabredete sich zum Kampf und schlug mit Fäusten, Gürteln und Knüppeln aufeinander ein. Andere Waffen waren Katapulte, Blasrohre und Bolas. Für ein Katapult brauchte man einen starken Gummi, aus der Unterhose vielleicht, am besten aber vom Einweckglas, und eine Gabel, die man sich aus einem abgebrochenen Ast oder aus Teilen seines Stabilbaukastens bastelte. Waren diese Hilfsmittel nicht zur Hand, mussten Daumen und Zeigefinger reichen. Verschossen wurden vorwiegend Krampen aus Papier, aber auch Steine und krumme Nägel. Mein Freund Gert aus der Weserstraße, heute Professor in München, erzählt mir am Telefon, dass dabei einem Jungen aus seiner Nachbarschaft ein Auge „ausgeschossen" worden ist. Blasrohre wurden hergestellt, indem man gerade gewachsene Holunderäste mit einer Stricknadel aushöhlte, und Bolas, südamerikanische Schleuderwaffen, entstanden, indem wir kleine Säckchen mit nassem Sand füllten und an Stricke banden. Wer am Kopf getroffen wurde, hatte ein wunderschönes blaues Auge. Ein Indianer kennt kein Schmerz, hieß es aber, und wer die meisten Blessuren aufweisen konnte, war der größte Held.

Ging man durch andere Straßen, befand man sich in Feindesland. Ich hatte beispielsweise eine wahnsinnige Angst, die Weserstraße zwischen Pannier- und Rütlistraße entlangzugehen, weil da im Hausflur immer ein großer Junge lauerte, der sich auf andere stürzte und sie grundlos verprügelte. Abgenommen wurden einem Bälle, die damals absolute Wertgegenstände waren, Rennautos, mit denen wir auf den Bordsteinen spielten, und geklautes Buntmetall. Traf man zu Hause ein und erzählte, dass man überfallen worden war, bekam man womöglich noch ein paar hinter die Ohren. „Dafür, dass du dich nicht gewehrt hast!"

In der Schule gab es zwei Welten. Die eine hatte in den Unterrichtsstunden Vorrang, die andere in den Pausen. In der einen galten die Werte der Lehrer, und die leistungsstarken Schüler genossen die größte Achtung, in der anderen die der Schläger, meist ein bis zwei Jahre älter, damals Rowdys, Rabauken oder Früchtchen genannt. Wer sie anhimmelte und ihnen kleine Geschenke mitbrachte, konnte ungestört leben und in ihrem Schutz prächtig gedeihen, wen sie aber auf dem Kieker hatten, der erlebte knallhartes Mobbing und wurde permanent bedroht und verprügelt. Besonders schwer hatten es die Streber, also die, die alles wussten und beim Melden mit dem Finger schnipsten und immer nur Einsen schrieben.

Prügeleien im Klassenzimmer und auf dem Schulhof waren an der Tagesordnung, und es gab unter den Warlords welche, die Schlagringe aus Gußeisen mitbrachten und vorzeigten.

Viele Lehrerinnen und Lehrer waren zu alt oder im Schnellverfahren ausgebildet und wurden oft geärgert. So schossen wir durchgekautes Löschpapier mit einem Katapult an die Decke über dem Lehrertisch. Wenn es dann austrocknete, fiel es dem Pädagogen auf den Kopf. Auch stellte man ihnen besonders wacklige Stühle hin, mit denen sie dann zusammenbrachen, oder steckte Rasierklingen in die Ritzen auf den Sitzflächen. Besonders wirksam ließ sich der Unterricht mit Stinkbomben stören. Man musste nur altes Filmmaterial fest in Zeitungspapier einwickeln, anzünden, schnell austreten und in den Klassenraum werfen. Meine Klassenlehrerin lief mindestens einmal die Woche weinend aus dem Raum, weil sie mit uns nicht mehr fertig wurde.

Wie sich die Bilder gleichen ... Bis auf die Tatsache, dass wir Jungen ausnahmslos Deutsche waren, obwohl die Lehrer meinten, Deutsch sei unsere erste Fremdsprache. Perfekt beherrschte es keiner, und ick weeß bis heute nich so richtich, wat 'n Perfekt und 'n Imperfekt is.

Von der Rütli- ging es auf die Albert-Schweitzer-Schule, die ASS, wie der Thrombozytenaggregationshemmer, den ich heute schlucken muss. Häufige Nebenwirkungen: Übelkeit, Erbrechen ... Nun, über die ASS habe ich in -ky's Berliner Jugend und in Capri und Kartoffelpuffer genügend geschrieben. Aber es gibt doch noch etwas Neues: Im Herbst letzten Jahres hat mich mein alter Schulkamerad Ulli Beier, das Nesthäkchen in unserer Klasse, zu seinem 75. Geburtstag in ein Logenhaus eingeladen und gebeten, etwas aus Capri und Kartoffelpuffer vorzulesen. Das habe ich gern getan, aber „vor versammelter Mannschaft" vorab darauf hingewiesen, dass bei mir diejenigen den größten Raum einnehmen, die verhaltensauffällig waren, die späteren Sitzenbleiber also, er jedoch immer lieb und brav gewesen sei. Darauf er: „Wie du! Du bist mir auch nur dadurch aufgefallen, dass du so schnell über die hundert Meter gewesen bist." Nun, ja. Meine

Zwischenzeugnisse sind nicht mehr auffindbar, aber ich schätze, mein Zeugnis im Jahre, sagen wir, 1954 muss so ausgesehen haben: Deutsch 3, Englisch 4, Geschichte 2, Erdkunde 2, Mathematik 4, Chemie 3, Physik 3, Musik 4, Turnen 6. Blendend war das gerade nicht. Aber ich hatte ja in dieser Zeit auch nur das eine Ziel: Deutscher Meister über 100 Meter zu werden, trainierte pausenlos, machte kaum Hausarbeiten und schrieb am Morgen fünf Minuten vor Schulbeginn lieber alles von meinem Schulfreund Bimbo ab. Eine 1+ hätte ich nur im Schulfach muddle through (sich durchwursteln, sich durchmogeln) bekommen. Ein Beispiel aus der 8. Klasse. Da wurde einmal keine Klausur geschrieben, sondern eine Note im Kopfrechnen vergeben. Schrecklich! Ich kann vieles nicht, aber Kopfrechnen schon gar nicht. Wir mussten alle aufstehen. Dann stellte der Lehrer die Frage und gab uns ein wenig Zeit, die richtige Lösung zu finden. Auf sein „Jetzt!" durften wir uns kurzzeitig setzen, um das Ergebnis aufzuschreiben. Bei mir blieb hinter 1.) der Platz gänzlich leer. Aufstehen zur zweiten Frage. Da hörte ich gar nicht mehr hin auf das, was der Lehrer vorne sagte, sondern nutzte die Zeit, mich bei meinen Nachbarn links und rechts nach der richtigen Lösung umzusehen und mir die Zahl, die „Wurzel aus" oder Ähnliches einzuprägen. Durften wir uns setzen, um die Zeile hinter 2.) zu füllen, notierte ich das, was zu 1.) passte. Das fiel natürlich überhaupt nicht auf. Logischerweise fehlte mir beim Abgeben meines Blattes nur die richtige Lösung zu 10.), aber es reichte auch so zu einer 2+. Aber das Fach muddle through gab es ja leider nicht, obwohl es eigentlich für den Lebenskampf unentbehrlich ist. So schaffte ich es, in Mathematik gerade man so, über die Runden zu kommen, weil mir die liebe Dorothea von hinten zuflüsterte, was ich zu tun hatte, wenn ich an die Tafel gerufen wurde. Wir waren in der 13a nur noch zehn Schüler und in einer umgebauten kleinen Lehrertoilette untergebracht. Da hockte man so dicht aufeinander, dass das ging. Vorher hatte Gert Regenspurg meine Mathematikklausuren immer mitgeschrieben. Da saßen wir dann zwar in der Aula, immer zu zweit an einem Tisch, und von denen hatte einer die Aufgaben A, der andere die Aufgaben B zu rechnen. Gert (A), rechnete meine B-Aufgaben mit aus und reichte mir das Blatt zum Abschreiben hinüber. Er hätte auch noch C und D geschafft, ist in München Professor für Technische Informatik geworden, und war in Mathematik möglicherweise besser als Frau Pickler (π). Jedenfalls standen die beiden oft die halbe Mathematikstunde lang vorn an der Tafel und stritten sich um den besten Lösungsweg. Wir anderen dösten vor uns hin und verstanden nichts von alledem. Als Gert dann wegen seiner Aufsässigkeit wie seiner Fünf in Deutsch nicht mit in die 13. Klasse versetzt wurde (seine Aufsätze konnte ich ja nicht mitschreiben, sorry!) war es in den Klausuren aus mit mir. Nach der Abi-Klausur kommt aber Frau Pickler nach Durchsicht aller zehn Arbeiten freudestrahlend mich zu: *„Ich gratuliere Ihnen, lieber Herr Bosetzky!"* Ich glaube in diesem Augenblick an ein Wunder. Doch was fugt sie hinzu: *„Sie haben die beste Fünf geschrieben."*

Erst vor wenigen Tagen ist mir klar geworden, warum ich in Mathematik so schlecht war, konnte ich mich doch daran erinnern, dass ich schon bei meiner embryonalen Entstehung ein „Rechenfehler" gewesen bin (siehe oben).

Vor Frau Pickler hatten wir Mathematik bei Frau Kirsten, Anna Kirsten, die klein und rund und so gemütlich war, dass sie bei uns nur Tante Anna hieß. Sie war auch deswegen so beliebt, weil bei ihr viel öfter als bei anderen LehrerInnen Stunden ausfielen, denn sie war Katholikin und hatte das Recht, nicht nur bei allen evangelischen, sondern auch allen katholischen Feiertagen zu fehlen. Es gab nur einmal einen kleinen Skandal um sie, als nämlich der Chor in einer Feierstunde in der Aula statt: *„Diana ist kundig, die Nacht zu erhellen"*, wie es Carl Maria von Weber in seinem Jägerchor vorgegeben hatte, mit aller Kraft schmetterte: „*Die Anna ist undicht ...*"

Am 12. Mai 2015 soll ich in der Stadtbibliothek Neukölln, der heutigen Helene-Nathan-Bibliothek, aus *-ky´s Berliner Jugend* lesen, und da fällt mir ein paar Tage vorher ein, dass ich im Jahre 2005 oder 2006, Thomas Flierl war noch Berliner Kultursenator und saß neben mir, eine kleine Rede zum Jubiläum 100 Jahre Neuköllner Stadtbibliothek gehalten haben, und in der ist auch folgende – hier leicht veränderte – Passage zu finden :

*( ... ) Moment, ich stelle mir einmal vor, wie es gewesen wäre, wenn die Klasse 12a der Albert-Schweitzer-Schule im Jahre 1955 mit Frau Wienicke, der Deutschlehrerin, in die Stadtbibliothek gegangen wäre ...*

*„Morgen besuchen wir die Stadtbibliothek"*, *verkündete Frau Wienicke am Ende der Deutschstunde. „Ich hoffe, Sie leihen sich da öfter etwas aus."*

*„Warum sagen Sie: „Sie Laien' zu uns?" Günther Heinze, der Vertrauensschüler, protestierte im Namen aller gegen diese Diskriminierung. „Nur weil wir Neuköllner sind."*

„Ich leihe mir nie etwas aus", verkündete Gert Regenspurg. „Denn: Borgen macht Sorgen."

Frau Wienicke erklärte ihm den Unterschied zwischen den beiden Verben und fragte, woher das Wort Bibliothek wohl käme.

„Aus dem Bayerischen!" rief Klaus Weisig.

Die Lehrerin sah ihn entgeistert an. „Wie denn das?"

„Na, von Heidi Biebl, Skifahrerin, 1960 Olympiasiegerin in der Abfahrt."

Frau Wienicke überging diesen Unsinn und stellte die Frage, worin der hohe gesellschaftliche Wert einer Leihbücherei liege und wer diese Einrichtung geschaffen habe.

„Na, die Nazis", antwortete Horst Bosetzky.

„Wie das?" Frau Wienicke war ebenso erstaunt wie entsetzt.

„Na, Robert Ley war Leiter der Deutschen Arbeitsfront und der Gemeinschaft ‚Kraft durch Freude‘, kurz: KdF, und zuständig für Urlaub- und Freizeit", erklärte ihr Horst Bosetzky. „Und da wird er auch viele Büchereien geschaffen haben, eben die Ley-Büchereien. Und da in meiner Familie alte Sozialdemokraten, jüdische Vorfahren haben und Verfolgte des Naziregimes sind, finde ich das schrecklich und komme morgen nicht mit."

„Wir sind hier nicht bei den Dadaisten", sagte Frau Wienicke.

„Schade!" kam es von hinten und einer sang sogar: „Ley, leih, leihen, Ley, leih, Leinestraße."

"Ruhe!" Frau Wienicke hieb mit dem Zeigestock auf den Lehrertisch. „Gert Regenspurg, wie nennt man die Menschen, die Bücher herstellen?"

„Buchmacher."

„Mensch, Verleger!" schrie Frau Wienicke.

„Alle verlegen wir mal etwas", murmelte Dorothea Leppin, die eine sehr poetische Ader hatte.

„Mein Onkel sogar jeden Tag", stimmte Klaus Weisig ihr zu. „Nämlich Teppichböden."

Frau Wienicke kapitulierte. „Ja, ich verstehe. Und wenn wir morgen zur Stadtbibliothek in der Ganghoferstraße gehen, dann danken wir … Gert Regenspurg für den Hinweis, dass der Mann mit Vornamen nicht Gang heißt, sondern Andreas, also Andreas Hofer. Für die, die mir nicht folgen können: Ludwig Ganghofer ist der Schriftsteller, 1855-1920, Volksstücke und Heimatromane wie „Schloss Hubertus", und Andreas Hofer ist der Tiroler Widerstandskämpfer gegen Napoleon – siehe ‚In Mantua zu Banden'-, erschossen 1810."

Als sie dann am nächsten Tag an Ort und Stelle waren, ließ es die Klasse abermals an sittlicher Reife fehlen. Wie auch, da der einleitende Vortrag mit einer halben Stunde erhebliche Überlänge hatte.

„Für die erste Neuköllner Freihandbücherei im Altersheim Sonnenallee haben wir 2.000 Bände für Erwachsene und 1.000 Bücher für Kinder angeschafft", sagte die Bibliothekarin.

Gert Regenspurg grinste. „Ah, Sie gehen also jeden Tag anschaffen."

Frau Wienicke sah ihn warnend an. „Behalten Sie Ihre schmutzigen Hintergedanken bitte für sich."

„Mit dem Hintern hat das eigentlich wenig zu tun", murmelte Ingo Eichhorst.

Die Bibliothekarin ließ sich nicht beirren und blieb weiter der Ernsthaftigkeit ihres Berufes verbunden. „Ich frage Sie: Welche Aufgabe kommt dem Buch in unserer Gesellschaft zu?"

Horst Bosetzky wusste es. „Bücher sind dazu da, die großen leeren Flächen in speziellen Möbelstücken sinnvoll zu füllen. Einen Bücherschrank muss ja jeder haben, aber ohne Bücher sieht der doch hässlich aus. Wozu zahlt man die vielen Raten ab."

„Neukölln!" stöhnte Frau Wienicke. „Mein Gott, Neukölln!"

Die Bibliothekarin flüchtete sich ins Konkrete. „Wissen Sie, meine Damen und Herren, was eine Freihandbücherei ist?".

„Ja, man muss immer eine Hand frei haben, wenn man ein Buch aus dem Regal nimmt", antwortete Günther Heinze. „Zieht man es mit dem Mund heraus, ist das sehr unhygienisch und schadet dem Einband, vor allem wenn man auch noch sein Zähne einsetzt."

„Könnten Sie bitte ernsthafte Fragen stellen?"

„Ja." Bimbo Stieinbock gab sich alle Mühe, dies zu tun. „Sagen Sie, hat Büchner auch Bücher geschrieben oder nur Theaterstücke?"

Die Bibliothekarin überhörte es und fuhr mit ihrem Vortrag fort. „Die bibliothekarische Berufsauffassung unserer Zeit hat Walter Behnisch, der Leiter unserer Stadtbibliothek in die Worte gefasst: ‚Die Volksbücherei – der Bücherschrank für Jedermann'."

„Der Jedermann lebt doch in Salzburg!" rief Ingo Eichhorst. „Warum sind wir Neuköllner dazu da, die Österreicher mit Büchern zu versorgen."

Im selben Augenblick wurde Klaus Weisig dabei erwischt, wie er ein Buch, das mit der Signatur Mb-43/3 versehen war, in ein anderes Regal stellte, wo es nun neben Rt-87/2 nie mehr zu finden war. Dies wurde von einer Aushilfskraft entdeckt und sofort gemeldet.

„Schluss, aus!" schrie da die Bibliothekarin. „Sie alle haben ab sofort Hausverbot bei uns."

Zum Abschluss dieses Kapitels will ich nun versuchen, die letzten zehn anekdotischen Tropfen aus der ausgequetschten Zitrone ASS herauszuholen.

1. Tropfen: Das ist ein sehr bitterer. Wir hatten ein Physikgenie in der Klasse, unseren Einstein: Peter(chen) Raddatz. Beliebt war er auch. Da stirbt er mit 16 Jahren bei einem Fahrradunfall. Bei herrlichem Sonnenschein

wird er auf dem Friedhof an den unteren Hermannstraße beigesetzt. Unser Klassenzimmer ging nach hinten raus, auf eben diesen Friedhof, und wir konnten auf sein Grab sehen. Das konnte einen schon elegisch stimmen, jahrelang fuhr keiner von uns mehr mit dem Rad, und ich habe das Radfahren erst Jahre später gelernt.

2. Tropfen: Dorothea Leppin war so attraktiv, dass sie von vielen Klassenkameraden angebetet wurde, und es geht die Sage, dass zwei von ihnen sogar des Nachts auf dem Treppenpodest vor ihrer Wohnungstür geschlafen haben. Andere haben sie zum Ausgehen eingeladen, ich nur aus Dankbarkeit für ihr Vorsagen zu meinem 60. Geburtstag.

3. Tropfen: Nicht nur ich habe unter meinem Namen gelitten, andere auch. Adolf Fiedler zum Beispiel. Adolf war wirklich schlimm, oder Walter Ulbricht. Der hat später den Namen seiner Frau angenommen. Ich hätte mich damit auch nicht wesentlich verbessern können: wie klingt denn Horst Ratzlaff schon!?

4. Tropfen: Wenn wir eine Lehrerin wirklich fürchteten, dann war es Ilse Mühle, Deutsch und Latein. Wenn sie mit ihrem grünen Notizbuch durch die Reihen ging, um Vokabeln abzufragen, dann konnten wir gar nicht so schnell zittern wie wir Angst hatten. Kein Wunder, dass wir da jeden Morgen vor der Schule standen und sie sehnsüchtig erwarteten. Ist das nicht höchst widersprüchlich? Nein, denn sie sprang jeden Morgen von der fahrenden Straßenbahn ab, wenn die etwas abbremst hatte, um zu ihrer Endstation in die Hobrechtstraße abzubiegen.

5. Tropfen: Im Winter in der Turnhalle war ich am Reck die große Lachnummer, im Sommer aber bei der

Leichtathletik der große Star. Als Noten vergeben wurde, da fegte ich nicht nur in meinem Lauf die 100-Meter-Strecke hinunter, sondern wurde von den Klassenkameraden gebeten, hinterher noch zweimal an den Start zu gehen, um sie „zu ziehen". Mein größter Triumph war es aber, allein gegen alle anzutreten, das heißt, gegen die 4x100-Meterstaffel unserer Mädchen, und mit ein paar Metern Vorsprung zu siegen.

6. Tropfen: Jedes Jahr gab es ein großes Schulsportfest im Olympiastadion, und da hatten unter anderem die 10x200-Meterstaffeln der zwölf West-Berliner Bezirke gegeneinander anzutreten. Um die besten jugendlichen Neuköllner Sprinter herauszufinden, wurde jede Schule gebeten, ihre Kandidaten zu Testläufen ins Neuköllner Stadion zu schicken. Als unser Sportlehrer mich dazu aufforderte, kamen bei mir Staralüren zum Vorschein. *„Nein, das mache ich nicht, denn dass ich in Neukölln der absolut Schnellste über 100 und 200 Meter bin, weiß doch nun jeder, und außerdem genügt ein kurzer Anruf beim Berliner Leichtathletikverband, um meine amtlich gestoppten Zeiten zu erfahren."* Ich fuhr also nicht zum Test ins Stadion – und am nächsten Tag wurde mein Vater wieder einmal in ein Rektorat einbestellt. Er konnte zwar die eine negative Sanktionierung verhindern, den Abzug in der Führungsnote oben auf dem Zeugnis, die zweite aber nicht. Als Strafe für meine Aufsässigkeit durfte ich nicht am Staffellauf im Olympiastadion teilnehmen. Die Bürokratie hatte gesiegt, auch wenn Neukölln ohne mich nur Letzter wurde. (Vielleicht bin ich deswegen später Bürokratieforscher geworden?)

7. Tropfen: Hochmut kommt vor dem Fall, zweiter Teil: Ich war ja so stolz auf meine Sprinterqualitäten, und

mein Schulfreund Bimbo Steinbock galt als total unsportlich. Das lag einmal daran, dass er mit seinem mas-
sigen Körper furchtbar steif und ungelenk daherkam,
zum anderen daran, dass er wegen eines Herzklappen-
fehlers permanent vom Sport befreit war. Da fühlte ich
mich bei einem Wandertag durch den Grunewald völlig
sicher vor seinen Drohungen, *„mir was aufs Maul zu geben"*
als ich ihn mit heruntergefallenen Kastanien bewarf. Ich
ging hinter ihm – und jeder Wurf war ein Treffer. Ich
hatte ja oft mit den Basketballern der Neuköllner Sportfreunde zusammen trainiert. Meist ging die Kastanie an
den Kopf, aber auch die Fehlwürfe landeten an der
Schulter oder auf dem Rücken. „*Hörst du endlich auf!*"
Bimbo wurde immer wütender, zumal mich die Kastani-
en, mit denen er sich wehrte, meterweit verfehlten. Um
mein Feuer zu erwidern, war er gezwungen, sich zu mir
hinzuwenden, und so schlug meine nächste Kastanie auf
seiner rechten Augenbraue ein. „Volltreffer!", rief ich. Da
stürzte er auf mich los. Ich rannte natürlich weg, als zeit-
schnellster jugendlicher Sprinter in Berlin absolut unein-
holbar. Doch Bimbo holte mich ein und stieß mich zu
Boden. Welch Jubel bei den Mädchen. Gebrochen hatte
ich mir nichts, ich schlich der Klasse hinterher.

8. Tropfen: Der ist so ähnlich wie der eben. Ich war
sicherlich kein begnadeter Fußballer, aber immerhin ein
Straßenfußballer, was im Genre viel zählt, und sicherlich
der weitaus beste Kicker meiner und unserer Parallelklasse. Besonders unbegabt dagegen war „Pille" Schön,
der Bimbo Steinbock besagter Parallelklasse, mit der wir
zusammen Sport hatten, denn Jungen und Mädchen waren ja dabei fein säuberlich getrennt – und das war auch
schlecht so. Wie auch immer: wir spielen Fußball auf

dem Sportplatz am Columbiadamm. Zwei Mannschaften mit je acht Leuten sind gerade so zusammengekommen. Es geht hoch her, lange steht es 0:0. Da bekomme ich an unserem Strafraum von unserem Torwart den Ball zugespielt und spurte los, ihn immer eng am Fuß, umspiele Mann für Mann des Gegners, erreiche den gegnerischen Strafraum und hole aus zum entscheidenden Torschuss. Alles jubelt schon. Da komme ich an dem Bierdeckel vorbei, der den Radius von Pille Schön bildet. Er hat zwanzig Minuten nur auf diesem einen Fleck gestanden, jetzt holt er mit seinem Säbelbein aus und ... Sie können sich das Weitere denken.

9. Tropfen: Unser Sportlehrer hieß in den letzten Jahren Heinz Redlich. Er war sehr beliebt, und ich durfte, wenn wir alle von der ASS zum Platz oben am Columbiadamm zu laufen hatten, in sein Auto steigen. Warum das? Er war rot-grün-blind und brauchte jemanden auf dem Beifahrersitz, der ihm die Farben der Ampeln ansagte. Zum Krach zwischen uns kam es im Winterschulhalbjahr, als die Note im Schwimmen festzulegen war. Ich konnte mich gerade eben so über Wasser halten, also so schwimmen wie die „bleierne Ente auf'm Grund", und habe nicht im Entferntesten an den Erwerb eines Frei- und Fahrtenschwimmers denken können. Das hatte vielerlei Ursachen. Einmal wäre ich als Kind beinahe im Dorfteich von Groß Pankow ertrunken, eine Andermal in der Stepenitz. Brustschwimmen konnte ich schon gar nicht, weil ich einen „krummen Rücken" hatte und mein Kopf immer viel zu tief im Wasser lag. Da ist mein Vater auf eine geniale Idee gekommen: „*Versuch' es doch mal mit dem Rückenschwimmen!*" Und tatsächlich, das ging viel besser, da war

ich viel schneller. Nun also die Schwimmprüfung bei Redlich. *„Ist die Stilart frei?"*, frage ich. Er bejaht das. Also klettere ich die Leiter hinunter ins Becken und halte mich an der „Spuckrinne" fest, denn die Rückenschwimmer starten ja von unten. *„Du kommst rauf, ich will von allen einen Startsprung sehen!"*, schreit Redlich von oben. *„Beim Rückenschwimmen gibt es keinen Startsprung!"*, schreie ich von unten. Was nun? Der Schwächere gibt nach. Ich klettere also wieder aus dem Becken heraus und erklimme einen Startblock. Unter mir lauert tödliches Nass, und jetzt habe ich Schillers *Taucher* im Ohr: *Wer wagt es, Rittersmann oder Knapp, / Zu tauchen in diesen Schlund? / Einen goldnen Becher werf ich hinab ...* Nun, das tat Redlich nicht, er pfiff lediglich. In den folgenden Sekunden, war ich vom Gefühl her zum dritten Mal in meinem Leben dicht am Ertrinken.

10. Tropfen: Wolfgang Hohensee (Deutsch und Geschichte) und Gerhard Schulze (Biologie und Erdkunde) sind die beiden Lehrer, die ganz im meiner Nähe wohnen und mit denen ich mich noch im neuen Jahrhundert regelmäßig bei mir zu Hause zum Kaffeetrinken getroffen habe. Dabei wurde immer wieder die eine schöne Geschichte erzählt: Es muss Herbst 1953 gewesen sein, Hohensee kommt als blutjunger Referendar in unsere Klasse und nimmt mit uns *Die Räuber* durch, und da taucht an einer Stelle das Wort Metze auf: *Treuvergessener! und du willst abfallen, wenn eine Metze greint?* - Wir verstehen den Zusammenhang nicht ganz, denn Metze, das ist doch ein Hohlmaß. Außerdem: Frau Metz ist eine unserer Nachbarinnen in der Ossastraße, aber wie konnte Schiller die schon kennen? *„Herr Hohensee, was ist eine Metze?"* Langes Schweigen. Hohensee bekommt einen

knallroten Kopf und die Worte „eine Hure" nicht über die Lippen. Er stürzt aus der Klasse.

Werfen wir noch einen kurzen Blick auf mein Reifezeugnis vom 5. März 1957. Erdkunde, Geschichte und Leibesübungen: *gut*. Deutsch, Physik, Chemie und Biologie: *befriedigend*. Englisch, Latein, Mathematik und Musik: *ausreichend*.

Damit ist die Zitrone ASS endgültig ausgequetscht. Oder? Noch einmal zurück zu: „*Die Anna ist undicht ...*" Der Chorleiter damals war unser Musiklehrer, Paul Hermann. Ich fand ihn vom ersten Augenblick an widerlich, ihm muss es bei meinem Anblick ebenso gegangen sein. Ich konnte weder singen noch Noten lesen und einen $3/4$- nicht von einem $3/8$-Takt unterscheiden, auch Opern fand ich grässlich, und am viel gelobten Mozart mochte ich nur die Kugeln. Unser erstes Recontre hatten wir auch, als der „durchgenommen" wurde.

*„Bosetzky, wir nennt man sein Werkverzeichnis auch?"*

*„Na, Knöchelverzeichnis."*

Natürlich wusste ich, dass es Köchelverzeichnis heißt, und warum habe ich dann das n dazwischengeschoben? Weil da die ganze Klasse lachte und einer rief: „*Der Mozart hatte doch auch nur zwei Knöchel – und warum stehen da im Knöchelverzeichnis über 600 Werke?*", ich mich also als Komiker bestätigt sah? Oder waren da meine Aggressionen ihm gegenüber zum Ausdruck gekommen? Wie auch immer, seitdem gehörte ich, der Kulturbanause vom Neuköllner Hinterhof, zu seinen erklärten Feindbildern. Es machte ihn auch ungemein zornig, dass wir pubertierenden Knaben unter einer Zauberflöte etwas ganz anderes verstanden. Bei der Abschlussarbeit am Ende der 12. Klasse kann er mir keine Fünf in Musik geben, denn was ich über den Komponisten Georg Philipp Telemann zu Papier gebracht habe, ist inhaltlich wirklich sehr gut. Stundenlang habe ich auch in der Amerikagedenkbibliothek gesessen und geschickt abgeschrieben. Alles in ziemlicher Eile. Paul Hermann gibt mir also eine Vier, okay. Damit wäre alles abzuhaken gewesen, wenn er mit meiner Arbeit nicht zur Deutschlehrerin geeilt wäre, die in ihr Dutzende von Rechtschreibfehler entdeckt, geschuldet der Eile wie meiner inneren Haltung: ist es denn für unsere Kultur wirklich so wichtig, ob man Gemse oder Gämse schreibt?, und mir in *ihrem* Fach eine 4-5 ins Notenbuch schreibt. – Erst fünfzig Jahre später wird mir schlagartig klar, warum ich Paul Hermann nie gemocht habe: Es waren nicht seine bräunlich gefärbten Haare, über die wir uns alle lustig gemacht haben, und auch nicht die erwähnte unnötige Weitergabe meiner Musikarbeit mit den bösen Folgen, sondern etwas Anderes, auf das ich erst später gestoßen bin: Er hatte 1944 aus einem tief religiösen Schweizer Sterndreherlied aus dem 19. Jahrhundert etwas höchst Ideologisches gemacht und es zum Nazi-Band *Deutsche Kriegsweihnacht* beigesteuert. Aus:

*Es ist für uns eine Zeit angekommen,*
*es ist für uns eine große Gnad.*
*Unser Heiland Jesus Christ,*
*der für uns, der für uns,*
*der für uns Mensch geworden ist.*

wurde bei Paul Hermann:

*Es ist für uns eine Zeit angekommen,*
*sie bringt uns eine große Freud'.*

Über die große Freud´, die die Nazizeit der Welt ge-
bracht hat, müssen wir nicht lange diskutieren. Aber
auch die DDR hat sich über diese neue Hermann´sche
Fassung gefreut, und meine Schwiegertochter musste das
Weihnachtslied *Es ist eine Zeit für uns angekommen* in ihrer
Schule in Guben bevorzugt singen.

Zwischenruf: *„Bosetzky, Paul Hermann ist 1970 gestor-*
*ben, und Toten sagt man nichts Böses nach. Nachtreten, nach-*
*schlagen, pfui! Rote Karte – Platzverweis!"*

*„Okay, verlasse ich also endgültig die ASS!"*

Zu Spiel und Sport ... Gespielt habe ich am meisten mit
meiner elektrischen Eisenbahn. Eine Platte mit einer
richtigen Modellbahnanlage kam erst später, anfangs
wurden die Schienen nur bei besonderen Anlässen, den
Weihnachtsferien beispielsweise, auf dem Teppich zum
Kreis zusammengesteckt. Da ich zwei Trix-Lokomotiven
hatte, konnten wir auch Wettfahrten veranstalten. Damals wusste ich noch nicht, dass es so etwas im Großen
um 1850 sogar des Öfteren gegeben hat: In meinem
Borsig-Roman *Der König vom Feuerland* schildere ich zum
Beispiel eine „Wettbewerbsfahrt" zwischen einer Maschine aus Preußen und einer aus England. Der Kampf
Stephenson vs. Borsig wurde am 24. Juli 1841, einem
Sonnabend, am frühen Morgen ausgetragen. Start war
am Anhalter Bahnhof in Berlin. Es ging darum, wer
nach rund 70 Kilometern als Erster in Jüterbog ankam.
Borsig siegte mit zehn Minuten Vorsprung. Und auch ich
wollte siegen, zwar gegen keinen Engländer, sondern nur

gegen meinen angeheirateten Cousin Peter (Onkel Helmuts Ziehsohn). Meine Tenderlok startete vom Bahnhof aus, seine von der gegenüberliegenden Ausweiche. Wir hielten uns dabei an das Muster, wie ich es auf der Neuköllner Radrennbahn bei den „Verfolgern" gesehen hatte. „*Achtung! Fertig ... Ab!*" Wir drehten unsere Regler auf, und bald hatte ich einen gehörigen Vorsprung. Da kippte meine Lok aus der Kurve. Ich sprang hin, um sie wieder aufzugleisen – und rammte mir dabei eine im Teppich steckende Nähnadel ins rechte Knie, tief in den Knochen. Überschrift: Schmerzensschrei unterm Weihnachtsbaum. Beim Versuch, die Nadel wieder herauszuziehen, brach sie ab. Der Chirurg, den wir später aufsuchten, erklärte uns, sie stecke zu tief im Knochen und er könne sie nicht herausoperieren. So steckt sie noch heute da, wo sie 1953 hineingeraten ist ...

Beim 1. FC Neukölln habe ich meine Fußballkarriere begonnen. Zuerst als Torwart. Bei den Spielen mit Kameraden auf dem Schulhof wie auf dem harten Asphalt der Ossastraße hatte ich die für diese Position wichtigen Funktionen schon lange eingeübt: Ich konnte sicher Bälle fangen und ich hatte den Mut, nach einem Ball zu hechten und dabei auf den Boden zu krachen. Heimspiele trugen wir auf dem Hertzbergplatz oder in den Laubenkolonien am Dammweg aus. Es machte einen Riesenspaß und wir gewannen regelmäßig mit Ergebnissen zwischen 4:0 und 7:0. Das lag allerdings weniger an meinen Künsten als Torwart, sondern mehr an der Klasse meiner Vorderleute, von denen es viele in die 1. Mannschaft von „95" schafften, zwei sogar bei späteren Bundesligavereinen landeten. So weit, so gut ... Besucht aber eines Tages mein Vater eines unserer Spiele auf dem Hertzbergplatz und ist entgeistert. „*Du sollst Sport treiben, um dich zu bewegen, und da stehst du die ganze Zeit nur herum wie ein marinierter Ölgötze! Du spielst ab heute draußen!*" So wurde ich dann Verteidiger und rechter Außenläufer. Als solcher habe ich auch das erste und einzige Tor meiner Laufbahn geschossen, und zwar bei einem Auswärtsspiel gegen Cimbria 1900. Ich habe die Szene noch heute vor Augen: Alle neunzehn Feldspieler außer mir sind vor dem gegnerischen Strafraum versammelt. Ich will unbedingt auch einmal ein Tor schießen, aber wie denn? Mit einem hohen Ball schaffe ich das nicht, dazu bin ich technisch zu unbegabt, und flach ist es eigentlich sinnlos, denn da habe ich ein undurchdringliches Dickicht von 38 Beinen vor mir, dazu noch den gegnerischen Torwart. Und dennoch schieße ich mit voller Kraft. Es ist wie beim Flippern: der Ball berührt im Zickzack x Beine – und landet schließlich im Tor. „*Tooor ... !*" Wahnsinn! Hurra! Freude, schöner Götterfunke! Der Jubel meiner Mannschaftskameraden bleibt trotzdem aus, denn mein Tor war das achte beim 10:0-Sieg ...

Bald war dann Schluss mit dem Fußball, denn unser Trainer mochte mich nicht. „*Aus dir wird nie was, hüftsteif wie du bist. Das Einzige, was du kannst, ist sprinten – geh doch zur Leichtathletik!*" Das habe ich dann auch getan, bin erst für den TuS Neukölln gestartet, dann für die Neuköllner Sportfreunde (NSF), denen ich noch heute angehöre.

Aber fußballsüchtig bin ich immer noch, auch wenn ich mich nicht mehr zu den Heimspielen von Hertha traue. Warum denn das? Weil ich im März 2010 mit 39,5 ° Fieber und einer schweren Lungenentzündung im Krankenhaus liege. Es ist der Tag, an dem Hertha

BSC gegen den 1. FC Nürnberg verliert und absteigen muss. Für mich ist das hart, denn was hatte ich zu meinem 50. Geburtstag im Februar 1988 gesagt: „*Was ich mir für die kommenden Lebensjahre noch wünsche? Die deutsche Wiedervereinigung - und das Hertha noch einmal Deutscher Meister wird.*" Und was kommt stattdessen jetzt: Die verdammte Zweite Liga. Ich schäume vor Wut, was bei dem hohen Fieber ganz einfach ist. Diese *Loser*! Fiept da ein Handy, und ein Freund, der Redakteur bei der *Berliner Zeitung* ist, wo ich zu dieser Zeit regelmäßig zu Ostern und zu Weihnachten mit einem Rätselkrimi vertreten bin, fragt mich, ob ich nicht Lust hätte, etwas über Hertha zu schreiben? Ja, klar. Da ich keinen Laptop im Krankenhaus habe, diktiere ich ihm das Ganze gleich in seinen Computer. Mein Beitrag hat die Überschrift: *Hertha BSC auf die Müllkippe des Berliner Fußballs* und wird eine drastische Schmähschrift mit dem Ruf, den alten Berliner Deutschen Meister Viktoria 89 wiederzuerwecken oder wenigstens den 1. FC Union nach oben zu bringen. Normalerweise tippe ich ja so einen Artikel in den Computer, lasse ihn dort ein paar Tage ablagern, korrigiere ihn wieder und wieder und gebe ihn der Gefährtin meines Lebens zur kritischen Durchsicht, hier aber wird die Rohfassung und vieles nur ins Unreine Gesprochene gedruckt. Die Folge: Ein kleiner Shitstorm im Internet. Man droht mir zwar nicht an, mich zu ermorden, mich aber nach Kräften zu verprügeln, wenn ich mich noch einmal bei einem Hertha-Spiel sehen ließe. Bleibe ich also zu Hause, denn wie hieß es in meiner Jugend immer: Lieber ein lebendiger Feigling als ein toter Held. Dennoch fürchte ich etwa ein halbes Jahr später doch noch, Opfer der angedrohten Lynchjustiz zu werden, als ich nicht bedacht habe, dass die Anstoßzeiten in der Zweiten Liga andere sind als in der Bundesliga und so Gesundbrunnen in einen S-Bahnzug steige, der sich am Westkreuz mit fanatischen Hertha-Fans füllt, die von einem Spiel im Olympiastadtion kommen. Wenn mich jetzt jemand erkennt, dann ... Panik erfasst mich, ich will Halensee aus dem Zug und mir eine Taxe nehmen. Aber wie denn durch diese blauweiße Wand hindurch? Da ruft einer heiter brüllend: „*Karl Lagerfeld will raus, lasst den mal durch!*" Mein grauer Zopf hat mich gerettet.

Lassen wir dieses Kapitel mit einer *action* ausklingen, bei der ich zwar weder aktiv noch passiv dabei war, deren Authentizität mir mein guter alter Freund Hansjoachim Tiefensee aus Bremen (siehe das nächste Kapitel) aber garantiert. Berthold, einer seiner beiden Söhne, verweigert den Wehrdienst und wird Zivildienstleister. Und als Zivi ist er nun bei der Betreuung von Körperbehinderten eingesetzt. Deren größtes Glück ist es, zu den Heimspielen von Werder Bremen in den Rollstuhl gesetzt und auf die Aschenbahn am Spielfeldrand gefahren zu werden. Werder ist zu dieser Zeit Deutscher Meister und Pokalsieger und liefert auch in den europäischen Wettbewerben große Spiele ab. Die Eintrittskarten sind mehr als knapp, teuer und heiß begehrt. Da hat jemand in Bertholds Freundeskreis eine geniale Idee. Er sieht den Freund an und sagt: „*Wir besorgen uns einen Rollstuhl, ich setze mich da rein, du schiebst mich und dann reihen wir uns bei deinen Behinderten ein.*" Das funktioniert auch wunderbar. Beim ersten Mal, beim zweiten ... und so weiter. Dann aber kommt 1988 das Europacupspiel Werder Bremen – Dynamo Berlin. Bremen hat das Hinspiel 0:3

verloren – welche Schande für die ganze BRD! Nun aber siegt Bremen mit 5:0. Bertholds Freund kann sich nicht mehr beherrschen, springt jubelnd aus dem Rollstuhl, läuft auf die Aschenbahn und schlägt einen Salto ...

# V. Richtlinien zum nachhaltigen Umgang mit Freunden und Freundinnen

Lassen Sie mich dieses Kapitel mit einem Lied beginnen, das Willy Fritsch im Film *Die Drei von der Tankstelle* gesungen und meine Generation damit stark geprägt hat:

*Ein Freund, ein guter Freund, das ist das Schönste was es gibt auf der Welt. Ein Freund bleibt immer Freund, und wenn die ganze Welt zusammenfällt. Drum sei doch nicht betrübt, wenn dein Schatz dich nicht mehr liebt. Ein Freund, ein guter Freund, das ist das Schönste, was es gibt.*

Wir können das heute um Freundin ergänzen, denn wenn in meiner Jugend der Begriff Freundin gleichzusetzen war mit Geliebte und Sex, so heißt das heute weithin „nur noch": gute Kameradin, Kollegin, Weggenossin, eben: weiblicher Freund.

Mein ältester Freund ist Gerhard Bulgrin, siehe weiter oben, der auch ja einmal mein Schwager hatte werden sollen. Wir haben sozusagen vom Windelpo an miteinander gespielt, sind später viel miteinander Rad gefahren, da seine Eltern ein Grundstück in Karolinenhof und meine Oma ihres nebenan in Schmöckwitz hatte, waren im selben Sportverein – und, und, und. Das ging sogar so weit, dass wir wie *Winnetou* und *Old Shatterhand* das Blutsbrüderschaftsritual vollzogen haben.

Seine Eltern sind recht begütert, da ihre Büromöbelhandlung einiges abwirft. Zu Hause, damals wohnten sie noch in der Rethelstraße im Bezirk Treptow, liegt so viel Geld herum, dass Gerhard als Zehnjähriger der Versuchung nicht widerstehen kann, immer wieder einige

Scheine mit in die Schule zu nehmen und dort zu verteilen. Kommt eines Tages einer der Klassenkameraden seiner Mutter weinend auf der Straße entgegen. *„Frau Bulgrin, der Gerhard hat heute wieder Geld verteilt, aber ich habe nichts davon abbekommen! Das ist gemein!"*

Gemeinsam lachen wir immer wieder über seinen Vater, Max Bulgrin. Der ist ein verhinderter Volksschauspieler, und manchmal habe ich das Gefühl, Gabriele Tergit hat ihn gekannt, als sie ihren famosen Roman *Käsebier erobert den Kurfürstendamm* geschrieben hat. Möglich ist ja alles ... Als Max bei einem Geburtstag in der Treptower Straße nach erheblichen Alkoholgenuss dringend seine Blase entleeren muss und die Toilette besetzt findet, läuft er in seiner Not auf den Balkon und pinkelt durch eine Art Gitter auf die Straße. Gerhard und ich können ihn nicht mehr zurückreißen – und ihn auch nicht an seiner nächsten Großtat hindern. Er erzählt zu gern Witze. Einmal ist er bei einem Kunden zu Hause, es geht um einen großen Auftrag. Der Kunde sitzt mit ihm und seiner Frau am Tisch, als Max mit einem Stottererwitz beginnt. *„Kommt ein Stotterer zu einer Bibelgesellschaft und bewirbt sich um eine Stelle. Die sagen, dass das doch zwecklos sei, aber bitte, soll er mal probeweise an den Haustüren klingeln. Eine Woche später ist der Stotterer der erfolgreichste Bibelverkäufer aller Zeiten. ‚Wie machen Sie denn das?', wird er gefragt. ‚Na, ga-ga-ganz einfach. Ich klin-klin-klingele un der T-t-tur und sage: 'Ka-ka-kaufen Sie die Bib-bibel – oder soll Ihnen a-a-alles v-v-vorlesen?'"* Die Eltern brechen nun nicht etwa in lautes Lachen aus, sondern schweigen pikiert. Max versteht das nicht. Die Erklärung findet sich Minuten später, als der Sohn in der Tür erscheint. *„Pap-pap-pa, Mam-mam-ma, ich will n-n-nur schnell* *gu-gu-gute N-n-nacht sa-sa-sagen.*" Den Großauftrag hat Max nicht bekommen.

Schade, fast alles zur Familie Bulgrin habe ich in den *Kartoffel*-Romanen und in *Aber schön war es doch ...* „verbraten" – und allzu viel Redundanz ist sicherlich nicht so gut. Eine Anekdote aber noch: Bulgrins hatten eine Tante mit dem schönen Namen Amanda, gerufen Manda. Sie wohnte am Kottbusser Damm und hatte den Nachnamen Lasch. Mein Vater hatte anfangs Larsch verstanden und darum, als a) Tante Manda einmal in der Firma ausgeholfen hatte und b) in einem Preisausschreiben ein fetziger Werbespruch für Bulgrins Büromöbelhandlung gefunden werden sollte, diesen vorgeschlagen: *Den Stuhl für jeden Arsch verkauft ihn hier Amanda Larsch.* Gewonnen hat er leider damit nicht. Nun, nicht das wollte ich erzählen, sondern wie ... Dazu muss ich weiter ausholen: Tante Manda hatte eine Tochter namens Gertrud, gerufen Trudchen, die, als ihr die Inselstadt Berlin unbewohnbar zu sein schien, nach Australien ausgewandert war und nun in Perth lebte. 1967 nun kommt Trudchen zum ersten Mal wieder nach Berlin. Bulgrins als West-Berliner haben mit dem Mauerbau ihr Grundstück in Karolinenhof verloren, aber in Kladow schnell Ersatz gefunden. Ich als Single bin öfter draußen, auch als Patenonkel von Gerhards ältestem Sohn. Zumeist geht es lustig zu, wir trinken auch einiges, und so kommen Max und Inge kurz vor Eintreffen der australischen Tante auf die Idee zum Bluff des Jahrhunderts: „*Horst, Gerhard hält sich in der Laube versteckt und du gehst an der Gartentür auf Trudchen zu und gibst dich als Gerhard aus.*" Trudchen fährt in einer Taxe vor (allein, denn sie war wohl gerade geschieden, und ihre Mutter war schon lange tot). Ich halte mich ein wenig zurück, während die Bulgrins Trudchen herzen und warte, bis Inge mir zuruft: *„Gerhard, nun komm´ doch auch mal!"* Trudchen, die ein wenig Liz Taylor ähnelt, umarmt mich innig und flötet: *„Mensch, Gerhard, but you are grown up!"* Sekunden später aber tritt sie einen Schritt zurück, musterst mich im Abstand von etwa einem Meter von oben bis unten und ruft aus: *„Impossible, you can not be Gerhard!"* Seitdem rätseln wir: War das die berühmte Stimme des Blutes oder hatten ihr die Bulgrins vor nicht allzu langer Zeit Fotos mit dem echten Gerhard nach Perth geschickt?

Auch einiges Andere aus alten Zeiten möchte ich hier wieder aufwärmen ... So war ich in meiner Zeit an der FU einige Jahre lang Funktionär in der GSG, der Gewerkschaftlichen Studentengemeinschaft, zuständig für die Verwaltung der Finanzen. Die waren so knapp, dass wir bei einer Reise zu einem Kongress der Labour Party in Hythe Tag für Tag mächtig Kohldampf schieben mussten. Nur kleinste Portionen an Chips & Fish konnten von mir aus der „Kriegskasse" bezahlt werden. Beim Frühstück ging es auch nicht eben üppig zu, und manchmal hing schon sehr früh das Schild *To late, comrade!* an der Durchreiche. Wer von zu Hause etwas Taschengeld mitgebracht hatte, konnte ab und an ein billiges Gasthaus aufsuchen, aber Günter Zylka hatte keinen Schilling in der Tasche, musste also hungern. Das war besonders schlimm für ihn, da er eigentlich ein ausgesprochener „Vielfraß" war. Ganz spack sieht er aus, als wir uns per Bahn und Schiff auf den Heimweg nach Berlin machen. Nun hat man bei der Labor Party Mitleid mit uns armen deutschen Studenten und gibt einem jeden von uns ein großes Freßpaket mit auf den Weg. Als wir in Dover angekommen sind und die Fähre besteigen wollen, ertönt hinter mir ein Schreckensschrei. Ich fahre herum. Was war passiert? Ausgerechnet Günter Zylka hatte sein Freßpaket auf dem Bahnhof von Hythe vergessen ...

In England war mein jüdischer Freund Gerrard Breitbart, heute Professor für etwas Betriebswirtschaftliches und Vorsteher einer jüdischen Gemeinde im Südwesten Deutschlands, nicht dabei. Leider hoch zwei, denn er war so geistreich und spöttisch und steckte so voller deutsch-bürgerlichen Bildungsguts, dass jedes Beisammensein mit ihm die reinste Freude war. Er hatte – wie Anne Frank – während der Judenverfolgung der Nazis in einem Versteck in Amsterdam gelebt, und im Gegensatz zu ihr auch überlebt. Kennengelernt hatten wir uns schon während unserer gemeinsamen Lehrzeit bei Siemens. Vieles verband mich mit Shmuel, wie er genannt wurde, auch gefielen ihm meine jüdischen Wurzeln und dass ich von Hause aus Nazigegner war.

Er war immer ungemein gepflegt, anders als das Gros der übrigen Studenten, und teuer gekleidet. Der größte Stolz eines Mannes war damals ein Seidenstickerhemd mit einer schwarzen Rose, die links oberhalb des Gürtels eingestickt war. Bei Shmuel kam sie allerdings nie richtig zur Geltung, denn er war nicht eben groß, und sie saß bei ihm unsichtbar auf Höhe der Hoden.

Wir sind zusammen auch nach Prag verreist, klar: die tschechische Hauptstadt mit Kafka und ihrem jüdischen Friedhof musste er gesehen haben, der Höhepunkt unserer Reisen aber war Griechenland. Shmuel hatte nicht nur das Große Latinum, sondern auch das Große Graecum, und pausenlos Goethes *Iphigenie* im Sinn: *Das Land der Griechen mit der Seele suchend* ... Wir machen uns also auf. Im Interzonenbus geht es nach Hannover und von dort nach München, weil hier der Studentensonderzug nach Athen eingesetzt wird. Als der in den Bahnhof rollt, ist der Bahnsteig so von Kommilitonen überfüllt, dass wir eigentlich keine Chance haben mitzukommen. Da sieht Shmuel ein offenes Fenster. „Los, heb´ mich hoch, ich klettere rein und halte dir einen Platz frei!" Es klappt, wir kommen nach Athen. Von dort schwärmen wir aus, und im Amphitheater von Delphi hat er seinen großen Auftritt: Er steht unten auf der Bühne und deklamiert Homer, auf Griechisch. Es klingt wunderbar, die vielen Touristen auf den Rängen applaudieren heftig. Der Text ist aus der *Odyssee*, die Anrufung der Musen:

Ἄνδρα μοι ἔννεπε, Μοῦσα, πολύτροπον, ὃς μάλα πολλὰ πλάγχθη, ἐπεὶ Τροίης ἱερὸν πτολίεθρον ἔπερσε ...
*Andra moi ennepe, Mousa, polytropon, hos mala polla planchthē, epei Troiēs hieron ptoliethron eperse ...*

Mir übersetzt er es später:

*Sage mir, Muse, die Taten des vielgewanderten Mannes,*
*Welcher so weit geirrt, nach der heiligen Troja Zerstörung,*
*Vieler Menschen Städte gesehn, und Sitte gelernt hat ...*

Es folgen Szenen in Hellas, die nicht ganz so rauschhaft sind. Ich meine nicht, dass Shmuel ständig hustete („*Das kommt daher, dass ich vom Stamme Benjamin bin, denn wir waren die Letzten beim Auszug aus der Wüste und haben den Staub der anderen abbekommen*"), sondern es betraf seine Erleb-

126

nisse mit den Toiletten in unseren Billighotels, die durchweg keine Kloschüssel hatten, sondern nur ein Loch im Boden, über das man sich hocken musste. Bei hartem Stuhlgang und langem Pressen brauchte man schon die Kraft eines Olympiasiegers im Riesenslalom in den Schenkeln, um die Sache erfolgreich zum Abschluss zu bringen. Am ersten Abend in Griechenland höre ich Shmuel fürchterlich schreien. Ich denke an einen Mord und stürze zur Toilette, um ihn zu retten. Nein, er hatte, gänzlich unsportlich wie er war, nur einen Wadenkrampf erlitten ...

Umso erfreuter war er, als ich ihm in Thessaloniki sagte, hier gäbe es eine ungemein gepflegte Toilette, besser als die bei ihm zu Hause. Freudig eilt er hin. In Wahrheit war es das Schrecklichste, was ich je gesehen hatte. Unsere lieben mitreisenden Studenten hatten sich nicht nur gemäß des alten Berliner Spruchs verhalten: Es gibt Künstler und Dilettanten – die einen scheißen ins Loch, die anderen auf die Kanten, sondern sich auch noch dann entleert, als das besagte Loch schon längst verstopft gewesen war. Der Berg an Fäkalien, der sich da angehäuft hatte, hätte jeden Koprophagen laut aufjubeln lassen. Aber auch nur den. Als Shmuel zurück in unser Zimmer kommt, setzt er an, seinen ersten Mord zu begehen ...

Das hat er dann doch nicht getan, wäre aber Tage später in Korinth dennoch um ein Haar im Knast gelandet ... Und das war so gekommen: Shmuel liebt Körperpflege und Reinlichkeit über alles und ist hoch erfreut, dass wir im Hotel eine Badewanne in der Toilette haben. Sofort nach unserer Ankunft geht er also nach nebenan, um ein Vollbad zu nehmen. Als er das

Wasser in die Wanne laufen lassen will, merkt er jedoch, dass der Stöpsel fehlt. Er eilt zur Hoteldame, um ihr das mitzuteilen. Nun kann er zwar perfekt Altgriechisch, aber Sokrates & Co. hatten ja noch keine Badewannenstöpsel aus schwarzem Gummi, und wie die auf Neugriechisch heißen, weiß er nicht, also hält er der Dame seine rechte Hand hin, mit Daumen und Zeigefinger ein Loch andeutend. Da fährt er dann mit mehreren Fingern der linken Hand mehrfach hinein, um den Vorgang des Stopfens anzudeuten. Die Frau versteht das allerdings total miss und verpasst ihm eine schallende Ohrfeige ...

Zum anderen besten Freund meiner Studentenzeit, dem Rüdiger Merchert. Dieser Vorname war zu dieser Zeit ein wenig belastet, denn wir pubertierenden Knaben reimten immer: „*Der Rüdiger hat einen Selbstbefriediger.*" Den allerdings brauchte er am allerwenigsten von uns allen, denn er war als Erster verliebt-verlobt-verheiratet. Seine Frau sang im Opernchor, und so musste ich, der erklärte Opernverächter, öfter mit in die Bismarckstraße, um zu lauschen, wenn Edith über die Bühne hüpfte und dabei sang: *Wir winden dir den Jungfernkranz / Mit veilchenblauer Seide / Wir führen dich zu Spiel und Tanz / Zu Glück und Liebesfreude!* Oft war ich, der Single-Student, bei ihnen zu Hause in der Pestalozzistraße. Da tranken wir dann einiges und wandten uns einem Erbstück zu, einer alten Standuhr mit einem vergoldeten Perpendikel, der oder das lustig hin und her schwang. Wir öffneten die gläserne Tür, luden Rüdigers Luftdruckgewehr und nutzten ihn als bewegliche Zielscheibe. Schuss – und Treffer. Ein Jubelschrei. Kurz danach ein zweiter, aber einer des Entsetzens. Edith hatte uns entdeckt und erzwang unsere Entwaffnung, indem sie ihrem Mann androhte, eine zweite Lysistrata zu werden.

Leider haben wir uns, Shmuel wie Rüdiger, total aus den Augen verloren. Ebenso geht es mir mit dem dritten Freund aus meinen Jünglingsjahren in Neukölln und an der FU, mit Klaus Dallibor, den ich zuletzt in Adlershof besucht habe, aber dann nie wieder gesehen und gesprochen habe. Im Internet finde ich über ihn den folgenden Eintrag:

*Klaus Dallibor (\* 25. Januar 1936 in Königshütte) ist ein deutscher Medizinjournalist.*

*Dallibor studierte Geschichte und Germanistik an den Universitäten Frankfurt am Main und Berlin und schloss mit dem Staatsexamen ab. In den Jahren 1969/70 war er Redakteur beim RIAS in Berlin. Von 1970 bis 1974 war er Pressesprecher der Internationalen Atomenergie-Organisation (IAEO) in Wien. Er ging zur Deutschen Presse-Agentur (dpa) und war dort ab 1978 wissenschaftlicher Redakteur. Von 1984 bis 1990 war er Chefredakteur der Ärzte Zeitung. Er war außerdem Chefredakteur der Zeitschrift Leben - Magazin für das moderne Alter und des Trinkwasserjournals.*

Also lebt er noch, prima, und ich denke oft an ihn, auch an die Nächte, in denen ich in seinen Neuköllner Wohnungen den Babysitter für seine Kinder gespielt habe und dabei an meiner Dissertation geschrieben habe. Wir beide kamen von der FU und wollten in die rechtslastige Neuköllner SPD eintreten, sie also von links her unterwandern. Das merkten die Genossen unserer Abteilung und zögerten unsere Aufnahme über anderthalb Jahre hinaus.

Im November 1964 aber durften wir uns dann Genossen nennen – und machten uns sofort daran, mich als Schriftführer im demnächst neu zu wählenden Abteilungsvorstand zu platzieren. Mein Konkurrent hieß Schildhauer. Den galt es also zu demontieren. Nachdem Schildhauer eine lange Rede gehalten hatte, konterte Klaus sofort: *„Ich möchte dem, was der Genosse Schildträger eben gesagt hat, entschieden widersprechen ..."* Der: *„Schildhauer, bitte!"* Auch ich hatte eine Wortmeldung abgegeben und kam fünf Minuten später an die Reihe: *„Ich könnte mich ja der Meinung des Genossen Schildknecht durchaus anschließen, aber ..." – „Schildhauer!" – „Entschuldigung ..."* In der folgenden halben Stunde hatten Klaus, ich und unsere Unterstützer alle Variationen durch, zum Beispiel: Schildknappe, Schildpatt und Schildwache. Bei Schildlaus verlor er dann die Contenance und flippte aus: *„Schildhauer, Mensch, wie kann man nur so blöd sein wie ihr!"* Das brachte ihm einen Ordnungsruf des Vorsitzenden ein und kostete ihn bei den nachfolgenden Wahlen die entscheidenden Stimmen. Wir hatten gesiegt und mitgeholfen, die Steigerung *Feind, Todfeind, Parteifreund* auch für Neukölln zu verifizieren.

Später hat mir Klaus, weil ich ihm aus einer finanziellen Notlage geholfen hatte, ein einmaliges Erlebnis verschafft: er hat mich zum Verzehr von Austern eingeladen. Seitdem weiß ich, warum ich nie zu den Reichen dieser Welt gehören wollte. Austern gegen Currywurst 0:5.

Machen wir einen Augenblick Pause, um im Geiste einen Song von *Simon & Garfunkel* zu hören: *Old friends, old friends / Sat on their park bench like bookends ... Old friends, memory brushes the same years / Silently sharing the same fears ...*

Und weiter im Text. Kommen die beiden besten Freunde aus meiner Hochschullehrerzeit (darüber mehr im folgenden Kapitel) an die Reihe. Peter Heinrich (Prof. Dr.) war für das Fach Psychologie zuständig, und wir haben nicht nur zusammen viel mit unseren Familien unternommen, sondern auch das damals viel gelesene Lehrbuch *Mensch, Hund, Organisation* zusammengeschrieben, Unsinn: *Mensch und Organisation* zusammen geschrieben. Peter war über lange Jahre hinweg auch Dekan unseres Fachbereichs an der Fachhochschule für Verwaltung und Rechtspflege (FHVR), heute HWR (Hochschule für Wirtschaft), dann sogar Rektor. Er kommt aus dem Schwarzwald und hatte, da man sich in der französischen Besatzungszone befand, in der Schule nur Französisch als Fremdsprache gehabt, nie aber Englisch. Das erklärt auch sein Verhalten beim Empfang einer australischen Delegation in seinen Amtsräumen. Da will er seine Freude über deren Erscheinen ausdrücken und ruft ihnen bei der Begrüßung zu: „*I´m afraid to see you!*"

Wir haben viele gemeinsam Projekte „durchgezogen", und einmal, es ging wohl über die Erwartungen Berliner Bürger den Beamten gegenüber, eröffne ich, neben ihm sitzend, das Semester mit den Worten: „*Berlin is supposed to be as cosmopolitan, and so the Senate has instructed us to perform all teaching bilingual. So let's now the beginning of it. Even the revered colleague Peter Heinrich pleased to discuss with you in English.*"

Nebenbei: Was sind die höchsten Erwartungen eines Bürgers an einen Beamten? Dass er ihn als Sonderfall betrachtet und mal einmal ein Auge zudrückt und das Gesetz zu seinen Gunsten ein wenig bricht ...

Ich plane eine Anthologie mit dem Titel *Bekenntnisse Berliner Büroinsassen*, wo Studierende kurz aufschreiben sollen, was ihnen bei ihren Praktika so aufgefallen ist. Peter will mich unterstützen, und regt an, Preise für die besten Kurzgeschichten auszusetzen: 3. Preis: ein Exemplar von Mensch und Organisation, 2. Preis: ein Mittagessen mit uns beiden, 1. Preis: ein Mittagessen ohne uns beide.

Einmal war er nahe daran, einen Herzinfarkt zu erleiden. Da kommt er spät von einer längeren Dienstreise nach Hause und will nicht klingeln, um seine vielleicht schon schlafende Familie nicht zu wecken. Den Schlüssel ins Sicherheitsschloss zu stecken und herumzudrehen, wagt er auch nicht, denn wenn auf der anderen Seite der Zweitschlüssel im Schloss steckt, könnte es zu Blockaden kommen, die den Einsatz eines Notdienstes erforderlich machen würden. Also klopft er erst einmal, und als sich drinnen nichts rührt, steckt er den größeren seiner beiden Schlüssel in die dafür vorgesehene Öffnung, das heißt, er will durch Betätigung des Türdrückers die sogenannte Falle zurückziehen. Der Versuch gelingt, er drückt die Tür nach innen – und erstarrt: Im Flur ist alles anders als es vor seiner Abreise war. Die Tapete ist neu, die Lampe und der Teppich auch – und an der Garderobe hängen ein Herrenjackett und ein Mantel, die auf keinen Fall je von ihm getragen worden sind. Mein Gott, sollte ... !? Ihm wird schwindlig, er muss sich gegen die Wand lehnen. Da hört er es hinter sich lachen und die ungläubige Frage seiner Frau: „*Peter, was machst du denn hier?*" Was war geschehen? Er war so müde gewesen, dass er nicht bis in die dritte Etage zu seiner eigenen Wohnung hinaufgestiegen war, sondern es schon eine

Treppe tiefer probiert hatte. Und der Hauswirt hatte, um Kosten zu sparen, bei verschiedenen Wohnungen dieselben „Schnapper" verwendet.

Peter ist, auch in jüngeren Jahren, immer etwas vergesslich. So kommen wir einmal von einer *CRIMINA-LE*, das ist die Jahrestagung des *SYNDIKATS*, der Vereinigung (fast) aller deutschsprachigen Autoren und Autorinnen von Kriminalromanen (siehe Kapitel VII.). Ich war dort zehn Jahre lang Vorsitzender und hatte es geschafft, Peter zum Kassierer zu machen. Da wir zusammen den Krimi *Die Klette* geschrieben hatten, war das auch gegangen. Wir kommen nach anstrengenden Tagen in Daun ziemlich *down* mit dem Zug in Köln an, um sogleich umzusteigen in den Zubringerbus zum Flughafen Köln/Bonn. Der Frohnauer Freund Peter Hüne ist auch noch dabei. Zu dritt stellen wir uns also im Flughafengebäude an, um unsere Ausweise vorzuzeigen. Plötzlich ein Schrei: Peter hatte sein Jackett im Bus vergessen ...

Dies war für mich der Anlass, ihn zum Helden des Fortsetzungsromans *Der Vergessliche* zu machen, das heißt, über mindestens fünf Jahre hinweg habe ich meiner Tochter Alina Abend für Abend eine Kurzgeschichte mit Peter Heinrich erzählt, etwa so: Sigrid, das ist seine Frau, sagt zu Peter: „*Du müsstest dir einmal eine neue Hose kaufen.*" Also geht er zu C&A, probiert fünf Hosen an und kommt schließlich mit der nach Hause, die ihm am besten gefallen hat. Ruft Sigrid: „*Mensch, Peter, das ist doch deine alte Hose!*" Oder: Peter will morgens mit der S-Bahn in die Fachhochschule fahren, vergisst aber auszusteigen und wacht erst mittags auf dem Abstellgleis auf. – Er weiß nichts von alledem, eines Tages aber besucht er uns zur Weihnachtszeit und bringt Alina ein Ei mit, ein *Überra-*

*schungsei.* Sagt sie: „*Klar, du hast vergessen, dass wir Weihnachten haben und nicht Ostern*" – und alles kommt heraus. Ich habe wieder einmal allen Grund, mich zu schämen.

Mehr noch aber über die folgende Begebenheit, wobei aber auch Freund Jürgen Dittberner eine Rolle spielt.

Kurz zu ihm: Wir hatten denselben hochverehrten Doktorvater (Otto Stammer) und haben das letzte große Ziel unseres Lebens gemeinsam: noch 2019 die Goldene Promotion zu erleben. Wir haben mit unseren Familien viel zusammen unternommen, wobei die Ausflüge in die DDR immer die Highlights waren, denn auf der Rückreise wurden wir immer „durchgewunken", weil man „drüben" mitbekommen hatte, dass Herr Prof. Dr. Jürgen Dittberner nach seiner Zeit an der FHVR Staatssekretär in West-Berlin war und man einen solchen Entscheidungsträger nicht verärgern wollte. So durften wir dann an den kilometerlangen Schlangen wartender West-Berliner vorbei unkontrolliert über die dicke weiße Grenzlinie rollen.

Einmal haben wir uns in der DDR rettungslos verfahren, und das, obwohl ich, vorn neben Jürgen sitzend, meinen nagelneuen Kompass hinter der Frontscheibe liegen hatte, also immer genau wusste, wo Norden war. Das Dumme dabei war nur, dass sich seine Nadel nicht nach dem fernen magnetischen Nordpol unserer Erde ausrichtete, sondern nach dem Permanentmagneten des Scheibenwischers ganz in seiner Nähe. Es dauerte eine Weile, bis wir gemerkt haben, das wir in der Theorie immer nach Norden fuhren, wenn es in Wirklichkeit aber nach Süden, Westen oder Osten ging.

Ich muss noch ein wenig weiter ausholen: Ich hatte zu DDR-Zeiten auf der Leipziger Buchmesse das nette

Ehepaar Schmidt aus Wolkenstein kennengelernt und wurde gleich nach der Wende eingeladen, mit meinen Freunden ins Erzgebirge zu kommen. „*Wunderbar, sehr gern!*" Herr Schmidt war Holzbildhauer, wie auch anders. Am ersten Abend beim ihm zu Hause zeigten wir viel Empathie, als er uns sagte, er würde nun zur Vorschule gehen. Gott, ein Legastheniker, der Arme! Doch er wollte nichts Anderes als jetzt, wo man auf sein Auto nicht mehr zehn Jahre lang warten musste, zur Fahrschule gehen, auf Erzgebirgisch, wo die Hasen Hosen heißen: Fohrschule. Am nächsten Tag besuchten wir seine Werkstatt und kauften alle allerlei Geschnitztes, Jürgen und seine Frau sogar eine riesige Weihnachtspyramide. Sagt Siegfried: „*Mensch, da müssen wir aber jedes Jahr zu euch nach Kladow raus kommen, um die anzuschieben, alleine schafft ihr das nicht!*" Und so machen wir das auch schon fast 25 Jahre lang. Vorher wurde und wird immer noch ein Stück gewandert, in Kladow, um Kladow und um Kladow herum. Bei einer dieser Wanderungen kommen wir auch an der Sacrower Heilandskirche vorbei. Die wird gerade renoviert, und draußen hat man für die Bauarbeiter eine transportable Toilette aufgebaut. In der verschwindet nun Peter Heinrich. Jürgen und ich werfen uns kurz einen alles sagenden Blick zu: Es ist Zeit, endlich das Kind in uns zum Vorschein kommen zu lassen, und wir machen uns daran, die Toilette mit Peter darin umzulegen. Wir packen sie, langsam neigt sie sich der Horizontalen zu ...

Klippenhänger, nach der nächsten Anekdote können Sie dann lesen, wie die Sache ausgegangen ist.

Siegfried also ... Er ist einer der führenden Flugunfallforscher Deutschlands, hat Meteorologie studiert und ist unter Siegfried Niedek mit Bildnis googlebar. Ebenso seine Frau Inge („Wetter"-Inge bei uns), die sehr oft im ZDF nach den Nachrichten zu sehen ist. Kein Anderer kann so gut Karten lesen wie Siegfried, keiner hat diesen besonderen Instinkt für die richtige Richtung wie er, Zugvögel könnten da neidisch werden. Er ist der geborene Wanderführer. Seit Jahren sind wir jeden ersten Sonnabend durch die Mark Brandenburg gewandert. Diesmal soll es von der Autobahnraststätte Linumer Bruch, die man zu dieser Zeit mit einem Bus erreichen kann, in einem weiten Bogen über den Hakenberg zum Bützsee und von dort nach Fehrbellin gehen. Wir freuen uns, denn historisches Gelände liegt vor uns, weil (so immer Hardy Krüger): am Hakenberg hat am 28. Juni 1675 die berühmte Schlacht bei Fehrbellin stattgefunden, die „Gründungsschlacht" Preußens, siehe Kleists *Prinz von Homburg*. Nicht ganz auf halber Strecke haben wir den Alten Rhin zu überqueren. Doch als wir die Brücke erreichen, die Siegfried für uns auf seiner Karte ausgesucht hat, sehen wir nur, dass wir nichts mehr sehen, denn die Brücke existiert seit 1945 nicht mehr. Mir bleibt es überlassen auszurufen: „*Träum ich? Wach ich? Leb ich? Bin ich bei Sinnen?*"

Bei Sinnen ... Damit zurück zur sich gefährlich neigenden transportablen Toilette. Elke, Jürgens Frau, Lehrerin von Beruf, kommt herangestürzt und reißt uns weg. „*Seid ihr nicht mehr bei Sinnen!? Wie die Kinder!*" Peter Heinrich ist gerettet.

So können wir also weiter wandern. Einmal geht es zum Stahnsdorfer Friedhof. Dort verlaufen wir uns, denn der eine will zum Grab von Heinrich Zille (wie ich, da ich gerade an meinem Roman über ihn sitze), andere zum großen Filmregisseur Friedrich Wilhelm Murnau oder zu Werner von Siemens, vielleicht auch zu Engelbert Humperdinck, Lovis Corinth, Siegfried Jacobsohn oder Edmund Rumpler. Mittels unserer Handys finden wir uns mühsam wieder zusammen. „*Treffpunkt Friedhofsausgang!*" Als ich dort ankomme, sitzen Jürgen Dittberner und Peter Heinrich schon wartend auf einer Bank. Sagt der Jürgen zum Peter, beide sind zu der Zeit schon jenseits der Siebzig: „*Lohnt es sich für uns eigentlich, noch einmal nach Hause zu fahren?*"

Der Gedanke liegt nahe, denn beim Betreten des Friedhofs wäre Peter beim Verzehren seines mitgenommenen Brötchens fast den Bolustod gestorben. Da bricht bei mir der Lehrer durch und ich zitiere wieder einmal das, was bei *Wikipedia* zu finden ist:

*Der Bolustod (im Volksmund auch Bockwurstbudentod, Schlucktod oder Minutentod genannt) tritt nach einem plötzlichen reflektorischen Herz-Kreislauf-Stillstand ... ) durch vagale Reizung der empfindlichen Kehlkopf-Nervengeflechte des Rachens oder des Kehlkopfes durch einen Fremdkörper ein, wenn sich beim Schlucken ein großer Bissen Nahrung im Kehlkopf so verklemmt, dass er auch durch starkes Husten nicht mehr herausbefördert werden kann (Verschlucken), die sogenannte Bolusobstruktion. ( ... ) Todesursache ist ein reflektorischer Herzstillstand.*

Wir sind entsetzt und überlegen, wer beim erstickenden Freund zum Heimlich-Handgriff ansetzen sollte. Bei dem wird durch eine Kompression des Abdomens, des Bauchraums also, versucht, den Fremdkörper durch den entstandenen Überdruck aus den Atemwegen zu befördern. Wir zögern, weil wir überlegen, ob es nicht besser ist, auf Jacqueline zu warten, die kurz hinter uns ist, denn sie ist studierte Ärztin, seit anderthalb Jahrzehnten aber nicht mehr direkt mit Patienten befasst, sondern an der HU Professorin für Epidemiologie. So muss auch sie überlegen, was das Beste für Peter ist. Schließlich retten ihn ein paar kräftige Schläge auf den Rücken.

Stahnsdorf, der Berliner Südwestfriedhof mit seiner wunderbaren Friedhofskapelle, erbaut im Stil der norwegischen Stabholzkirchen ... Peter Heinrich also ist dort – Gott sei Dank – weder gestorben noch zu Grabe getragen worden, dafür aber ein anderer Freund von mir: der Maler und Schriftsteller Hans Häußler. Ein Bild von ihm hängt neben meinem Schreibtisch, Titel *Ein Mann geht durchs Feuer*. Hans ist ein Bär von Mann. Seine Frau Sigrid schwört auf das Lachyoga. So bin ich auch nicht überrascht, als sie eines Morgens fröhlich bei mir anruft. Ich denke, ich werde zu einer Party eingeladen. Dann aber erzählt sie mir, dass Hans in der Nacht gestorben ist (siehe oben). Beim Sturz von seiner Hochbettleiter hätten sich einige Sprossen in seinen Brustkorb gebohrt, und selbst im Herzzentrum der Charité sei er nicht mehr zu retten gewesen. Ich spreche ihr mein Mitgefühl aus, und dann fragt sie mich, ob ich nicht bei der Trauerfeier in Stahnsdorf die Rede halten möchte. Ich sage zu und stehe dann dort, die Urne mit Hans´Asche neben mir, und bringe anfangs mit meiner tränenerstickten Stimme kaum ein Wort hervor. Nach der Trauerfeier kommt ein Redakteur des MDR zu mir. „*Wir wollen über Hans Häuß-*

*ler etwas bringen, ob Sie da nicht Ihre Rede von eben im Funkhaus noch einmal sprechen könnten.*" Ja, natürlich. Also laufe ich zu DeutschlandradioKultur ins alte RIAS-Haus am Hans-Rosenthal-Platz, setze mich ins Studio und beginne. Kommt nach einer Minute die Stimme aus dem Off: „*Herr Bosetzky, bitte noch einmal von vorn. Dies ist kein Werbespot für Hans Häußler, wo Sie so schreien müssen. Also: getragener und leiser bitte!*"

Peter Hüne lebt zum Glück noch, und ist ein alter lieber Freund aus meiner Frohnauer Zeit. Mit seiner Frau Liane begleitet er mich oft bei den abendlichen Spaziergängen mit meinem Collie, und zusammen haben wir die Reinickendorfer Kriminacht (siehe weiter unten) zu einem Event gemacht. Oft haben wir auch zusammen in meinem Garten Minigolf gespielt. Ich hatte da eine selbst gebaute Anlage mit 10 Löchern, aber nur einem Schläger, der immer von Hand zu Hand weitergereicht wurde. Ich habe über zehn Jahre gebraucht, um den Platzrekord auf 20 zu drücken. Kommt Peter Hüne und schafft das beim vielleicht dritten Versuch. Klar, er ist Vermessungsingenieur und hat den Blick für Entfernungen, aber dennoch ... Wir haben viel Spaß miteinander, auch mit unserem Leipziger Freund Günther, der durch und durch Künstler ist, malt und als Dadaist auftritt. Dauernd schmerzt ihn sein Knie, und als ihm kein Arzt helfen kann, wendet er sich der Fernsehmoderatorin Carmen Thomas zu, die jeder Fußballfan kennt, hat sie doch einmal von „Schalke 05" gesprochen. Ihr Buch *Ein ganz besonderer Saft* wird ein Renner. Es geht dabei um den Urin als Allheilmittel, die Eigenharntherapie ist *in*. Man kann sich mit seinem Urin die schmerzenden Körperstellen einreiben, ihn aber auch trinken. Unternehmen wir – Peter, Liane, Heike und ich – einen Ausflug nach Leipzig und kommen nach einem ausgedehnten Stadtbummel bei Günther in der Wohnung an, sind völlig ausgedörrt und bitten ihnen lechzend um ein Getränk. Kommt er mit Gläsern ins Zimmer, in denen eine gelbe Flüssigkeit schwappt. Plötzlich ist keiner von uns mehr so richtig durstig …

Was ich auch immer wieder erzähle, ist die Geschichte von und mit Gunther Geserick, auch durch *Wikipeda* gleichsam geadelt. Da lesen wir u. a.:

*Gunther Geserick (\* 11. Juli 1938 in Berlin) ist ein deutscher Rechtsmediziner und emeritierter Universitätsprofessor. Er war von 1987 bis 2003 als Nachfolger von Otto Prokop Leiter des Instituts für Rechtsmedizin der Charité Humboldt-Universität Berlin. Geserick ist seither auch als Autor populärwissenschaftlicher Bücher zum Thema Rechtsmedizin hervorgetreten. Er lebt in Berlin und arbeitet noch als Gutachter und Autor wissenschaftlicher Artikel.*

Ich habe einmal bei einer Reinickendorfer Kriminacht mit Prof. Dr. med. Matthias Graw von der LTU München nett-fachlich geplaudert, und als es nun zu einer Neuauflage kommen soll, kann er an diesem Tage nicht nach Berlin kommen, und Helge Schätzel, der Organisator in Tegel, lädt dafür Gunther Geserick ein. Wir verstanden uns auf Anhieb prächtig, und bald war die Idee geboren, gemeinsam ein Buch zu schreiben: Ich sollte mir zehn Kurzgeschichten ausdenken und er dann für meine Kommissare eine umfangreiche Obduktion durchführen und dokumentieren. So entstand die *Berliner Leichenschau. Kleines Einmaleins des Mordens.* Als ich dann bei ihm anrufe, um die erste Lesung mit ihm durchzusprechen, ist seine Frau am Apparat. Ja, ihr Mann liege mit einer Blinddarmentzündung im Krankenhaus. Vierzehn Tage später rufe ich wieder an. Da ist er schon wieder zu Hause, aber seine sonst fast dröhnende Stimme ist noch sehr schwach. Ich frage ihn nach dem Grund. „*Ich hatte schon mit dem Leben abgeschlossen und mich auf dem Seziertisch gesehen ...*" Warum denn das? Man hatte bei der minimalinvasiven Operation vergessen, ihm den in einem Siliconsäckchen steckenden herausgeschnittenen Blinddarm aus dem Bauchraum zu entfernen. Das Silicon hatte sich langsam zersetzt und seine septischen Stoffe freigegeben. Man hatte Gunther mit einer zweiten Operation gerade noch retten können. Ansonsten hätte ihn wohl Michael Tsokos aufgeschnitten und eine Schlagzeile mehr gehabt ...

Ich habe ja kein eigenes Auto, und so bin ich dem Journalisten Volker Panecke aus Eichwalde, das zwar nicht mehr zu Berlin gehört, aber an Schmöckwitz grenzt, sehr dankbar, dass er mich oft zu „Auftritten" im Berliner Umland, aber auch zu interessanten Orten in der Mark Brandenburg fährt. Unser längster Ausflug führt uns nach Züllichau/Unterweinberge (jetzt: Sulechów [suˈlɛxuf]), einer Kleinstadt in der polnischen Woiwodschaft Lebus, in der mein Vater zur Welt gekommen ist, und ins nahe Odereck (bis 1937 Tschicherzig und jetzt Cigacice), wo er im Hause seiner Tante Emma und auf deren Oderkahn aufgewachsen ist (siehe den Band *Zwischen Kahn und Kohlenkeller* aus meiner Familiensaga). Er hat den Ort seiner Kindheit von einer befreundeten Künstlerin von einer Postkarte abmalen lassen – und dieses kleine Ölgemälde hängt nun über meinem Bett. Da war die Sehnsucht groß, dass alles einmal mit eigenen Augen zu sehen, die kleine Stadt mit ihrem Hafen, *„wo sich die Oder in weitem Bogen ins Brandenburger Land ergießt.“* Volker Panecke hat´s nun möglich gemacht, und wir fahren nach Tschicherzig, Freund Eddie aus Kladow ist auch noch mit an Bord. Es wird eine unvergessliche Fahrt, und die Polen vor Ort sind so freundlich zu uns, dass wir beschließen, in Sulechów in einem echt polnischen Restaurant zu speisen. Nur wir finden keines – und essen bei einem Inder *tandoori chicken* und Ähnliches.

Mit Volker Panecke bin ich auch im Schloss Tamsel (polnisch: *Palac Dąbroszyn*), was ein paar Kilometer von Küstrin (*Kostrzyn nad Odrą*) und dem Schlachtfeld von Zorndorf (*Sarbinowo*) entfernt ist. Hier beginnt zu Zeiten von Friedrich dem Großen (in der DDR nur Friedrich II. von Preußen) meine Familiengeschichte, und als ich 1999 dort meinen Roman *Tamsel* vorstelle, mietet der Verleger Norbert Jaron extra einen Bus, der mich, meine Tochter Lisa, die Leute seines Verlags und eine Schar interessierter Kulturjournalisten nach Dąbroszyn bringt. Da wir wissen, dass auch der Woiwode der Landschaft um *Lubusz* (Lebus) bei der Buchpremiere im Schloss dabei sein wird, lasse ich mir meine kleine Rede ins Polnische und die Lautschrift übersetzen und übe stundenlang. Als es dann ernst wird, klingt das, was ich sage, eher chinesisch als polnisch, und die Einheimischen haben etwas zu lachen. Das hatten sie ja unter den Deutschen nicht immer, und als ich mit Volker Panecke wieder einmal in Tamsel bin, lernen wir dort einen polnischen Konservator kennen, der uns nett erscheint, aber auch ein wenig unheimlich. Er spricht kein Deutsch und Englisch, wir kein Polnisch. Volker, der in der DDR zur Schule gegangen ist (im sehenswerten Bad Freienwalde), will es nicht mit seinem Russisch versuchen, weil das die Polen ja zumindest seit Katyn nicht so gerne hören. Radebrechend und mit einer Art Gehörlosensprache werden wir durch alle Räume geführt, die absolut menschenleer sind, und schließlich hinunter in die Gruft des Hans Adam von Schöning, der sich in den Türkenkriegen einen Namen gemacht hatte. Volker und ich verharren unten, der Konservator geht auf leisen Füßen nach oben und greift nach schweren Fallgitter, mit dem sich die Gruft verschließen lässt ...

Es war nur ein kleiner Scherz von ihm.

Am 18. August 2015 sind wir wieder in Tamsel, begleitet diesmal von seiner Frau Karin. Dies im Rahmen eines Berichtes mit der Überschrift *Eine Reise ins Land meiner Urahnen*, gedacht für VIADRUS, dem *Heimatbuch für Bad Freienwalde (Oder) und Umgebung et Terra Transoderana*, dessen Redaktion Volker schon seit langem und ich erst seit kurzem angehöre. Mein Urgroßvater mütterlicherseits, August Quade (siehe oben), und seine Vorfahren kommen ja aus der Neumark (Terra Transoderana), und so standen folgende der dortigen Ortschaften auf dem Programm: Ludwigsruh (Lubiszyn), Landsberg/Warthe (Gorzów Wielkopolski), Schöneberg (Trzcinna), Friedeberg (Strzelce Krajeńskie), Altenfließ (Przyłęg) und Gurkow (Górki Noteckie). Dazu kamen noch Groß Kammin (Kamin Wielki) und Tamsel (Dąbroszyn), wo die Verwandten väterlichseits herkommen, denen ich den Namen Bosetzki/y verdanke, sowie Bärwalde (Mieszkowice), wo der brandenburgische Markgraf Waldemar 1319 gestorben ist – oder auch nicht (???). Über diesen rätselhaften Mann habe ich das dicke Buch *Der letzte Askanier* geschrieben, und der Mann liegt mir irgendwie am Herzen. Interessant war für mich auch Himmelstädt (Mironice/Kłodawa), wo einmal ein Kloster gestanden hat, das bei mir in *Otto mit dem Pfeil* eine gewisse Rolle spielt.

Es galt also viel zu protokollieren, und da ich kein Notebook oder ähnliche Gerätschaften besitze und zu faul war, all unsere Eindrücke aufzuschreiben, habe ich mir ein Aufnahmegerät angeschafft, um die wichtigsten Daten und Eindrücke sofort kurz und bündig an Ort und Stelle aufzusprechen.

Nachdem mich Volker dankenswerterweise nach Hause gefahren hatte, musste ich ihm dann am nächsten Morgen leider folgende E-Mail schicken:

*„Mein nagelneues Philipps-Aufnahmegerät hat so gut funktioniert, dass es von gestern beim Grenzübertritt in Hohenwutzen gegen 10 Uhr bis zu meiner Heimkehr um 21.30 Uhr ununterbrochen alles aufgenommen hat, auch als ich es in der Westentasche stecken hatte. Ich hatte die Tastenstellung „hold" als stand-by-Funktion begriffen, also "Halt bis zur nächsten Aufsprechen" und nicht als Daueraufnahme. Jetzt wären also rund 10 Stunden abzuhören, was ich als nicht machbar ansehe. Also alles umsonst gewesen!"*

Ich höre die Stimme meines Englischlehrers und die des Physiklehrers dazu: *„Bosetzky, setzen! Fünf!"*

Da ich nach meinem Schlaganfall nur ungern allein außerhalb des Berliner S-Bahnringes unterwegs bin, ist Jürgen-Matthias Edelmann, auch ein Journalist und Diplom-Kommunikationswirt dazu, so lieb, mich nach Hannover zum Geburtstag meiner Tochter Lisa zu begleiten, die dort als Juristin in einer großen Bank beschäftigt ist. Es wird ein wunderschöner Tag, als ich aber zur Rückfahrt am Hauptbahnhof erscheine, beginne ich mächtig zu fluchen, denn alle ICEs nach Berlin haben 50-60 Minuten Verspätung. Als ich Jürgen das erzähle, strahlt er. *„Da das vorauszusehen war, habe ich für uns einen IC ausgesucht, die sind immer pünktlich."* Das war unser Zug in der Tat, fährt aber so viele Umwege, dass wir auch nicht viel eher in Berlin Hauptbahnhof (tief) ankommen.

Er anderer lieber Freund ist Prof. Manfred Heinicke, der in Wernsdorf, wo er aufgewachsen ist, das Ferienheim eines thüringischen Betriebes gekauft hat, um daraus eine betriebswirtschaftliche Fortbildungsstätte zu machen, das *Seminarhaus am Krossinsee*. Es ist ein herrliches Stückchen Erde dort, und ich bin als Junge oft daran vorbeigepaddelt, durfte aber nie dort anlegen, denn das war schon DDR und ich ja West-Berliner. Nun, der Boom mit der Fortbildung der DDR-Deutschen ist vorüber, und Manfred liebäugelt mit dem Gedanken, aus seinem Objekt ein Seniorenheim zu machen. Als ich davon erfahre, schreie ich sofort: *„Bitte reserviere sofort ein Zimmer für mich!"* Da hätte ich dann mein geliebtes Schmöckwitz jeden Tag vor Augen.

Zum Schluss noch der Unternehmensberater Herbert Wiegand, der jetzt am Bodensee lebt. Sein Sohn Arne war mit meinem Sohn Sascha in derselben Kleinkindergruppe, daher kenne ich ihn. Wir haben jede Woche am Dienstagabend Tischtennis gespielt und dabei jeweils ein halbes Dutzend Bälle verbraucht. Wie das? Hatten wir zu kraftvoll auf die kleinen Celluloidkugeln eingedroschen oder sie auf dem Boden zertreten? Nein, ganz anders. Herbert war zu der Zeit Vertreter von Fulda-Reifen, und wir spielten in einer Lagerhalle in der Nähe des Fehbelliner Platzes. Dabei waren wir von unzähligen Reifenstapeln umgeben, auch solchen für Lastwagen und Traktoren, von denen wir kaum einen einzigen anheben konnten, so schwer waren sie. Gelang nun ein Schmetterball und sprang er hoch weg von der Platte oder geriet ein Ball bei einem Abwehrversuch an die Kante des Schlägers und flog in hohen Bogen nach hinten weg, dann landeten sie in einem Reifenstapel und konnten abgeschrieben werden.

Das hat ja nun wirklich keine große Fallhöhe, und einige Leser werden sich ungeduldig fragen, wo denn nun die Freundinnen bleiben. Da werde ich natürlich nicht alles erzählen, denn das Urteil des Bundesverfassungsgerichts im Hinblick auf Maxim Biller und seinen Roman *Esra* hat uns Schriftsteller sehr ängstlich und vorsichtig werden lassen. Sein stark autobiografisch gefärbtes Werk verletze das Persönlichkeitsrecht seiner Ex-Freundin, hieß es im Urteil, weil sie eindeutig als *Esra* erkennbar sei und das Buch intimste Details der Liebesbeziehung schildere. Ich belasse es also bei einem scheuen Kuss und beginne mit Miezi. Der Einfachheit halber begehe ich da wiederum ein Selbstplagiat und greife auf einen Text zurück, der zuerst – da noch mit Manfred Matuschewski als Protagonisten und weithin verfremdeten Namen – in einer Festschrift zum 25. Jubiläum der Berliner Buchhandlung SoSch in den Neuköllner Gropius-Passagen erschienen ist. Zusätzlich ist anzumerken, dass das alles wirklich so stattgefunden hat, wobei Miezi allerdings nicht in der Oper neben mir gesessen hat, sondern im Moabiter Hansatheater bei der Aufführung eines Stückes mit Heinz Erhardt, aber aus einem Opernabend war literarisch mehr herauszuholen:

*Es ist November geworden, und ich besuche wieder einmal Curt, meinen Cousin, der im Frühjahr 1962 mit Frau und Tochter zu seiner Großmutter nach Tegel gezogen war, damit Bärbel die alte Dame pflegen konnte.*

*Als ich nach langer Anreise mit der U-Bahn in der Marzahnstraße angekommen war, ging es Tante Martha, der Schwester meiner Schmöckwitzer Oma, schon wieder so schlecht, dass man die Ärztin holen musste, Frau Dr. Bauch. Und trotz einer erneuten Spritze begleitete uns Tante Marthas Stöhnen den ganzen Abend und die ganze Nacht hindurch. Als ich an ihr Bett getreten war, fiel mir auf, wie ähnlich sie doch meiner Mutter sah. Da waren die breiten slawischen Backenknochen, wie man sie von den Spreewälder Ammen kannte, aber auch dieselbe „Himmelfahrtsnase", und beide hatten eine helle Haut, mit unzähligen Sommersprossen gesprenkelt. Aber auch auf ihrem Sterbebett, nur noch Haut und Knochen, war Tante Martha ganz Dame geblieben, eine Mischung von preußischer Prinzessin und englischer Gouvernante, und fragte mit spitzen Mündchen, wie es mir denn ginge.*

*„Danke, Tante Martha, ich habe zwar kein Ziel vor Augen, bemühe mich aber mit aller Kraft, es zu erreichen."*

*„Du hast so eine nette Art, da kommst du ganz nach deinem Vater. Du wirst deinen Weg schon gehen."*

*„Gute Besserung für dich."*

*„Ja, bald wird es mir besser gehen, da werd' ich Erich wiedersehen ... Erich hat mich schon gerufen." Sie schloss die Augen und rief, als würde sie im geliebten Ruderboot am Steuer sitzen und ihren Mann anspornen, sich noch stärker in die Riemen zu legen: „Erich, zieh durch!"*

*Wir hatten alle Tränen in den Augen, als wir ihr Zimmer verließen. Trotzdem saßen wir danach fröhlich bei Rotwein und Kerzenschein zusammen und aßen Würstchen mit Kartoffelsalat. Als es klingelte, dachten wir, es sei Curts Freund Peter Steffens, doch es waren zwei Amerikaner, die Tante Marthas große alte Standuhr kaufen wollten. Curt hatte eine diesbezügliche Anzeige in die Zeitung setzen lassen.*

*Bärbel, die in der DDR zur Schule gegangen war und kaum Englisch gelernt hatte, radebrechte draußen an der Wohnungstür, während sich Curt und ich dezent im Hintergrund hielten.*

*„Grandmothers clock is here.. Yes, she has a Big Ben-Schlag... äh: Gong. Come in and see her... it... Curt!?"*

*Doch die Amerikaner hatten eher etwas mit einem Haken-kreuz gesucht und zogen wieder ab.*

*„Sieh' doch mal unter deinem Teller nach", sagte Bärbel zu mir.*

*„Da ist doch nur der Fleck auf'm Tischtuch ... Oh!" Ich zog eine Theaterkarte hervor. „Deutsche Oper ... 'Salome'. Seid ihr denn verrückt geworden."*

*„Ja. Curts Chef hat vier Karten gekauft gehabt, kann aber nicht gehen, und da hat er sie alle Curt geschenkt. Peter kommt auch noch mit. Das ist unser Dank dafür, dass du uns so viel beim Umzug geholfen hast."*

*„Danke..." Ich wäre bei Fußball, Catchen oder Eishockey vor Freude an die Decke gesprungen, aber nun ... Zahnziehen wäre für mich kaum schlimmer gewesen als Oper. Doch was blieb mir anderes übrig, als mich ergriffen zu zeigen. „Da bin ich ja gerührt wie Appelmus."*

*Eine Woche später saß ich dann im dunklen Anzug in der Oper an der Bismarckstraße und lauschte Anja Silja, die die Ti-telrolle sang. Rechts von mir waren Peter, Curt und Bärbel nieder-gekommen, und links hatte eine junge Dame Platz genommen, die* mich mehr zur Seite als zur Bühne blicken ließ, da sie solo war. So eine kleine schwarze Hexe, wie ich sie damals mochte. Sollte das Schicksal mich wirklich einmal verwöhnen wollen...? Unwillkürlich fiel mir Sablewski ein, der größte Schwachkopf in Shmuels Freundeskreis und nur mit einem gesegnet: einem Gesicht voller Akne. Fährt der oben im 10er-Bus, als die junge Frau neben ihm, auch noch unglaublich hübsch, ihren Fahrschein fallen lässt. Er hebt ihn auf, sie kommen ins Gespräch – und zehn Wochen später sind sie verlobt. Ihr Vater hat ein Baugeschäft und ist gerade auf dem Wege zur zweiten Million. Sablewski ist zu dämlich, Diplom-Kaufmann zu werden, erbt aber das Geschäft und gehört fortan zu den oberen Zehntausend der Stadt, sitzt überall drin, wo man drinsitzen kann. Geschichten, die das Leben schrieb.

„Entschuldigen Sie...“ Die junge Schöne neben mir hatte ihr Opernglas von den Knien rutschen lassen und beim Greifen danach mein Hosenbein ein wenig hochgeschoben.

„Bitte...“ Vor lauter Befangenheit brachte ich keinen lockeren Spruch hervor.

Das mit dem Opernglas mochte ja noch Zufall gewesen sein, doch als dem schwarzen Hexlein nun auch noch das Programm zu Boden fiel und sie sich so gezielt bückte, dass sie unbedingt mit meinem Kopf zusammenstoßen musste, als ich ganz Kavalier, ebenfalls nach unten fuhr, schien mir sicher, dass sie es auf mich abgesehen hatte. Mir wurde siedend heiß. Die Götter liebten also auch mich. Doch trotz aller Erfahrungen kam ich mir nun wieder pennälerhaft und furchtbar unbeholfen vor. Ich versuchte mich an bestimmte Filme zu erinnern: Was taten die Helden in solchen Fällen? Sollte ich gleich rangehen oder lieber noch abwarten, was sie anstellen würde, damit es soweit war, sie anzusprechen? Ich zögerte und zögerte, und nahm die Oper kaum noch wahr. Wie man den gefangenen Propheten Jochanaan aus der Zisterne hörte: „Nach mir wird Einer kommen?“ Wie Salome auf der Terrasse

149

erschien: „Es ist seltsam, dass der Mann meiner Mutter mich so ansieht." Erst als in Salome die sinnliche Begierde erwachte und sie Jochanaan lüstern betrachtete, klinkte ich mich wieder ein. Salome warb um Jochanaan, wollte ihn küssen: „Ich bin verliebt in deinen Leib!" Jetzt hätte ich mich zu meiner Nachbarin hinüberbeugen müssen und ihr ins Ohr flüstern: „Und ich in Ihren auch..." Doch das wagte ich natürlich nicht.

Pause. Und ich war noch keinen Schritt vorangekommen. Als ich von der Toilette zurückkam, stand die Angebetete nicht weit von meiner Gruppe entfernt vor einem Spiegel, und Peter Steffens lästerte, als er mich in ihre Richtung „schielen" sah.

„Meinst du, wir haben nicht gemerkt, wie du die anstarrst. Geh doch einfach mal hin und sprich sie an, die ist doch ebenso wild nach dir wie du nach ihr."

„Ich weiß nicht..."

„Soll ich's für dich tun?" fragte Curt und wollte sich schon in Bewegung setzen.

„Nein, bitte nicht!" Ich blockte ihn ab wie ein American-Football-Spieler, und wir sorgten für ein paar empörte Blicke der festlich gekleideten Gäste.

Als ich nach der Pause wieder Platz genommen hatte, war mir klar, was ich tun würde, wenn sie gleich neben mir stehen würde: Ihren Sitz nach unten drücken und sagen „ ... bitte sehr... Ich hab schon Angst gehabt, dass Sie gar nicht mehr kommen würden..."

Doch sie erschien nicht mehr, der Platz neben mir blieb frei. Ich konnte es nicht fassen und war zu Tode betrübt. Da hatte mir das Schicksal eine wirklich reizvolle Frau angeboten wie auf einem Präsentierteller - und ich hatte es nicht fertig gebracht, einfach zuzugreifen.

Du bist aber auch der letzte Idiot!

Peter Steffens streute noch Salz in meine Wunden. „Die muss sich doch verarscht gefühlt haben von dir."

*Sicher, mein Verhalten musste sie reichlich gekränkt und verunsichert haben. Wahrscheinlich stand sie jetzt zu Hause vor dem Spiegel und heulte: Mich will keiner haben. Ich verfluchte mich und die gesamte menschliche Spezies: Warum war es nur so schwer, dem anderen zu sagen, dass man ihn mochte und gerne mal probieren würde, sich näherzukommen.*

*Die Salome interessierte mich nicht mehr, und als ich in Curts Firmenwagen mit nach Tegel fuhr, um dort zu übernachten, war ich außerordentlich schweigsam. Bärbel saß vorn, Peter Steffens, der noch auf ein Glas Rotwein mitkommen wollte, hinten neben mir.*

*„Du hast dein Glück wirklich mit Füßen getreten", sagte er zu mir. „Wenn ich neben der gesessen hätte, dann..."*

*Ich wurde aggressiv. „Hör auf, Mann. Wahrscheinlich ist sie nur gegangen, weil sie Angst gehabt hatte, wir beide könnten unsere Plätze tauschen."*

*„Kann man nicht irgendwie die Adresse rausbekommen?" fragte Bärbel.*

*„Wie denn? Soll ich 'ne Anzeige aufgeben: Die unbekannte Sie, die in der Salome neben mir gesessen hat, melde sich bitte unter Chiffre HB bei mir!"*

*„Warum nicht?"*

*„Quatsch!" rief ich, fragte mich aber im Stillen, ob das nicht doch eine Möglichkeit wäre. Denn immer wieder hallte es in mir: „Ich bin verliebt in deinen Leib." Für eine Nacht voller Seligkeit, wie es auf einer der Operetten-Platte seines Vaters hieß, sollte sich die Mühe schon lohnen. Nein, keine Anzeige. Die Wahrscheinlichkeit, dass sie die las, ging gegen Null. Und außerdem: Eine zweite Chance gab mir das Schicksal nicht. Lass alle Hoffnung schwinden.*

*Müde und deprimiert stieg ich in der Marzahner Straße die Treppe zu Tante Marthas Wohnung hinauf. Missmutig zog ich meinen Mantel aus und ging ins Wohnzimmer.*

*Da saß die Schöne aus der Oper am Esszimmertisch und lächelte.*

*Ich prallte zurück und stand da wie plötzlich schockgefrostet. Nicht einmal der Gedanke schoss mir durch den Kopf, dass ich nun verrückt geworden sei. Hinter mir brandete Gelächter auf.*

*Sie hieß, wie sich herausstellen sollte, Annemarie, wurde nur Miezi genannt, und war eine alte Freundin Bärbels, die das alles eingefädelt hatte. Einmal, um mich nun endlich zu erlösen und unter die Haube zu bringen, wohl aber auch aus der stillen Lust der Kupplerin heraus, vor allem aber wohl, um Miezi von ihrem Verlobten Leo abzubringen, den sie für einen Bauerntölpel hielt. Beide, Bärbel und Miezi, hatten in der DDR gemeinsam ein christliches Internat besucht und waren Mitte der 50er Jahre in den Westen gegangen, Bärbel nach Berlin, Miezi nach Köln. Nun war Miezi auf der Flucht vor Leo nach Berlin gekommen und hatte hier bei einem Internisten in Wilmersdorf eine Stelle als MTA gefunden.*

*Ich war hin und her gerissen. Natürlich war Miezi eine Perle, und ich konnte mich glücklich schätzen, ihr schon so nahe zu sein. Bärbel hatte sie gedrängt, uns gleich zu duzen. „Das tun doch alle hier." Nach der ersten Flasche Rotwein hatten wir ihrem Drängen nachgegeben. Der erste Kuss war von einem großen Hallo begleitet gewesen. Andererseits hörte ich auch die Stimmen vieler anderer: Da hat er's nicht mal selber geschafft, 'ne Frau zu finden, die musste ihm Bärbel auch noch besorgen. Oder war das meine eigene Stimme, und ich schob die anderen nur vor? Wie auch immer, ein Störgefühl blieb. Andererseits, was wusste ich schon von Karma und Prädetermination. Der Mensch denkt, Gott lenkt. Und der konnte sich dabei durchaus Bärbel als Medium oder Instrument ausgesucht haben, wer wollte das wissen. Es war auch müßig, danach zu fragen: Miezi versprach vielerlei Genüsse.*

*Am Montag traf ich mich mit ihr in einem China-Restaurant gegenüber der Gedächtniskirche. Während sie ihre herrlich gebräun-*

te Kanton-Ente aß, sprach sie von der Schwierigkeit, die Patienten dahin zubringen, ihre Kotproben in die vorbereiteten Holzschächtelchen zu füllen.

„Du kannst dir gar nicht vorstellen, mit welchen Behältnissen sie damit in die Praxis kommen."

„Schade, dass ich kein Kot-lett auf dem Teller habe", sagte ich und verwies darauf, dass ich kein Koprophage sei, dem man mit solchen Schilderungen wie der ihren eine ganz besondere Freude machen würde.

„Was bist du nicht?"

Ich begann zu dozieren. „Koprophagie, griechisch, Kotessen, schwere Perversion, tritt auf bei defekten Schizophrenen, vereinzelt auch bei Tieren, denen es an Vitaminen mangelt, und die ihren Bedarf durch Kotessen decken wollen. Herr Ober, könnte ich bitte einen Orangensaft haben."

Sie fand mich amüsant und legte nun erst richtig los: „Ja, was soll ich, nach diesem Wetterschlag, / Der unter mir den Grund zerreißt, beginnen? / Mir ruht der Vater, mir die teure Mutter, / Im Grab zu Amsterdam; in Schutt und Asche / Liegt Dortrecht, meines Hauses Erbe..."

„Ich denke, du kommst aus Bernburg/Saale...?"

„O Gott, das eben war die Natalie aus dem Prinz von Homburg." Sie gestand mir, dass sie einem Charlottenburger Amateurtheater angehörte, wo man das große Kleist-Stück gerade probte. „Und wenn ich genügend Geld gespart habe, geh ich zur Schauspielschule."

Ich fand sie immer reizvoller. Eine Schauspielerin zur Frau zu haben, musste etwas Wunderbares sein. Wenn man dann zu Freunden, Shmuel beispielsweise, lässig sagen konnte: „Du, ich kann heute nicht, Miezi hat ihre Premiere im Schiller-Theater." Meine Miezi als Diva gefeiert, seine Verlobte als Fremdsprachensekretärin gefeuert, das hätte ihn ein wenig vom hohen Ross heruntergebracht.

*Anschließend gingen wir ins Kino. Im Zoo Palast gab es immer noch ‚Er kanns nicht lassen‘ mit Heinz Rühmann in der Hauptrolle, aber nicht den wollte Miezi sehen, sondern Grit Böttcher und Ruth Maria Kubitschek. Mir war es total egal, was vorne auf der Leinwand flimmerte. Bald hatten sich unsere Hände gefunden, und als meine Finger dann auf Entdeckungstour gingen, schnurrte sie leise.*

*Alles kam, wie es kommen musste, und als wir in ihrem Hausflur in der Leibnizstraße standen, hielt ich sie schon in den Armen, bevor sie das Licht anmachen konnte. Beide begannen wir gerade zu stöhnen, als die Lampe an der Decke explosionsartig aufflammte und jemand ganz in unsere Nähe kräftig hustete.*

*In einer Nische stand ein Mann von stattlicher Statur und einem Pferdegesicht à la Fernandel.*

*„Leo!“ schrie Miezi.*

*Ich ließ sie los und machte mich darauf gefasst, in den nächsten Sekunden fürchterlich zusammengeschlagen zu werden.*

*„Was willst du hier?“ fragte Miezi.*

*„Dich zurückholen nach Köln.“*

*Ich musste trotz meiner Angst innerlich ein wenig feixen, denn Leo, als Techniker im Straßenbau beschäftigt, war in der Tat der Bauerntölpel, als den Bärbel ihn beschrieben hatte, und für mich bestand nicht der geringste Zweifel, dass Miezi ihn abblitzen lassen würde. Da war ich doch von ganz anderem Kaliber.*

*„Mich zurückholen nach Köln?“ fragte Miezi zurück.*

*„Ja, ich liebe dich doch so sehr. Verzeih mir, wenn ich...“*

*Das klang so nach schlechtem Film, dass ich es kaum glauben mochte. Gleich würde Miezi loslachen und Leo zum Teufel jagen...*

*Doch Miezi tat das nicht, sondern lief auf Leo zu und ließ sich von ihm auffangen und mehrmals herumwirbeln. Dann folgte ein langer und sehr inniger Kuss.*

*Ich schlich mich auf die Straße hinaus und lief davon.*

Meine erste große Liebe war Eva, damals Boden-Stewardess bei der PANAM. In ihrer taubenblauen Uniform sah sie umwerfend aus. Sie war die beste Freundin von Shmuels Verlobter, und bei dieser Verlobungsfeier habe ich Eva kennengelernt. Sie hatte ein eigenes Auto und hat mich anschließend nach Hause gefahren. Meine Eltern waren begeistert von ihr, eine idealere Schwiegertochter gab es nicht für sie. Sie lebte in Scheidung und hatte einen süßen dreijährigen Sohn ... Ich hatte meine Siemens-Lehre beendet und gerade angefangen, Soziologie zu studieren. Für meine Mutter war die Sache ganz einfach. *„Du gehst wieder zu Siemens zurück, ihr heiratet und werdet eine glückliche Familie."* Ich hatte mich wie immer schnell entschlossen zu zögern. Und während ich dies tat, lernte Eva am Schalter in der Tempelhofer Abflughalle einen schwerreichen Bankier kennen. Ich hatte das Spiel verloren, und mit meiner alten Luftdruckpistole ließ sich nicht einmal Selbstmord begehen ...

Jahre später wurde es auch mit einer anderen Eva nichts, Eva Renzi. Das Offizielle über sie kann man im Internet nachlesen:

*Eva Renzi (\* 3. November 1944 in Berlin als Evelyn Hildegard Renziehausen; † 16. August 2005 ebenda) war eine deutsche Schauspielerin.*

*Eva Renzi war die Tochter eines Dänen und einer Französin. Nachdem sie sich zunächst als Model, Hostess und Telefonistin den Lebensunterhalt verdient hatte, nahm sie Schauspielunterricht und spielte ihre ersten Rollen am Theater. Später trat sie auch in zahlreichen Filmen in Deutschland, der Schweiz, Frankreich und den USA auf.*

*Regisseur Will Tremper entdeckte sie für den Spielfilm und gab ihr 1966 die Hauptrolle in Playgirl, mit der sie als neues Glamourgirl in Deutschland berühmt und als Mischung aus Ingrid Bergmann und Julie Christie gefeiert wurde. Auch Hollywood wurde aufmerksam und so spielte sie 1967 in Finale in Berlin (Funeral in Berlin) an der Seite von Michael Caine.*

Wir hatten lange Zeit im selben Neuköllner Kiez gelebt und besuchten mit vielen Emotionen die Stätten unserer Kindheit, wanderten auch gern gemeinsam durch die Mark Brandenburg. Kennengelernt hatten wir uns bei der *CRIMINALE* 1989, deren Schlussfeier im Literarischen Collegium Berlin (LCB) am romantischen Ufer des Wannsee stattfand. Eva wollte gern, dass ich nach der Trennung von meiner Frau das alte Leben in Berlin und meine Professorenstelle sausen lasse und mit ihr in ihr Haus in St. Tropen ziehen sollte, dies auch weil dort ein tüchtiger Heimwerker gebraucht wurde, und ein solcher war ich. Wieder zögerte ich – und dann lernte ich Heike kennen und lieben.

Viele gute alte Freundinnen im oben erwähnten weiteren Sinne, gerade aus dem Krimibereich wie etwa Claudia Puhlfürst, Franziska Steinhauer, Petra Gabriel und Astrid Vehstedt, meine Nachfolgerin im Vorsitz des Berliner Schriftstellerverbandes, habe ich nun vergessen, sorry, ebenso Helga und Uta Gerhardt und Jacqueline Müller-Nordhorn, meine kriminalliterarische Ziehtochter, aber ohne eine richtige Anekdote, geht es halt nicht. Ebenso ist es bei einigen weiteren guten Freunden wie etwa Matthias Rick. Tut mir leid ... Hoffen wir auf eine fetzige Anekdote für die „zweite, ergänzte Auflage".

# VI. Wie man durch Lehrzeit, Studium und Lehre kommt

Erlernt habe ich in den Jahren 1957-1960 bei der Siemens & Halse AG den Beruf des Industriekaufmanns. Ich sage immer, dass sei vom Gefühl her meine Zeit im Gefängnis gewesen, aber andererseits hätte ich ohne die Zeit bei Siemens und die dort gesammelten Erfahrungen und Erkenntnisse nie meine Doktorarbeit schreiben können, die dann unter dem Titel *Grundzüge einer Soziologie der Industrieverwaltung* als Sachbuch erschienen ist und von Klaus Türk zu den *Hauptwerken der Organisationssoziologie* gezählt worden ist. Von daher schulde ich dem Hause Siemens einigen Dank! Gerade in der Sekunde, in der ich das schreibe, kriecht ein Marienkäfer über die Tastatur meines Computers. Wenn das keine Bestätigung dafür ist, dass Siemens ein Glücksfall für mich war! Nach dem Abitur hatte ich mich bei der Bewag, dem damaligen West-Berliner Stromerzeuger, der BVG und der Deutschen Bundespost beworben. Die Berliner Elektrizitätswerke AG wollte mich nicht, die BVG auch nicht, obwohl ich wahrscheinlich schon damals mehr von Straßen- und U-Bahnen verstand als ein Großteil ihrer Aufsichtsratsmitglieder, und die Post wollte mich nur nehmen, wenn ich als Inspektorenanwärter in Tübingen in ihre Dienste treten wollte. Die „Frontstadt" verlassen, nein, das wäre Fahnenflucht gewesen! Also blieb nur Siemens. Auf diese Adresse war ich durch Onkel Erich gekommen, Tante Marthas Mann und Curts Großvater, einem altgedienten Siemens-Ingenieur. Bei Siemens war die schriftliche Aufnahmeprüfung schwerer als das Abitur, ich glänzte nicht gerade, wurde aber immerhin zur mündlichen Prüfung zugelassen. Bei der schienen mir schon in den ersten Minuten die Felle davonzuschwimmen, ich kam einfach nicht ins Spiel. Ein Beispiel: *„Herr Bosetzky, Sie haben uns eben gesagt, dass Sie sich in der Geschichte der deutschen Elektroindustrie gut auskennen würden – wer war denn der Begründer der AEG?"* – *„Na, Walther Rathenow."* – *„Wirklich?"* – *„Ja."* - *„Interessant. Eigentlich hieß er Rathenau und kam nicht einmal aus Rathenow an der Havel, sondern aus Berlin."* – So ging das eine Weile weiter, und ich spürte deutlich, dass ich zum Abschuss freigegeben war. Zum Schluss gab es eine Kopfrechenaufgabe, und nichts fürchte ich mehr als das (siehe oben). Schon nach wenigen Sekunden kann ich dem Siemens-Oberen nicht mehr folgen. *„Herr Bosetzky, Sie sind Mitarbeiter einer Schokoladenfabrik und sollen den Endpreis einer Tafel Schokolade festlegen. Sie kaufen Kakao für 5.000 DM ein, Zucker für 1.000 DM und Vanille für 500 DM."* Es werden mir noch die in Rechnung zu stellenden Lohnkosten, Abschreibungen und Ähnliches genannt, Zahlen über Zahlen. *„Wenn Sie von 10 Prozent Skonto ausgehen, von 30 Prozent Rabatt für die Großkunden und 15 Prozent Rendite für Ihr eingesetztes Kapital – was muss da eine Tafel Schokolade im Laden kosten?"* Ich bin völlig hilflos und total überfordert und habe nicht einmal mehr die Kraft, den Preis zu erraten. Um wenigstens einen fröhlichen Abgang zu haben, lache ich und sage: *„Keine Ahnung, was die Tafel kosten soll, aber ich will ja bei Siemens anfangen, um den Leuten Turbinen zu verkaufen und keine Schokolade."* Das wertete man als Chuzpe – und ich durfte am 1. April 1957 als Lehrling im Hause Siemens anfangen (Konzern zu sagen, war streng verpönt).

Bald aber schon war ich nahe daran, wieder gefeuert zu werden (wie aber alle meine Mit-Lehrlinge auch). Wir waren sogenannte Stammhauslehrlinge, also alles junge Männer mit dem berühmten Marschallstab im Tornister (junge Frauen gab es damals in dieser Siemens-*Premier League* nicht). Und das kam so … Wir haben immer am Mittwoch den ganzen Tag über und am Freitag ab 13 Uhr Unterricht in der Werkschule, die sich in den Räumen der Siemens-Hauptverwaltung am Nonnendamm befindet. Zu den übrigen Zeiten sind wir auf die einzelne Werke und Abteilungen verteilt, um dort in den Werkstätten und Büros die Praxis kennenzulernen. Nun sind in der Werkschule wie an allen anderen Berliner Schulen Sommerferien angesagt. Schlaue Köpfe unter uns schreien Hurra. *„Das wissen die an unseren Ausbildungsplätzen nicht, und wir sagen ihnen am Dienstag, dass wir am nächsten Tag wieder in die Werkschule müssen, gehen aber dafür baden oder bleiben im Bett."* Ich mache keines von beiden, sondern paddele mit meinem Mit-Lehrling Wolfgang Witt im Faltboot von Schmöckwitz aus um die Müggelberge. Fröhlich rücken wir dann am nächsten Morgen wieder an, ich setzte mich an meine Werkbank in der Fertigung von Telefonapparaten und nehme fehlerhafte Stücke auseinander, um bestimmte Stoffe weiterzuverwenden. Tritt der Meister, Ziegenhals heißt er, an mich heran. *„Na, Herr Bosetzky, wie war es gestern in der Werkschule?"* – *„Wie immer."* – *„Ah, und darum haben Sie so einen schönen Sonnenbrand im Gesicht? Sofort zum Ausbildungsleiter!"* Dort wurden wir dann alle fürchterlich „zusammengeschissen", wie das in der Komiss-Sprache damals hieß. *„Eigentlich sind Sie alle entlassen, meine Herren, denn solche Schwänzer und Betrüger wie Sie kann das Haus Siemens nicht* *gebrauchen. Aber da wir schon so viel in Sie investiert haben, soll es noch einmal heißen: Gnade vor Recht, und Sie sollen sich bei uns bewähren dürfen ... Sie stehen also unter besonderer Beobachtung."*

Es ging also weiter. Ich war in Berlin eine Weile im Vertrieb von Fernsehapparaten und dann im Hausgerätewerk draußen in Gartenfeld. Dort bin ich besonders ins Schwitzen gekommen, denn in der Kalkulation saßen wir im ersten Stock eines Flachbaus, über uns ein schwarz geteertes Dach, unter uns eine Trafostation, die eine gewaltige Hitze ausstrahlte. Meine Leistungen war so, dass der Werksleiter bei meinem Anblick murmelte: *„Da ist ja die Niete unter unsrer Siemens-Elite."* Dieses im Ohr frage ich heute immer wieder: *„Warum geht es der Firma Siemens heute so blendend?"* Antwort: *„Weil ich damals nach der Lehre nicht dort geblieben bin."*

Vorher aber habe ich bei Siemens noch Gutes getan. Den zweiten Teil meiner Lehrzeit durfte ich nämlich in der Zweigniederlassung (ZN) Hannover verbringen, und die Leute waren da viel, viel lockerer als im postpreußischen Berlin. Zwei Beispiele: In der ZN hatten wir einen Friseur, bei dem man sich während der Arbeitszeit die Haare schneiden lassen konnte (Logik: Sie wachsen ja auch am Arbeitsplatz!). Und in der Kantine gab es einmal Spinat mit zwei Spiegeleiern und einem lautstarken Zuruf einer Sekretärin gerichtet an meinen Praxisanleiter: *„Herr Lampe, darf ich Ihnen ein Ei abtreten!?"* Gelernt habe ich auch, was richtige PR ist, und ich war in eine Kampagne eingespannt, in der es galt, einen jungen No-Name-Schlagersänger nach oben und seine erste Platte unter die Leute zu bringen. Seine Name: Udo Jürgens. Es durfte auch viel gelacht werden. Einmal gelang es einem Vertreter, einer Blinden einen teuren Fernseher zu verkaufen, und das erboste Schreiben ihres Sohnes löste Lachsalven aus.

Wie auch immer, Hannover half mir, die Siemens-Abschlussprüfung in Erlangen mit einer 2+ zu bestehen. Man war so fair, mir diese Note zu geben, obwohl ich der Firma vorher mitgeteilt hatte, dass ich fortan zu studieren gedachte.

Der Schlussgag: Nach einer Lesung in der Buchhandlung SoSch in Neukölln, es muss so um 2007 gewesen sein, kommen eine Dame und ein Herr zu mir und stellen sich vor. *„Wir sind von Siemens und gerade dabei, nach 50 Jahren die alten Unterlagen der Werkschule zu schreddern. Da sind wir auch auf Ihre Akte gestoßen."* Man überreicht sie mir. Und da erfahre ich, dass ich 1957 nur weit hinten auf der Nachrückerliste gestanden habe und nur durch viele, viele Absagen zu meinen Platz bei Siemens gekommen bin ...

Da soll man nun kein gläubiger Mensch („Dein Wille geschehe!") oder ein Anhänger der Prädestinationslehre werden: Dass alles der Vorherbestimmung unterliegt, das Drehbuch unseres Lebens schon geschrieben ist, möglicherweise bereits mit dem Akt der Zeugung beginnt, und wir dann nur noch bloße Schauspieler auf der Bühne des Lebens sind und nachspielen, was uns vorgegeben ist. Shakespeare muss das auch gedacht haben, wenn er in *Wie es euch gefällt* sagen lässt: *„Die ganze Welt ist Bühne und alle Frauen und Männer bloße Spieler, sie treten auf und gehen wieder ab."* Und das muss ja überaus gewichtig sein, denn was sagt James Joyce über ihn: *Nur Gott ist größer als Shakespeare.*

*„Horst, was willst du denn eigentlich studieren?"*

*„Weiß ich nicht ..."*

Das hatte ich in den letzten Wochen vor dem Abitur gesagt, und darum hatten mich meine Eltern ja in eine Lehre gegeben. Drei Jahre hatte ich nun Zeit, das richtige Studienfach zu finden. Gegen alles gab es zunächst einen Einwand von Seiten meiner Eltern oder meiner Freunde.

*„Vielleicht Theaterwissenschaft ...?"*

*„Da bist du doch nicht intellektuell genug dafür, und schwul bist du auch nicht."*

*„Dann Geschichte, da habe ich mich schon in der Grundschule für interessiert."*

*„Ja, aber du kannst nicht richtig Latein, und beim Hochdeutschen bist du auch schon beim Hildebrandslied steckengeblieben: Ik gihorta dat seggen ..."*

*„Vielleicht aufs Lehramt: Sport, Geschichte und Erdkunde."*

*„Das schmink' dir mal ab: In Turnen hast du immer eine Fünf gehabt, und frei zu sprechen, fällt dir immer schwer."*

Ich weiß nicht wie, aber schließlich bin ich auf die Soziologie gekommen. Wahrscheinlich, weil da im FU-Studienführer so etwas stand wie: Soziologie ist eine Wissenschaft, die sich mit der empirischen und theoretischen Erforschung des sozialen Verhaltens befasst. Und alles, was mit „sozial" zusammenhing, hatte mich schon immer fasziniert – bis hin zur Sozialdemokratie.

*„Was willst du denn später mit Soziologie anfangen!?"*, rief meine Mutter. *„Taxifahrer werden! Aber du hast ja nicht mal einen Führerschein."*

Ich Traumtänzer belegte also Soziologie als Hauptfach und Psychologie, Betriebs- und Volkswirtschaftslehre im Nebenfach. Die letzten beiden Fächer, weil ich dachte, durch meine Siemens-Lehre schon besondere

Vorkenntnisse zu haben. Politologie wäre sinnvoller gewesen, ging aber wegen der Vorgaben nicht. Ich hätte bei Hermann Broch in seiner Romantrilogie *Die Schlafwandler* mitspielen können.

Ich kaufte mir das *Fischer-Lexikon* Soziologie, verstand aber kaum einen Satz, den sie dort abgedruckt hatten, und verfiel als Neuköllner Hinterhofkind auch im Hörsaal in tiefe Verzweiflung als ich Sätze hörte wie: „*Ein entscheidender Vordenker der Wissenssoziologie war Georg Wilhelm Friedrich Hegel, der die gesellschaftliche Konstruktion um die Dialektik von Bewusstsein und Wirklichkeit bereichert hat. Nach Hegel können Gedanken die Wirklichkeit verändern. Seine Rechtsphilosophie steigert sich zu einer Utopie, in der die Geschichte eine Geschichte der Verwirklichung der reinen Rationalität oder des objektiven Geistes ist, der sich wiederum als Staat materialisiert. Die Wirklichkeit ist für ihn daher keine Faktizität.*" Gott, das würde ich nie begreifen können! Wir hatten den Faust in der 13. Klasse durchgenommen, und da denke ich nur noch: *Mir wird von alledem so dumm, als ging mir ein Mühlrad im Kopf herum.*

Erst mit meinem späteren Doktorvater Otto Stammer und seinen Vorlesungen über betriebssoziologische Themen bekam ich dann wieder etwas Boden unter die Füße. Bei *Wikipedia* findet sich über ihn folgender Eintrag:

*Otto Stammer (\* 3. Oktober 1900 in Leipzig; † 12. September 1978 in Berlin) war ein deutscher Soziologe.*

*... Studium des Öffentlichen Rechts, der Volkswirtschaftslehre, Geschichte, Soziologie, Philosophie, Pädagogik und Zeitungskunde 1920–1924 in Leipzig und Berlin ( ... ) Stammer arbeitete dann bis 1931 journalistisch und erwachsenenpädagogisch, bis er 1932*

*das Bildungssekretariat des SPD-Bezirks Mittelschlesien über-*
*nahm. 1933 wurde er aus politischen Gründen vorübergehend in-*
*haftiert und bildete sich danach als Arbeitsloser bis 1937 fort.*
*Von 1937 bis 1948 war er Manager in verschiedenen Positionen*
*in der pharmazeutischen Industrie und 1948-49 Redakteur und*
*Dozent in Leipzig. Er habilitierte sich 1949 für Soziologie an der*
*Freien Universität Berlin. Dort wurde er 1951 Außerordentlicher*
*und 1954 Ordentlicher Professor für Soziologie und Politische*
*Wissenschaft und Mitbegründer des Institutes für Soziologie. Als*
*seinerzeit führender deutscher Vertreter der Politischen Soziologe*
*wurde er 1965 emeritiert.*

*1959-63 war Otto Stammer Vorsitzender der Deutschen Ge-*
*sellschaft für Soziologie.*

Warum nun hatte sich mein Gesicht bei Otto Stammer
besonders eingeprägt? Als er 65 Jahre alt wird, veranstalten wir, wie das damals so üblich ist, einen Fackelzug für
ihn. Es geht vom Breitenbachplatz zu seiner Wohnung
in der Markobrunner Straße 24. Ich werde von der
Menge rein zufällig genau vor seine Haustür gespült.
Erst sieht er uns vom Fenster zu, dann kommt er nach
unten. Alle möglichen Leute reden nun eine ganze Stunde lang, und während dieser ganzen langen Zeit steht er
mir auf dem Bürgersteig auf Armeslänge gegenüber, im
wahrsten Sinne des Wortes also face-to-face. Das ist der
Grund, sage ich immer wieder, dass ich später beim ihm
für meine Dissertation die Bestnote bekomme.

Die andere Persönlichkeit an der FU, die für mein
Schicksal entscheidend war, hieß Renate Mayntz. Ich
werde den Augenblick nie vergessen, als sie einen der
großen Hörsäle in der Garystraße betritt. Wir hatten zur
Vorlesung „Organisationssoziologie I" im Grundstudi-

um eine ältliche graue Maus von wissenschaftlicher Oberrätin erwartet – und nun erschien eine junge und überaus ansehnliche Dozentin. „Wow!" hätten wir gerufen, wenn es dieses Wort schon gegeben hätte. Auch hier greife ich auf *Wikipedia* zurück:

*Renate Mayntz (\* 28. April 1929 in Berlin als Renate Pflaum) ist eine deutsche Soziologin und emeritierte Direktorin des Max-Planck-Instituts für Gesellschaftsforschung ( ...) Nach ihrem Abitur 1947 in Berlin studierte Mayntz ab 1950 am Wellesley College (USA). 1953 wurde sie an der FU Berlin bei Otto Stammer zum Dr. phil. promoviert. ( ... ). 1957 habilitierte sie sich an der FU Berlin. ( ... ) ... von 1959 bis 1960 war sie Visiting Assistant Professor an der Columbia University, New York und von 1960 bis 1965 dann als Privatdozentin und Professorin an der Freien Universität Berlin tätig. Von 1965 bis 1971 war Mayntz dort Ordinaria für Soziologie und zudem von 1966 bis 1970 Mitglied des Deutschen Bildungsrates. ( ... ) Mayntz war Mitglied der Projektgruppe Regierungs- und Verwaltungsreform, welche unter Anderem Vorschläge für eine Reorganisation der Bundesregierung, inklusive einer Neuordnung der Geschäftsbereiche der Bundesministerien, erarbeiten sollte. Zwischen 1970 und 1973 war sie Mitglied der Studienkommission für die Reform des öffentlichen Dienstrechts ...*

Ich studiere nun mit lauwarmen Bemühen und bin stets nur bestenfalls im Mittelfeld zu finden. Warum nicht mit heißem Bemühen? Weil mich inzwischen eine Sucht gepackt hat, die mich bis heute nicht loslässt: die Schreibsucht. Anstatt in Proseminare zu gehen und kluge Referate zu halten, sitze ich an meinem ersten (und nie gedruckten) Roman, Titel: *Irgendwann, irgendwo, irgendwie.*

Semester um Semester vergeht, ich drohe zum ewigen Studenten zu werden. Aber irgendwie reiße ich mich zusammen und schreibe meine Diplomarbeit über die Industriebürokratie. Gebunden wird sie im Oskar-Helene-Heim, da wo mein Vater 1948/49 mit seiner Hüftgelenk-Tbc gelegen hat. Ich werde zur mündlichen Prüfung zugelassen. Zu der treten wir alle im schwarzen Anzug und mit silberner Krawatte an.

Zuerst liegt die Allgemeine Soziologie an, der Prüfer ist Prof. Ludwig von Friedeburg, Sohn jenes Generaladmirals Hans-Georg von Friedeburg, der im Mai 1945 Mitunterzeichner der deutschen Kapitulationsurkunden gewesen ist. Als Thema habe ich Max Weber angegeben, und dahin zielt auch seine Frage, die für mein Bestanden oder Nichtbestanden entscheidend ist.

*„Herr Bosetzky, ich gehe also davon aus, dass Max Weber eine echte Kausalität zwischen Protestantismus und Kapitalismus behauptet ..."*

*„Nein, Herr von Friedeburg, das ist alles etwas schwammig, und Weber behauptet lediglich eine Erhöhung der Wahrscheinlichkeit der Entstehung eines modernen Kapitalismus beim Zusammentreffen bzw. -wirken von Kapitalismus und Berufsethos beziehungsweise der innerweltlichen Askese."*

*„Aber nein doch, Herr Bosetzky!"* Damit will er mir den entscheidenden Minuspunkt geben.

Da mischt sich der Assistent ein, der das Protokoll zu führen hat, Wolfgang Schluchter, später Professor in Heidelberg.

*„Herr von Friedeburg, wenn ich Ihnen widersprechen darf: Der Kandidat hat vollkommen recht."*

Da zeigt Ludwig von Friedeburg, später noch Kultusminister in Hessen, echte innere Größe, gibt Schluchter und mir recht und schickt mich mit einer Zwei aus dem Raum. (Ein spätes Dankeschön noch!)

Ich war mit der Gewissheit von Neukölln zur FU hinausgefahren, mit Pauken und Trompeten durchzufallen – und nun schien das Wunder von Dahlem greifbar nahe zu sein.

Psychologie, Betriebswirtschaftslehre und Volkswirtschaftslehre schaffe ich mit Anstand, kommt noch die Organisationssoziologie. Da prüft mich Renate Mayntz, und ich habe das Gefühl, durchaus keine Glanzleistung abgeliefert zu haben. So falle ich aus allen Wolken, als sie nach der Prüfung auf mich zukommt und fragt: *„Können Sie sich vorstellen, Assistent bei mir zu werden?"*

*„Ja, natürlich, herzlichen Dank!"*

Wie nennt man das in der Philosophie, wenn jemand ein Ziel erreicht, das er gar nicht ins Auge gefasst hatte? Ich suche im Internet und finde nichts darüber. Wer sich immer nur treiben lässt, was ist mit dem, wenn er nach oben gespült wird? Ich wollte mir nur das „Diplom-Soziologe" auf die Visitenkarte drucken lassen, nichts weiter. Nun muss ich wissenschaftlicher Assistent sein und eine Doktorarbeit schreiben. Immer wieder zitiere ich den von mir hochgeschätzten Schriftsteller Georg Hermann mit einem Satz aus seinem Biedermeier-Roman *Jettchen Gebert*: *„Und alles kam, wie es kommen musste, alles, wie es kommen musste."* So lerne ich am Lehrstuhl Mayntz auch meine erste Frau kennen, die dort als Sekretärin arbeitet. Sie wohnt bei ihrer Mutter direkt neben dem Soziologischen Institut in der Babelsberger Straße. Es ist die wilde chaotische Zeit an der FU, und der Hausmeister ist angewiesen, sofort die Polizei zu alarmieren, wenn es Anschläge auf die Gebäude und andere vandalistische

Akte geben sollte. Da kommen wir einmal spätabends von einer Party zurück und ich habe tierische Bauchschmerzen. Bis zu ihr auf die Toilette schaffe ich es nicht mehr, mir bleibt nichts weiter übrig, als mich in den Vorgarten des Instituts zu hocken. Da kommt der Hausmeister mit seinem Hund aus der Tür ... Der Hund schlägt an, doch der Mann übersieht mich. Thornton Wilder fällt mir ein: *Wir sind noch einmal davongekommen.*

Zu dieser Zeit bin ich dabei, für den Reader *Bürokratische Organisation*, den Renate Mayntz bei *Kiepenheuer & Witsch* in der Reihe Neue Wissenschaftliche Bibliothek herausgeben will, eine Vielzahl von Texten aus England und den USA ins Deutsche zu übersetzen. Da taucht nun in einem der Aufsätze der Begriff *brown nosing* auf. Ich finde in keinem der vorliegenden Wörterbücher eine brauchbare Übersetzung. (Heute übersetzt es Google auch nur unsinnig mit „braun Kantenschutz".) Ich frage Renate Mayntz – sie überhört meine Frage, die Nase leicht rümpfend. Als ich die amerikanische Botschaft anrufe, legt man dort auf. Schließlich erwische ich auf dem Campus in Dahlem einen amerikanischen Gastprofessor, der perfekt Deutsch spricht, und schildere ihm mein Problem. Er lacht. „*Gott, wie holt sich denn ein Mensch eine braune Nase?*" – „*???*" – „*Na, indem er anderen in den Arsch kriecht!*" Ich überlege lange, ob ich *brown nosing* mit „Radfahren" (nach oben buckeln, nach unten treten) übersetzen soll oder mit „Arschkriecherei"? Ich entscheide mich für das A-Wort, mein Rechtschreibprogramm unterkringelt das aber auch heute noch rot, im *Wikiwörterbuch Wiktionary* finde ich das Pfui-Wort jedoch, sogar mit einem Hinweis zur richtigen Aussprache und erfahre auch etwas von seiner Bedeutung:

_vulgär: Vorgang, bei dem man sich jemandem gegenüber unter-_
_würfig verhält, um Vorteile erreichen oder nutzen zu können._ –
Da kann man einmal sehen, wie progressiv ich 1968
gewesen bin.

Renate Mayntz ist mit meinen Übersetzungen sehr
zufrieden, obwohl mein Englisch, das Amerikanische erst
recht, ja bestenfalls mit 4-5 zu bewerten ist. Aber bei den
wissenschaftlichen Übersetzungen kommt es vor allem
darauf an, etwas vom Fach zu verstehen, was ich tue, und
dazu, die passenden deutschen Worte und den richtigen
Sprachrhythmus zu finden, was ich mühsam lerne. Soweit
schön und gut, kommt aber Renate Mayntz eines Tages
an meinen Schreibtisch. „_Sie haben doch von Pugh und Hick-_
_son ,A Conceptual Scheme for Organizational Analysis' über-_
_setzt?_" – „_Ja ..._" – „_Nun, Pugh kommt nach Berlin, und da ich_
_verhindert bin, möchte ich Sie bitten, ihn vom Flugplatz abzuho-_
_len._" – „_Spricht er Deutsch?_" – „_Nein, kein Wort._" O Gott,
wenn Mr. Pugh merkt, wie lausig mein Englisch ist, wird
er die Erlaubnis zur Übersetzung seines Textes zurückziehen – und alles fliegt auf! Um das zu verhindern, be-
schließe ich, krank zu werden ...

Als Assistent erlebe ich viel, so steht in jeder Lehrveranstaltung ein Bewegter auf und verliest eine Botschaft
gegen etwas, den Vietnam-Krieg zum Beispiel, oder für
etwas, eine deutsche Räterepublik zum Beispiel: „_Brecht_
_dem Schütz die Gräten – alle Macht den Räten!_" (Klaus Schütz
ist Regierender Bürgermeister.) Bei einigen gemeinsamen
Lehrveranstaltungen sitzt Rudi Dutschke vor mir, zumeist sehe ich ihn aber vor dem Hörsaalgebäude mit seinem Gretchen Hand in Hand auf einer Bank.

Trotz aller Demos und Sit-ins geht der Lehrbetrieb
weiter, und bei den Diplomprüfungen darf ich die wich-

tige Rolle des Protokollanden übernehmen. So lerne ich auch Größen wie Ossip Flechtheim kennen und fühle mich hochgeehrt, als er mich nach einer Prüfung fragt: *„Sagen Sie mal, ich war da so mit der Fragerei beschäftigt, wie war denn der Kandidat eigentlich, schlagen Sie doch mal eine Note vor ...“*

Der Rest meiner Zeit an der FU ist schnell erzählt, weil mir keine Anekdoten mehr einfallen.

Doch, eine noch. Mit meiner Doktorarbeit läuft es gut, aber bei der letzten Prüfung im Rigorosum scheint alles – für einige Zeit zumindest - den Bach hinunterzugehen. Im Jahre 1969 geht es an der FU schon sehr leger zu, und so soll ich mich zur mündlichen Prüfung in der Volkswirtschaftslehre um 15 Uhr im Zimmer von Prof. Dr. Erich Arndt einfinden. Ich habe dieses Fach nie richtig gemocht und wegen seiner vielen Mathematik und seines Modell-Fetischismus auch gefürchtet. Bei Arndt aber fühle ich mich gut aufgehoben, denn sein Schwerpunkt ist die Frage nach der Macht in der Wirtschaft, und da bin ich als Soziologe, der auch ein bisschen seinen Karl Marx gelesen hat, so einigermaßen zu Hause. Einen Protokollanden haben wir nicht, es geht auch so. Arndt fragt mich, was ich von der These *„Mächtige Wirtschaft gleich machtlose Politik“* hielte. Ich lege los, rede von Lobbyismus und Parteienspenden ... Da gibt es draußen auf dem Flur einen gewaltigen Knall. Wenig später dringt durch den Spalt zwischen Tür und Schwelle Wasser in Arndts Büro. *„Da müssen wir wohl alles abbrechen und die Flucht ergreifen“*, sagt er. Was war passiert? Protestierende Studenten hatten die Glastür, die zum Flur mit den Professorenbüros führte, abgeschlossen, die Drahtglasscheibe mit der Spritze eines Feuerwehrschlauchs durchstoßen und dann den Wasserhahn voll aufgedreht. In Arndt regt sich der Widerstandsgeist. „*Ich lasse mich doch von denen nicht kleinkriegen!*" Damit zieht er sich Schuhe und Strümpfe aus. Ich folge ihm, und so bringen wir die Prüfung doch noch zu Ende. Bis zum Hals hat uns das Wasser nicht gestanden, aber bis zum Knöchel schon.

Am 14. Juli 1969 verleiht man mir den „Grad eines Doktors der Wirtschafts- und Sozialwissenschaft (Dr. rer. pol.) mit dem Gesamturteil *cum laude*.

Was nun? Bei Frau Mayntz will ich nicht bleiben, weil sie das nächste Forschungsprojekt nicht mir anvertraut, sondern mir einen Wissenschaftler vor die Nase setzt, den ich gar nicht schätze. Zudem bin ich weniger für alles Theoretische, sondern bevorzuge mehr das Narrative. Ich weiß nicht, ob man von Wegloben spricht, aber sie sitzt ja im deutschen Bildungsrat, und da sucht ein Mitglied aus Bremen einen Fachmann für eine neu zu gründende *Kommission für Verwaltungsreform*. Frau Mayntz nennt meinen Namen, wenig später fliege ich zum Vorstellungsgespräch. Ich bin zwei Stunden vor dem angesetzten Termin in Bremen, kaufe mir am Flughafen einen Stadtführer und lerne so viel auswendig, dass mich der Herr Senatsrat Stahl schon meiner profunden Ortskenntnisse wegen nimmt. „*Wir stellen Sie gern ein, Herr Dr. Bosetzky*", sagt er beim Abschied. „*Wir brauchen aber dazu noch das Placet Ihrer künftigen Kollegen. Wenn die sie ablehnen sollten, dann wird das alles nichts.*" So gehe ich vor dem Rückflug nach Berlin noch in den „Alten Senator", wo drei gestandene Bremer auf mich warten. Sie fürchten einen abgehobenen Intellektuellen und sind dann froh, dass wir locker über den Fußball und ganz Alltägliches plaudern können. Zudem bin ich wie sie in der SPD. Wir trinken einen, und noch einen, und noch einen, und als ich dann die Gangway hinauf zur letzten Maschine nach Berlin eile, nehme ich, blau wie ich bin, drei Stufen auf einmal. Oben am Einstieg stehen zwei Stewardessen. Nun weiß ich von Eva, dass die dort nicht nur platziert sind, um den Passagieren ein fröhliches „*Willkommen an Bord!*" zuzurufen, sondern auch darauf zu achten, dass keine Betrunkenen zusteigen. Ich erschrecke, reiße mich zusammen und schaffe es bis zum meinem Sitz. Dort sinke ich hinein und in mich zusammen. Es ist stürmisch und der Flug wird eine einstündige Achterbahnfahrt. Normalerweise wäre ich vor Angst fast gestorben, heute aber genieße ich alles und juchze kindlich froh. In Tempelhof wird mir dann klar, dass ich meine junge Ehe ernsthaft gefährde, wenn ich in diesem Zustand zu Hause auftauche. Also setzte ich mich erst einmal zur Ausnüchterung in die Abflughalle und nicht in eine Taxe. Später dann nehme ich den 4er-Bus, weil das weiteren Zeitgewinn bringt.

Am 1. April 1970 gehe ich dann in Bremen an den Start. Ich hatte, wie eben erwähnt, schon geheiratet, und beim Umzug musste meine Frau jedes meiner 1.200 Bücher mit Autor, Titel, Verlagsort und Jahr mit der Maschine aufschreiben, sonst wären wir mit dem Umzugswagen nicht durch die DDR gekommen.

In Bremen nun bin ich mit Renate Mayntz in Kontakt geblieben und fungierte in der Projektgruppe Regierungs- und Verwaltungsreform bei allen Befragungen als ihr Statthalter. In regelmäßigen Abständen treffen wir uns zur Koordination in den Räumen der Uni Bielefeld, da sie auch Niklas Luhmann mit ins Boot geholt hatte.

Für mich gibt es in der deutschen Soziologie drei Götter: Karl Marx, Max Weber und Niklas Luhmann. Letzterer ist, finde ich, ein prächtiger Mensch, und als wir plaudernd in der Mensa sitzen, lege ich ihm dar, was ich an seiner Systemtheorie nicht so recht verstehe. Da schmunzelt er und sagt leise und nachdenklich: *„Lieber Herr Bosetzky, eine Theorie ist nur dann wirklich groß, wenn sie in ihrem tiefsten Grund von keinem verstanden wird, nicht einmal von dem, der sie in die Welt gesetzt hat."*

Drei Jahre Bremen ... Gibt es aus dieser Zeit nichts Anekdotenhaftes zu erzählen? Ich beginne nachzudenken. Das mit den Rollstühlen im Weserstadion hatten wir ja schon. Vielleicht, dass über der Gärtnerei am Osterholzer Friedhof geschrieben stand: *Hans Todt und Söhne*, und mein Arzt den schönen Namen Dr. Blut hatte. In der Kommission für Verwaltungsreform bekam ich jeden Morgen die Ausschnitte mit allen für den Senat und die öffentliche Verwaltung wichtigen Meldungen auf den Tisch, eines Tages auch einen Artikel über das Verbot, bakteriell verseuchte Hühner, Enten und Gänse nach Deutschland einzufliegen, Überschrift: *Bremer Flughafen für Geflügel gesperrt*. Der Flughafen ... Eines Tages lese ich, dass seine Landebahn viel zu kurz ist und eigentlich mittels einer Brücke über das Flüsschen Ochtum hinaus verlängert werden müsste, was aber die Naturschützer auf die Barrikaden brächte. Dieses im Kopf sitze ich in einer Maschine der British European Airways (BEA) und befinde mich im Anflug auf Bremen. Wegen starken Schneefalls können wir nicht landen und müssen Runde um Runde über den Bremer Vororten drehen. Unten sehe ich ein jedes Mal das Wohnhaus, in dem meine Frau und mein Sohn schlafen, beziehungsweise auf mich warten. Ich arbeite zu dieser Zeit schon bereits wieder in Berlin und fliege nahezu jede Woche ein. Meine Flugangst ist so groß, dass sie eigentlich behandlungsbedürftig wäre, aber ein Mann darf ja keine Memme sein. Dazu kommt, dass die *Super-One-Eleven*, in der ich sitze, meiner Meinung nach eine Fehlkonstruktion ist, bei jeder kleinen Turbulenz wilde Tänze vollführt und ständig abzustürzen scheint. Endlich setzen wir in Bremen auf, aber die Landebahn ist viel zu kurz und so glatt und rutschig, dass der Pilot nicht richtig bremsen kann. Und vor uns die Ochtum ... Wir bleiben im Schneewall stecken, den die Räumfahrzeuge aufgehäuft haben, und ich überlebe.

In Bremen machen sie eine Uni auf, eine „linke Kaderschmiede" wie die Rechte sie nennt. Der Gedanke, sich dort um eine Professur für Organisations- und Verwaltungssoziologie zu bewerben, liegt nahe. Ich tue es. Von 90 Bewerbern, erfahre ich, werden vier zum Hearing eingeladen. Ich trete also an. Die Berufungskommission findet uns so gut, dass sie aus der einen freien Stelle gleich zwei macht. Ich lande aber nur auf Platz drei bis vier. Warum, das erfahre ich später aus gut unterrichteten Kreisen: Man hatte in mir ein U-Boot von Hans Koschnick gewittert, in dessen Stab ich ja sitze. Das ist eine üble Unterstellung! Ich kannte den Bremer Bürgermeister nur, weil wir bei einer Betriebsfeier nebeneinander gepinkelt hatten und er meine Vorlagen stets vom Tisch gewischt hatte: „*Dieses Soziologen-Chinesisch lese ich nicht!*" Nun gut, wie sage ich Agnostiker immer: Der Herr hat es so gewollt. Die Nummer Eins auf der Dreierliste wird Rolf-Richard Grauhan, den ich überaus schätze, die Nummer Zwei aber ist für mich eine ziemliche Null, derjenige ist aber mit den maßgebenden Männern der Berufungskommission gut vernetzt und hat die richtige SDS-politische Einstellung. Man soll nie wieder von ihm hören ... *„Bosetzky, nicht wieder nachtreten! Keine weitere rote Karte!"* Okay. Grauhan kommt aus Konstanz nach Bremen, und ich treffe mich sogleich mit ihm, um ihm als Cicerone zu dienen und ihn mit den bremischen Eigenheiten vertraut zu machen. Bremen bekommt ihm aber nicht, zwei Jahre später begeht er Selbstmord. Den Grund weiß ich nicht, aber ich trauere noch heute um ihn. *„Vielleicht hätte ich ihm sagen sollen, dass es in Bremen fast so ist wie in Helsinki: Man übersteht die langen Winter nur, wenn man ordentlich trinkt."* Um nicht missverstanden zu werden und meine Bremer Freunde nicht zu verlieren: Ich liebe diese Stadt noch immer und treffe mich gern mit allen alten Bremern. Da sind vor allem Ingulf, mit dem ich in der besagten Kommission für Verwaltungsreform gesessen habe, der oben schon erwähnte Hansjoachim Tiefensee und Klaus-Dieter Fischer, der lange Zeit der eigentliche Macher von Werder Bremen war. Wir drei haben zusammen ein Sachbuch verfasst, das jahrelang an allen Verwaltungsfach- und Hochschulen als Standardwerk gegolten hat: *Soziologie - Eine Einführung für Angehörige des öffentlichen Dienstes.* In Bremen habe ich auch eine große empirische Untersuchung der öffentlichen Verwaltung „durchgezogen", die ich dann später für etliche kleinere Veröffentlichungen ausgepresst habe wie die berühmte Zitrone. Residiert hat die Kommission für Verwaltungsreform fernab vom Rathaus im Ostertorviertel in einem eigentlich zum Abbruch bestimmten Einfamilienhaus. Wir wurden dort untergebracht, um potentielle Hausbesetzer abzuschrecken. Das mag auch gelungen sein, wen wir aber anlockten, waren alle Kollegen, die gern einmal einen Klaren trinken wollten, denn im Rathaus selbst war das schon verboten. Und es kamen viele ... Einer erzählt, wie er mit seiner Enkelin auf dem Osterholzer Friedhof das Grab seiner verstorbenen Mutter besucht hatte. „*Wir haben Frauke immer erzählt, dass die Oma jetzt da auf dem Friedhof wohnt. Klopft die Enkelin an den Grabstein, ruft laut: 'Oma, bitte aufmachen!' - und ist bitter enttäuscht, dass die Oma dies nicht tut.*" Kommt sofort der Ruf: „*Theo, darauf müssen wir einen trinken!*" Bei dem einen bleibt es nicht, und wieder einmal reiße ich im Bemühen, Halt zu finden, bei uns zu Hause im Bad die Handtücher von der Stange. Solange, bis es meiner Frau eines Abends zu viel wird und sie ausruft: „*So kann das nicht weitergehen! Wir müssen zurück nach Berlin! Dort wollen sie eine Fachhochschule für Verwaltung aufmachen. Da bewirbst du dich!*"

Ich bin folgsam, tue es und werde zum 1. Oktober 1972 eingestellt, um an der Entwicklung der Fachhochschule für Verwaltung mitzuwirken und dann, wenn diese am 1. April 1973 den Lehrbetrieb beginnt, Professor für Soziologie zu werden. So kommt es dann auch, und bald habe ich die Bühne Hörsaal zur freien Entfaltung für mich. Es gibt Kollegen und Kolleginnen, die jede Lehrveranstaltung bis zum letzten Satz vorbereiten, ich liebe es hingegen, eine Folie auf den Overheadprojektor zu legen und dann frei zu assoziieren. Wenn alle einzuschlafen drohen, erzähle ich eine Episode aus meinem Familienleben. „*Sascha kippt immer wieder sein Glas mit der Milch um. Sage ich: 'Gieße die Milch doch gleich auf den Tisch, spare ich mir das Abwaschen des Glases!*" Als „Folien-Hotte" bleibe ich vielen im Gedächtnis haften.

Insgesamt aber leide ich an der Fachhochschule ein wenig, denn mit meinem Renommee in der Fachwissenschaft, siehe *Sternstunden der Soziologie* (herausgegeben von Sighard Neckel u. a. bei Campus), müsste ich ja eigentlich in der ersten Bundesliga spielen, also an einer Uni, und nicht in der zweiten, einer FH, umgeben von einigen Kollegen, von denen es heißen könnte: Seine einzige Veröffentlichung war eine Anzeige in der B.Z. zwecks Wohnungssuche. Dazu kommt, dass wir Soziologen und Psychologen vom Senator für Inneres, der zu meiner Zeit die Fachaufsicht war, für überflüssige Anhängsel gehalten werden, für eine *Quantité négligeable*. Bei „Inneres" hatte ich viele Feinde, und man hätte mich wohl auch, als der „Radikalenerlass" zu vielem berechtigte, vom Acker gejagt, wenn ich zu dieser nicht schon „der -ky" gewesen wäre und die Sache zu hohe Wellen geschlagen hätte.

Unsere Studierenden hatten zumeist gerade ihr Abitur gemacht und waren Inspektorenanwärter, einige aber auch Aufstiegsbeamte, und die konnten sich mir gegenüber viel erlauben, weil sie einflussreiche Freunde in der Verwaltung hatten. So auch ein Student mit dem einprägsamen Namen Schulz. Der lachte höhnisch über alle meine Ausführungen („*Das braucht doch in der Praxis kein Mensch!*"), schwatzte pausenlos laut mit seinen Nebenleuten oder blätterte demonstrativ in seinem Auto-Magazin. Bis ich dann doch die Contenance verlor. „*Würden Sie bitte den Hörsaal verlassen!*" – „*Nein, es besteht ja Anwesenheitspflicht.*" Hilflos stand ich da. Ich konnte den Mann, der auch noch stärker war als ich, nicht aus dem Raum schleifen. Also bin *ich* gegangen, wenn auch nur in mein Büro, denn ich hatte ja Weib und Kind zu ernähren

– und dazu reichten die Honorare, die das Schreiben einbrachte, noch lange nicht. Dieses Gefühl der permanenten Diminuierung ... Und da sagt mir mein Hausarzt immer: „*Sie müssen es lernen, sich selbst zu lieben.*"

Ich versuche es und folge einer Einladung zu einem Kongress von Organisations- und Verwaltungssoziologen im holländischen Leiden. Verkehrssprache ist natürlich Englisch. Da fällt es mir schwer, auch einmal etwas zu sagen. Endlich kann ich mich überwinden und melde mich, als es um Konflikttheoretisches geht. Die Rednerliste ist lang, und bis ich an der Reihe bin, habe ich eine Viertelstunde Zeit, mir mit Hilfe meines auf den Knien liegenden Wörterbuchs alles aufzuschreiben, was ich sagen will, denn die freie Rede auf Englisch *is impossible for me.* Dann wird mein Name aufgerufen und ich beginne abzulesen: „*I would remind you that a fundamental concept of conflict theory is older than sociology: the class struggle, as it defined Karl Marx and Friedrich Engels. Reinhard Bendix and Seymour Martin Lipset stand there fully in the Marxian tradition, if they put in their work the emphasis on social inequality. So we must first and foremost also in the sociology of organizations ask the question, how far diverge in an administrative unit or a company social status and ownership of power ...*" Weiter komme ich nicht, denn da springt ein polnischer Soziologe auf und ruft in schönstem Deutsch: „*Schluss damit! Ich bin nicht in den Westen gereist, um mir hier auch noch was über Marx und Engels anhören zu müssen!*"

Sicher, es gab in meiner FHVR-Zeit auch Momente und Kollegen, an die ich gern zurückdenke.

Um mir die Namen meiner Studierenden einzuprägen, gehe ich am Anfang des Semesters immer die Liste der Eingeschriebenen durch und kommentiere die Namen, bei deren Lesen sich ganz bestimmte Assoziationen einstellen. Heißt zum Beispiel einer Sklarek, so kommt sofort: „*Ah, ein Nachkomme der Brüder Sklarek vom großen Korruptionsprozess 1929!*" Zurückhalten muss ich mich nur bei Silke Unversucht, die sechs Semester lang zu mir kommt, und Christine (?) Schneidewind. Da beim Denken an den Flatus vaginalis einen Buchstaben falsch gesetzt – und der Riesenskandal wäre da. Auch muss ich mich zurückhalten, als sich beim Projekt: *Wie gehen Menschen mit einem komischen Nachnamen um?* eine Studentin mit dem Namen Claudia Wurst einfindet. Heute wäre da mit Conchita Wurst sofort ein Anknüpfungspunkt gefunden. Auf das Thema bin ich gekommen, weil wir am Bundesplatz einen Zahnarzt Dr. Grob haben, in der nahen Schrammstraße ein Herr Blödel wohnt(e) und es früher in Baumschulenweg den Fleischer Schweinefuß gegeben hat. Wir forschen also ... Herauskommt zum Schluss die These, dass die meisten Menschen mit Familiennamen wie Brühschwein, Grunz, Kotenbeutel, Kotz, Popel, Powischer oder Sabbert das Beste daraus machen und die bei seiner Nennung automatisch entstehende Heiterkeit nutzen, um soziale Kontakte zu schließen. Nur ein Angefragter habe böse reagiert, erzählen mir meine Leute, der Herr Möse: „*Gott, lassen Sie mich endlich damit zufrieden, ich habe ein Leben lang darunter gelitten und gerade den Namen meiner Frau angenommen!*"

Im Kurs *Einführung in die empirische Soziologie* sollen die Studierenden kurz nach der Wende mit einem Fragebogen das unterschiedliche Freizeitverhalten der Berliner im Ost- und im Westteil der Stadt ermitteln. Eine ansonsten hochintelligente Studentin aus der Ex-DDR zeigt mir ihren Entwurf. Ich stutze, steht doch da: „*Welches Hoppy haben Sie?*"

Ich sehe die junge Dame fragend an: *„Kommen Sie aus Hoppegarten und waren Sie da auf der Rennbahn öfter zum Galopprennen?"*

Sie sieht fragend zurück: *„Versteh´ ich nicht ...?"*

*„Na: Hoppe, hoppe, Reiter, wenn er fällt, dann schreit er ..."*

Gott, bei Marzahn, wo sie herkommt, kann man doch nicht entschuldigend den berühmten Migrationshintergrund ins Spiel bringen. Höchstens, dass sie nicht – wie ich – mit der Zeitschrift *Hobby* groß geworden ist.

Ich hatte viele Kollegen, mit denen ich gern etwas zusammen unternommen habe und mit denen ich mich noch heute öfter treffe.

An der Spitze Peter Heinrich. Wir haben viel miteinander gemacht (siehe oben) und konnten uns einmal auch nach stunden-, ja: tagelanger Beratung nicht über eine Note einigen. Von einer Eins bis zu einer Drei schien uns alles möglich. Es war klar, dass wir auch nach Wochen nicht in der Lage sein würden, eine rationale Entscheidung zu treffen. Da verliere ich die Nerven: *„Dann würfeln wir eben!"* – *„Geht doch nicht, eine Vier, eine Fünf oder gar Sechs kommen doch nicht in Frage."* – *„Fallen die, zählt das nicht und wir würfeln noch einmal."* Der Student, um den es da gegangen ist, wird bis heute nicht wissen, wie er zu seiner Eins gekommen ist.

Chronologisch: Am Anfang meiner Freundesliste steht der Jurist Karl-Otto Nickusch. Er hatte einen hochdotierten Posten bei der Rheinkohle AG aufgegeben, um an der neuen FHVR einen neuen Beamten-Typ zu schaffen, einen auf Bürgernähe bedachten Nicht-Bürokraten. Otto war an Eifer nicht zu übertreffen, und sogar beim Eislaufen im Stadion Wilmersdorf glitt er kurz vor 22 Uhr noch an meine Seite, um mich zu fragen, wie wir es anstellen sollten, am nächsten Tag unsere Vorstellungen gegen den konservativen Innensenat durchzusetzen. Otto war Straßenradrennfahrer gewesen und hatte stundenlang ununterbrochen im Sattel gesessen. Frage ich ihn, wie man es da mit der Entleerung der Blase gehalten habe. *„Ganz einfach, das Hosenbein hoch – und auf die Straße gepinkelt."* Otto arbeitet, wie gesagt, so verbissen, dass er nie Zeit hat, auf die Toilette zu gehen. Mir fällt das auf, weil wir uns Schreibtisch an Schreibtisch gegenüber sitzen. Eines Tages plätschert es unter unseren Schreibtischen. Ich denke sofort, dass Otto wie damals ... Nein, es war nur eine schlecht verschlossene Seltersflasche umgefallen und halb ausgelaufen ... Als es darum geht, wer nach der Gründung der Fachhochschule erster Fachbereichsratsvorsitzender wird, stehen wir beide zur Wahl. Ich habe mit meinem Freund Matthias Rick das Konzept der Fachhochschule geschrieben (es trägt darum eine deutliche sozialwissenschaftliche Handschrift), und ich gelte als der mit dem größeren wissenschaftlichen Ruf. Droht nun ein Hahnenkampf, wie sie ihn in der Fernsehserie *In aller Freundschaft* (siehe weiter unten) genüsslich auswalzen, als sich die alten Freunde Dr. Heilmann und Dr. Stein völlig verfeindet um die Nachfolge von Professor Simoni streiten? Nein, ich sehe ein, dass Otto für diesen schwierigen Posten der weitaus bessere Mann ist (und ich lieber Romane schreibe als mich auf endlosen Sitzungen mit den unterschiedlichsten Querulanten herumzuärgern). Otto wird es also – und er macht seine Sache prächtig. Er stirbt, 1978 muss es gewesen sein, an einem Gehirntumor. Schrecklich alles! Ich habe Tränen in den Augen, wenn ich an ihn denke ...

Sind da noch der Mit-Soziologe Jochen Schulz zur Wiesch, der für mich die Neuauflage von *Mensch und Organisation* übernimmt, als ich keine Lust mehr habe, der Jurist Heinzjürgen Wendt und der Volkswirt Peter Czaja. Die beiden Letztgenannten waren die besten Entertainer im Hörsaal, und ich habe immer versucht, von ihnen zu lernen. Peter Czaja und ich entwickeln, als die Fachbereichsratssitzungen unerträglich langweilig werden, die hirnrissigsten Pläne, die wir aber – wunderbar wissenschaftlich formuliert – beim Senat einreichen, als es darum geht, die Zukunft unserer Frontstadt zu sichern. Einmal arbeiten wir detaillierte Pläne aus, West-Berlin Kiez für Kiez in die Lüneburger Heide umzusiedeln, dann wollen wir, dass alle älteren und kranken Bundesbürger per Gesetz zum Sterben nach Berlin kommen müssen. Als Peter Czaja an die FU gehen kann, sitzen wir die halbe Nacht bei mir zu Hause und diskutieren das Für und Wider. Ich merke nichts von seinen Problemen und bin dann mehr als bestürzt, als ich erfahre, dass er Selbstmord begangen hat. Er hat sich mit einer Schnur eigenhändig erdrosselt ...

Es gibt noch eine dritte Beerdigung. Diether Huhn, Jurist an unserer FH und renommierter Kleistforscher, bekannt auch durch seine *Berliner Spaziergänge*, soll im Auftrag des Senats eine dritte Hochschule in Berlin gründen, eine Gesamthochschule nach Wuppertaler Modell. Ich soll einen Lehrstuhl für Bürokratieforschung bekommen. Ehe es soweit ist, stirbt er ... Bei der Trauerfeier am Mehringdamm reicht die Friedhofskapelle nicht aus, wir stehen auf der Straße. Die Rede hält Hertha Däubler-Gmelin, die damalige Bundesministerin für Justiz.

Heinzjürgen Wendt weilt zum Glück noch unter den Lebenden. Wir sehen uns öfter. Manchmal gehen wir zusammen essen, ab und an kommt er mit seiner Frau zu meinen Lesungen und hin und wieder treffe ich ihn auch bei uns am Bundesplatz mitten auf der Straße, denn seine Mutter wohnt nahebei. Sie war Lehrerin, und er hat noch immer großen Respekt vor ihr. So wagte er es nicht, ihr nach unserer gemeinsam durchgeführten Exkursion nach Straßburg wieder unter die Augen zu treten. Warum? Weil ihm Studentinnen wegen seiner lustigen Macho-Sprüche eine Nilpferdpeitsche geschenkt haben. Die will er in unserer Jugendherberge auch gleich einmal ausprobieren. Ein Schlag und ... Er fetzt nicht nur die Abdeckung der Neonlampe von der Decke, sondern reißt sich auch noch die Augenbraue auf. Einen Cut nennen das die Boxer. Der ist nicht gerade tödlich, blutet aber heftig. Eine Weile muss Wendt mit einer großen Sonnenbrille herumlaufen. Die hat er neulich nicht auf, als ich ihn vor mir die Koblenzer Straße entlanggehen sehe, aber er hält einen langen weißen Stock in der Hand und berührt damit auch ab und an den Boden. Mein Gott, der Arme!, denke ich, er ist also erblindet. Ich tippe ihm auf die Schulter und spreche ihm mein Mitgefühl aus. Zum Glück erweist sich das als unnötig, denn er hat nur vom Baumarkt eine neue Gardinenstange für seine Mutter gekauft. Er ist stets fröhlich, obwohl er doch für immer und ewig den „Schreibmaschinenfall" am Hacken hat. Der geht so: Die Projektgruppe zur Gründung der Fachhochschule sitzt in der Bayreuther Straße am Wittenbergplatz. Am Dienstagmorgen nach Pfingsten fehlt eine wertvolle elektrische Schreibmaschine. Das Reinemache-Ehepaar, das am späten Freitagnachmittag noch gefegt und gewischt hat, wird vom designierten Rektor, Dr. Peter Doll, befragt und sagt aus, eines der männlichen Projektgruppenmitglieder sei mit einer Schreibmaschine im Arm im Fahrstuhl verschwunden. Doll legt ihnen die Fotos aller Mitglieder der Projektgruppe vor, und sie tippen sofort auf Heinzjürgen Wendt. Und was macht Doll, Musterexemplar eines ordnungsliebenden Juristen? Nun, ohne vorher mit Wendt zu reden, alarmiert er die Kripo. Und die rückt sofort zur Hausdurchsuchung bei Wendt in Rudow an, als der gerade seine Lieben zu einer Geburtstagsfeier um sich geschart hat. Peinlicher geht es wirklich nicht mehr. Nun, Heinzjürgen Wendt hat ein überzeugendes Alibi: Er hatte zur Tatzeit in der Polizeischule in Spandau unterrichtet.

Ein anderer Kollege ist mir erst bei der Lektüre der Familienanzeigen im *Tagesspiegel* vom 23. März 2014 als Original aufgefallen:

Ich,

## Hans Joachim Martin Rudolph,

geboren am 30. Mai 1930
ehemaliger Dozent an der FHVR Berlin

- weder Träger irgendwelcher Verdienstkreuze der
Bundesrepublik Deutschland noch
anderer erdienter und verdienter Orden und Ehrenzeichen -

## bin am Donnerstag, dem 13. März 2014, gestorben.

*Eine Trauerfeier findet nicht statt, da der Tod für mich kein
Grund zum Feiern war. Beileidsbekundungen werden nicht
erwartet, da ich sie selbst nicht mehr vernehmen kann,
leider, denn sie hätten mich doch sehr interessiert.*

# VII. Vom Glück des Lesens und Vorlesens

Womit und wie fange ich an? Vielleicht mit dem, was in meinem Computer unter „Bio kürzest" gespeichert ist und was ich immer an die Verlage schicke, die bei einer Anthologie ihre Autoren im Anhang vorstellen wollen:

-ky (Dr. Horst Bosetzky) – Geb. am 1.2.1938 in Berlin. Em. Prof. für Soziologie. Begründer des deutschen „Sozio-Krimis". Seit 1971 an die 50 (z. T. verfilmte) Kriminalromane und eine 12 Bände umfassende Familiensaga um *Brennholz für Kartoffelschalen*. 1980 Preis für den besten deutschsprachigen Kriminalroman, 1988 Prix Mystère de la Critique für den besten ausländischen Kriminalroman in franz. Sprache, 1992 Ehren-Glauser des *SYNDIKATS* für das Gesamtwerk und die Verdienste um den deutschsprachigen Kriminalroman. 2005 Verdienstorden der Bundesrepublik Deutschland. 2014 ver.di-Literaturpreis für das Lebenswerk. 1991-2001 Sprecher des *SYNDIKATS*, 2000-2014 Berliner VS-Vorsitzender.

Mein erster Preis ist da nicht aufgeführt. Den habe ich Ende 1956 in der Albert-Schweitzer-Schule verliehen bekommen, und er war für mich ein gewaltiger Ansporn, Schriftsteller zu werden.

In der ASS gab eines Schülerzeitung mit Namen *Die Brücke*. Und in der wurde ein Wettbewerb für die beste eingesandte Kurzgeschichte ausgeschrieben. Ich setzte mich also an meine alte Schreibmaschine, denke an den Ungarn-Aufstand und wie sich wohl ein geflüchteter Magyare bei uns in der Karl-Marx-Straße fühlen würde. Der Titel ist schnell gefunden: *In der Freiheit*. Und wirklich: Ich bin der große Gewinner, erhalte eine Urkunde und den Bestseller-Roman und Welterfolg *Major Thompson entdeckt die Franzosen* von Pierre Daninos. *Freude, schöner Götterfunken!* 30 Jahre später ... Wir noch lebenden Abiturbauer von 1957 versammeln uns in der Britzer Mühle zur großen Wiedersehensfeier. Neben mir sitzt Frau Wienicke, meine damalige Deutschlehrerin und 1956 die Vorsitzende der Jury. Ich bedanke mich artig bei ihr. Da bekommt sie einen Lachanfall. *„Mensch, Bosetzky, was sollten wir damals anders machen, wir haben ja nur eine einzige Einsendung bekommen: Ihre!"*

Warum ich schreibe? Es ist ein Trieb, eine Sucht. Hier schreibe ich – ich kann nicht anders. Felix Müller hat es in einem Artikel in der *Berliner Morgenpost* vom Herbst 2014 auf den Punkt gebracht: *Bosetzky sagt, er habe jetzt eine Sammlung von Anekdoten in Vorbereitung. Erinnerungssplitter, kleine Geschichten, Aphorismen. Er wisse noch gar nicht, was er damit anfangen soll. Aber vielleicht ist es gar nicht so wichtig, wenn am Ende kein Buch daraus wird. Für Horst Bosetzky ist oft schon das Schreiben Glück genug.* – Ja, da frage ich mich immer, wenn ich mich morgens pünktlich um 7 Uhr an den Computer setze und zu schreiben beginne, was soll ich sonst mit dem lieben langen Tag anfangen? Ich kann doch nicht nur, während meine Lebensgefährtin im Büro und unsere Tochter in der Schule ist, den Müll zum Container bringen, die Geschirrspulmaschine ein- und ausräumen, mir beim Discounter meinen Rotwein kaufen (*„Lieber Rotwein als tot sein!"*) und mich aufs Bett legen, über meine Krankheiten nachdenken und auf den Tod warten. Bleibt nur das Schreiben. Radio höre ich pausenlos, sehe ab und zu auch fern (Fußball und *In aller*

*Freundschaft*) und lese etwas Neues. Das aber ist für mich immer höchst riskant, denn ist das, was andere haben drucken lassen, besser als das, was ich je hinbekommen habe, werde ich depressiv, und ist es schlechter und die Kollegen und Kolleginnen kommen damit auf die Bestsellerlisten, dann koche ich vor Wut. Außerdem habe ich genug damit zu tun, all das zu lesen, was mir Freunde und Freundinnen mit einer anrührenden Widmung an Werken zukommen lassen.

Wie hat es mit dem Schreiben angefangen. Ich schäme mich, es zu gestehen: Ich habe so etwa mit fünfzehn Jahren kleine Pornos für den Hausgebrauch geschrieben. Heimlich und mit der Hand. Schnell waren die beschriebenen Blätter auch wieder zerrissen. Als mir meine Eltern dann so um 1955 herum eine gebrauchte Schreibmaschine schenkten, schreibe ich kleine Kurzgeschichten mit Szenen aus unserem Familienleben und Sketches, die mein Freund Gerhard und ich dann unseren Eltern vorspielen – und zwar per Radio. Wie das? Mein Vater hat von der Post ein Mikrofon mitgebracht, das in einem verschrotteten Telefon gesteckt hat, und mit einem langen Kabel an unseren „Empfänger" angeschlossen. Gerhard und ich standen dann im Schlafzimmer vor dem Mikrofon, und die Erwachsenen verfolgten unsere Sendung im Wohnzimmer. Vor der erwähnten Kurzgeschichte war aber noch etwas Anderes von mir gedruckt worden, nämlich mein Bericht über eine Reise mit dem Sportverein nach Wunsiedel im Vereinsblättchen des TuS Neukölln. Später folgten zwei Kurzgeschichten im (längst eingestellten Berliner *Telegraf*). Die erste handelte von einem Menschen, dem alles gelingt und der sich wahrhaft glücklich preisen kann, bis er aus seiner Haustür tritt und ihn ein herabfallender Dachziegel erschlägt, die zweite von einer Faltbootfahrt rund um die Müggelberge. Dann beginne ich mit dem nie gedruckten Roman, Titel: *Irgendwann, irgendwo, irgendwie*. Mein Traum ist es, dass einmal ein Heftroman von mir erscheint. Das liegt daran, dass ich jeden Morgen, wenn ich zur Uni fahren will, in Neukölln in der Weserstraße an einer Bushaltestelle warte, wo nebenan im Fenster eines Zeitungsladens unzählige Heftromane hängen. In einer FU-Zeitschrift lese ich zeitgleich, dass der *Bastei-Verlag* junge Autoren für seine Krimireihe sucht. Keine Western, Arzt- und Liebesromane, sondern Krimis. Also schreibe ich einen, Titel *Der Mörder stirbt im Hafen* – und der Verlag nimmt ihn wirklich an. Wieder einmal: *Freude! Freude! Freude, schöner Götterfunken!* Doch die Bundesprüfstelle für jugendgefährdende Schriften verhindert den Druck ...

Ich versuche es später beim Marken-Verlag Köln und kann bei der Serie um den CIA-Agenten John Drake mitmachen. Den kennen in Deutschland alle durch die Fernsehserie *Geheimauftrag für John Drake* mit Patrick McGoohan. Linke Weggenossen wenden sich aus ideologischen Gründen entsetzt von mir ab, Freund Shmuel und Freundin Helga schmähen mich, weil ich Trivialliteratur produziere. Ich als armer Student freue mich aber über jedes der zwölf gedruckten Hefte und des jeweils eingehenden Honorars von 750 DM und betone bei Krimischreibwerkstätten immer wieder, dass ich so das Handwerk gelernt habe.

Dann sagt Steffi, meine erste Frau, zu mir: „*Versuch es doch einmal mit einem richtigen Kriminalroman*" und ich schicke das Exposé zu *Einer von uns beiden* und die ersten 20

Seiten in einem Anfall von Größenwahn zu Rowohlt nach Reinbek. Keine Antwort. Monatelang. Da gibt es ein Soziologentreffen in Hamburg, zu dem ich mit meiner „Chefin" fliege, mit Renate Mayntz also, und es gelingt mir, mich für zwei Stunden „abzusetzen", um nach Reinbek zu fahren und mit dem Herausgeber der legendären rororo-thriller-Reihe zu sprechen, mit Richard K. Flesch. Seine Frau war gerade gestorben, und er hatte alles, was nicht unbedingt bearbeitet werden musste, liegen lassen. Er nimmt sich eine Viertelstunde Zeit für mich, ich habe aber das Gefühl, dass er kein sonderliches Interesse an mir hat. *„Ihre ersten zwanzig Seiten ... psychologisch sehr geschickt, aber ohne eine gewisse Knallbumm-Spannung geht es nun mal nicht. Schreiben Sie Ihren Roman einmal zu Ende, dann sehen wir weiter."* Ich schreibe ihn weiter, auch um damit über den frühen Tod meines Vaters hinwegzukommen. Richard K. Flesch liest ihn und ist sehr angetan von ihm, will ihn aber trotzdem nicht drucken lassen. *„Lieber Herr Bosetzky, wir sind eine Reihe und können mit Eintagsfliegen absolut nichts anfangen. Ich will also erst einmal Ihren zweiten Roman haben."* Ich schreibe also *Zu einem Mord gehören zwei*, und Richard K. Flesch ist nun überzeugt davon, dass ich zu weiteren Produktionen fähig bin. *„Aber der Name Horst Bosetzky auf dem Cover? Nein, das klingt zu sehr nach einem Russen und geht im Kalten Krieg überhaupt nicht."* So sitzen wir bei ihm im Büro und suchen nach einem Ausweg. Ich schlage Vincenz Horr vor. Lorenz Horr ist ein Fußballer bei Hertha, und Horr klingt so schön nach Horror. Mein Vorschlag wird jedoch abschlägig beschieden. Auf seinem Tisch steht eine Flasche Straight Bourbon Whiskey aus Kentucky. Wir trinken Glas auf Glas. Ich habe ja meinen Bremer Frei- und

Fahrtentrinker, er ist Deutsch-Amerikaner. Kommt ein weiterer Vorschlag von mir: „*Da ich Horst Otto Oskar heiße, ginge doch Oscar Kentucky ...*" – „*No, it sounds as if you were really Americans - and that would mislead the reader.*" Es geht auf Mitternacht zu, da hat er es: „*Bosetzky, Whisky, Kentucky ... Da machen wir -ky draus, -ky the key to success.*"

Von nun an ging´s bergauf, wenn auch ...

In meinem Roman *Skandal um Zille* schildere ich am Schluss ein fiktives Zusammentreffen mit Heinrich Zille, wo es auch um die ständige Diminuierung von Angehörigen der Kreativwirtschaft geht, die sich, wie Theodor Fontane es einmal formuliert hat, vom „Unterhaltlichen" ernähren. Es ist eine fiktive Szene: Ich stehe da im Museum neben seiner Büste und rede auf Heinrich Zille ein:

*Vielleicht hat mich beim Betrachten Ihrer Biografie die soziologische Komponente mehr interessiert als die künstlerische: Ihr Aufstieg aus einem – ja, fast schon – Berliner Slum zum Liebling aller Berliner und zum Akademie-Professor. Das konnte ich gut nachvollziehen, komme ich doch von einem echten Neuköllner Hinterhof und fühle mich noch heute fremd unter Bildungsbürgern und Villenbesitzern – obwohl ich zu ihnen gehöre. Und wenn Sie sich selbst als 'Strichler' bezeichnen und bis zuletzt an Ihrem Können gezweifelt haben, dann berührt mich das in hohem Maße, denn ich werde immer wieder als 'Krimiautor' abqualifiziert, und jemand, der zwei Gedichte veröffentlicht hat – und von den 200 gedruckten Büchlein 195 selbst gekauft hat -, gilt mehr als ich, so dass ich mich dann auch als 'Schreiberling' sehe. Da gibt es also etliche Parallelen zwischen uns – bis dahin, dass ich auch drei Kinder habe und in einer ebenso bescheidenen wie verkramten Wohnung lebe wie sie es getan haben. Und wenn mich einer mit 'Herr Professor' anredet, dann bin ich ebenso irritiert, wie Sie es gewesen sind.*

Dazu fällt mir noch diese kleine Szene ein: Fahre ich mit dem Freund und Kollegen Jan Eik zu einem Schriftsteller-kongress nach Chemnitz. Treffen wir bei der Suche nach der Tagungsstätte mit einer, wie sich später herausstellt, Lyrikerin zusammen. Fragt sie uns, in welchem Genre wir uns bewegen. *„Im Krimi."* – *„Na, dann: guten Tag!"* Sie eilt davon, ohne uns eines weiteren Blickes zu würdigen.

Da sind wir wieder bei der Aufforderung meines Hausarztes: *„Herr Bosetzky, Sie müssen es endlich lernen, sich selbst zu lieben!"*

Kurz noch einmal zu Fontane, der mir Wegweiser und Mutmacher in vielem gewesen ist. Wo er schreibt: *Ohne ein gewisses Quantum von Mumpitz geht es nicht*, da habe ich daraus gemacht: Ein bisschen Hollywood muss sein. Sehr ernst nehme ich diesen seinen Satz: *Ohne einen feinen Bei-satz von Selbstironie ist jeder Mensch mehr oder weniger ungenieß-bar. Daher gibt es so viele Ungenießbare.* Die folgenden Zeilen möchte ich allen intellektuellen Pfauen und schöngeisti-gen Frauen zurufen, die mir immer wieder über den Weg laufen: ... *Geistreich sein ist bloß gefährlich wie schön sein und ruiniert den Charakter.* Weniger gut aber finde ich diesen Satz Fontanes: ... *das ist immer das Schlimme, dass die Men-schen gerade die Passion haben, die sie nicht haben sollen.* – Hätte ich doch lieber bei der Firma Siemens bleiben sollen ...? Oder zum Theater gehen und Schauspieler werden? Zwischenruf: *„Hat Ihnen die Bühne Hörsaal nicht gereicht?"* Nein, hat sie nicht, und darum nutze ich jedes Jahr die Reinickendorfer Kriminacht, um einen Sketch zu schrei-ben und dabei auch eine Rolle für mich einzubauen. Hier ein Beispiel aus dem Jahre 2006: Das kurze Stück heißt:

*Keine Liebe ohne Leiche.* Die Besetzungsliste:

Bernhard (Frank Ciazynski)
Charlotte (Maria Brendel)
-ky (-ky)


Ort:            Wohnzimmer
Requisiten:   1 Kleiderschrank, 1 Tisch, 2 Stühle, 1 Tele-
              fon, 1 Revolver, 1 Zigarettenschachtel


OFF, hinter dem Vorhang:

Musik:       *J´taime*

Charlotte:   Hör doch endlich auf!
             (Die Musik bricht ab)

-ky kommt auf die Bühne, zieht sich dabei seine Weste
an, ist ziemlich echauffiert.

-ky:         (zum Publikum) Entschuldigung ... (Knöpft
             sich Hemd zu, schließt Gürtel und Hosen-
             schlitz) Charlotte hat es gut gemeint und
             wollte mir ein wenig helfen ... Auch im hö-
             heren Alter soll man ja noch regelmäßig ...,
             damit die Prostata gesund bleibt. Aber ...
             Es hat nicht geklappt. Sie sagt, wenn sie
             einen Mann nicht richtig lieben würde,
             dann ... Ach, ja! Hoffentlich bleibt sie im
             Schlafzimmer ... (Geht zum Stuhl und setzt
             sich, sieht zur Tür, hört Charlotte) Nein, tut
             sie nicht ...

Charlotte kommt auf die Bühne, ordnet ihre Kleidung und geht auf -ky zu.

Charlotte:    Einen Tee?

-ky:    Nein, lieber eine Therapie.

Charlotte:    Lass uns erst noch einmal über alles reden ... (Sie bricht ab, weil es klingelt)

-ky:    Ah, der Haustherapeut. Das ging ja schnell. (Wartet, bis Charlotte gegangen ist) Vielleicht Sigmund Freud persönlich.

Charlotte:    (Geht zu einem imaginären Türspion, sieht hindurch, gerät in freudige Panik) Gott, das ist doch Bernhard!

-ky:    Wer ist Bernhard?

Charlotte:    Bernhard ist ... (Stürzt zu -ky, reißt ihn vom Stuhl, stößt ihn in Richtung Schrank, reißt dessen Tür auf) Los, rein da!

-ky:    (Wehrt sich) Hör auf! Wir sind hier bei -ky und nicht bei Labiche.

Charlotte:    Keine Widerrede! (Sie stößt ihn in den Schrank, schließt den, eilt zur Wohnungstür und öffnet sie)

Bernhard tritt ein.

| | |
|---|---|
| Bernhard: | Da bin ich wieder. (Hält eine Zigaretten- schachtel hoch) Meine Zigaretten hab ich auch. Die wollte ich doch damals schnell holen gehen ... |
| Charlotte: | Das hat immerhin zwanzig Jahre gedauert ... |
| Bernhard: | Ich hab auch eine Menge erlebt ... (Geht zum Stuhl, setzt sich) Ich muss mit dir re- den. Wie geht es dir? |
| Charlotte: | Schlecht. Kein Engagement, kein Geld. |
| Bernhard: | Wie sagt Schiller: Dem Weibe kann gehol- fen werden! |
| Charlotte: | Du mir? |
| Bernhard: | Ja, ich dir. |
| Charlotte: | Wie denn? |
| Bernhard: | Ganz einfach: Du gehst zur Polizei und zeigst mich an. Auf meinen Kopf sind 50 000 Dollar ausgesetzt. Und die sind für dich! Ich habe in den USA und Kanada zehn Frauen umgebracht, das FBI sucht mich als Serientäter. |
| Charlotte: | (Kann nur mühsam einen Lachkrampf un- terdrücken) Du hast ja nicht mal eine Fliege erschlagen können. |

| Bernhard: | Frauen sind nicht so harmlos wie Fliegen. Und außerdem habe ich sie erschossen. Mit dieser Pistole hier ... (Holt sie heraus) |
|---|---|
| Charlotte: | (Glaubt ihm noch immer nicht) Ach, Bernhard, lass das. Du warst schon immer ein schlechter Schauspieler. Aber dafür ein blendender Liebhaber. (Geht zu ihm, streichelt seinen Kopf) Komm, lass uns von vorne beginnen. |
| Bernhard: | (Steckt die Pistole wieder ein) Es gibt keinen neuen Anfang mehr. Die Ärzte haben mir gesagt, dass ich höchstens noch drei Monate zu leben habe. Ein Tumor in der Lunge. Also ... (steht auf) Du gehst jetzt zum Telefon und rufst die Polizei an. Ich liege bei dir im Bett und schlafe, wenn sie kommen. |
| Charlotte: | Und wenn du hundert Frauen umgebracht hättest, Bernie, ich würde dich nicht anzeigen ... Ich liebe dich doch. (Geht zu ihm, nimmt ihn in die Arme) |
| Bernhard: | (Befreit sich von ihr) Du glaubst mir noch immer nicht, dass ich ...? |
| Charlotte: | Nein. Ich habe nie gelesen, dass sie einen Bernhard Deulewitz suchen. |
| Bernhard: | In den USA habe ich mich auch Bernie |

Hermsdorf genannt. Hermsdorf, weil ich am Bahnhof Hermsdorf aufgewachsen bin.

Charlotte: (Lacht spöttisch) Ach, Bernie, du wolltest immer stark und furchteinflößend sein, warst aber immer weich wie eine angefaulte Pflaume. (Tut so, als hätte sie eine in der Hand)

Bernhard: Hör auf, mich zu so zu kränken! Ich kann meine 50 000 Dollar auch einer Anderen zukommen lassen.

Charlotte: Ja, der Psychiatrie, Bonnies Ranch.

Bernhard: Charlotte, ich schwöre dir bei allem, was mir heilig ist, dass ich wirklich ein zehnfacher Mörder bin!

Charlotte: Ja, Bernhard, ja, aber ich zeige dich trotzdem nicht an, dazu liebe ich dich zu sehr. Und ich möchte auch nicht, dass du in der Psychiatrie landest.

Bernhard: Im Knast!

Charlotte: Nein, in der Psychiatrie.

Bernhard: Du glaubst mir also nicht?

Charlotte: Nein. Tut mir leid.

Bernhard: (Reißt abermals die Pistole heraus, im Aus-
nahmezustand) Du hast mir nie geglaubt,
jetzt aber wirst du mir glauben. Endlich
einmal! (Damit feuert er auf sie, einmal,
zweimal)

Charlotte sinkt tot zu Boden.

-ky: (Klopft von innen gegen die Tür) Aufhören! (Stößt die Schranktür auf, bleibt mit
gehobenen Armen im Schrank stehen.)

Bernhard: Was ist denn das ...!? (Richtet seine Waffe
auf -ky) Sie sind der Nächste!

-ky: Nein, nicht doch! Ich bin der -ky. Ich will
noch viele Krimis schreiben – obwohl die
Honorare inzwischen so niedrig sind, dass
man arm davon wird. Und bei der 25. Kriminacht hier in Tegel will ich auch noch
dabei sein.

Bernhard lässt die Waffe sinken.

Bernhard: Das ist ein Argument. Rufen Sie die Polizei.
Sie sollen die 50 000 Euro bekommen, da-
mit Sie ohne finanzielle Sorgen schreiben
können. Ich liebe Ihre Kriminalromane!

Bernhard gibt -ky seine Pistole. -ky nimmt sie, richtet sie
auf Bernhard, geht zum Telefon, nimmt den Hörer ab
und wählt 110.

-ky: Hallo, Horst Bosetzky hier. Bei uns ist gerade eine Frau ermordet worden. Ich habe den Täter aber überwältigen können. Wo? In der Humboldt-Bibliothek in Tegel. Sie kommen gleich, danke, ja. (Legt auf. Zum Publikum): Herzlichen Dank auch Ihnen ... und Ende der Vorstellung!

So geht das Jahr für Jahr. Hunderte von Menschen haben mir zugehört. Das ist schön, denn in meiner Familie hört mir außer meiner Schwiegertochter keiner zu. *„Das hast du uns doch schon hundertmal erzählt!"* Und dann gibt es auch Beifall für mich. Etwas, das zu Hause auch nur selten geschieht. Zwischenruf: *„Du mit deiner narzisstischen Unersättlichkeit!"* Ja, würde jemand ohne die in die Kreativwirtschaft gehen? Nein. Na, also ...

Zurück zur Reinickendorfer Kriminacht. Da gebe ich einfach das wieder, was ich zu ihrem 20. Jubiläum geschrieben habe, weil in der alles Wichtige gesagt wird:

## Von der schlichten Lesung zur großen Krimi-Show

*Es ist so wie bei manchen großen Flüssen: Man kann nicht genau sagen, wo sie eigentlich entspringen und wie viele Rinnsale und Bächlein als Quelle gelten können. Im Falle der Reinickendorfer Kriminacht war es wohl so, dass Helge Schätzel, leitender Beamter im Kulturbereich des Bezirksamtes Berlin-Reinickendorf, die Idee hatte, mit dem Krimi viele Leute auf die zwar künstliche, aber dennoch idyllische Insel zu locken, die im flachen Wasserbecken zwischen C&A, der Karolinenstraße, der Straße Am Tegeler Hafen, der Humboldt-Bibliothek, und dem richtigen Tegeler See entstanden war.*

*So startete am 5. Juni 1993 die erste Reinickendorfer Krimi-*
*nacht — eine Institution war geboren worden. Vor vergleichsweise*
*wenigen Gästen lasen damals Frank Goyke und Leo P. Ard.*

*Ich war nicht dabei, obwohl damals in Reinickendorf beheima-*
*tet, und dies regte meinen Frohnauer Freund Peter Hüne so ge-*
*waltig auf, dass er Helge Schätzel anrief. Aus diesem Gespräch*
*entwickelte sich dann eine überaus fruchtbare Zusammenarbeit,*
*die aus der Tegeler Kriminacht schnell eine Veranstaltung werden*
*ließ, die bundesweit zum Modell wurde. Peter Hüne, von Hause*
*aus Vermessungsingenieur, und ich wurden gleichsam eine ehren-*
*amtliche kulturelle Nichtregierungsorganisation, die mit dem Be-*
*zirksamt zusammen die Reinickendorfer Kriminacht plante. Ich*
*war zu dieser Zeit Sprecher des SYNDIKATS, kannte also*
*alle, die im deutschsprachigen Raum Kriminalromane schrieben,*
*und Peter Hüne hatte Zeit genug zum Telefonieren und ein un-*
*glaubliches Talent, Leute anzusprechen und für unsere Sache zu*
*begeistern. Von Anfang an hatten wir den sportlichen Ehrgeiz,*
*möglichste viele Gäste auf die Insel zu locken. „Lesen allein*
*kann es nicht sein", reimten wir und fingen an zu spinnen. Dies*
*bei vielen abendlichen Spaziergängen durch Frohnau und die*
*Stolper Heide — seine Frau, wir beide und mein Hund. Wir*
*wollten alles daransetzen, auch prominente Schauspieler, Musi-*
*ker und Kabarettisten zum Tatort Tegel zu holen, dazu Tanz-*
*paare, Suchhundestaffeln und natürlich auch leibhaftige*
*Polizisten bis hin zum Berliner Polizeipräsidenten Dieter*
*Glietsch. Es musste alles nur irgendwie etwas mit Krimi und*
*Kriminalität zu tun haben.*
*Und das Konzept war richtig, unser Rekord liegt bei 700 Gästen.*
*Seine Gefahr für die Literatur ist uns allerdings schnell bewusst*
*geworden, dass nämlich die Lesenden im Schatten der Schauspieler*
*und der Fernsehprominenz stehen könnten. Wir haben nach Kräf-*

ten versucht, dem entgegenzuwirken und alles nach Reinickendorf geholt, was in der Innung Rang und Namen hat.

Um die Veranstaltung weiter aufzuwerten, stiftete Reinickendorf den ersten und bislang einzigen Berliner Preis in unserem Genre, den Krimi-Fuchs. Seit 1995 wird er vergeben, in dem einen Jahr an KrimischreiberInnen, in dem anderen an Menschen, die sich in Film und Fernsehen um das Genre verdient gemacht haben. In der Sparte Kriminalliteratur hat die Jury den Preis bisher -ky, Pieke Biermann, Jan Eik, Hartmut Mechtel, Thea Dorn, Tom Wolf, Hartmut Mechtel. Wolfgang Brenner, Jürgen Ebertowski und Volker Kutscher zuerkannt, in der Kategorie Medien waren es Jürgen Roland, Felix Huby, Fred Breinersdorfer, Jochen Senf, Günther Lamprecht und Uwe Madel.

Neben ein wenig Geld erhalten die Preisträger eine wunderschöne Grafik von Wolfgang Würfel. Links hat die Urkunde immer der Bezirksbürgermeister unterschrieben, rechts immer der Bezirksstadtrat für Volksbildung. Marlies Wanjura, Bezirksbürgermeisterin zwischen 1995 und 2009, war einige Male Ehrengast bei der Reinickendorfer Kriminacht, und Kathrin Schulze-Berndt als zuständige Bezirksstadträtin ist auch schön öfter hier gesichtet worden und hat mir – als meine ehemalige Studentin – letzten Sommer bei der Woche der Sprache und des Lesens versprochen, ihre Hand weiterhin schützend über die Kriminacht zu halten.

Leider ist uns die Insel, unsere geliebte Kultstätte, verlorengegangen, weil dort private Investoren bauen werden. Eine Open-Air-Veranstaltung am Tegeler See, das hatte schon was. Blutig ging es immer zu, siehe die vielen Mücken, und dazu hing eine ganz besondere Spannung in der Luft: Wird es heute Abend regnen oder nicht? Wenn ja, musste in die Humboldt-Bibliothek umgezogen werden. Das kostete, und so kam beim Sparhaushalt schnell der Gedanke auf, doch gleich dorthin zu gehen. Damit war allerdings die Romantik dahin. Einmal wurde der Tatort Tegel in die Spielstätte an den Borsighallen verlegt, denn die hatten, obwohl sonst nach allen Seiten hin offen, wenigstens ein Dach. Ausgerechnet an diesem Abend regnete es nicht, dafür aber lag die gefühlte Temperatur bei minus zwei Grad, und das Bezirksamt hatte nur ein Dutzend Decken geordert. Ein andermal ging es zur Greenwich Promenade, wo ein Prahm mit Bühne vor Anker gegangen war. Auch wer in der ersten Reihe saß, hatte ohne Fernglas kaum eine Chance, Gesicht und Mund des Lesenden zu erkennen.

Vieles ist mir im Gedächtnis haften geblieben. So entschloss sich gerade in dem Augenblick, in dem Jürgen Roland der Krimi-Fuchs überreicht werden sollte, eine Wolke zum Brechen, und obwohl der Schirmherr einen solchen dabei hatte, wurde unser Stargast pitschnass. Bei einer anderen Veranstaltung, wo es um das Thema Gefängnis ging, wollte ein Akteur uns provozieren und hörte gar nicht mehr auf zu lesen. Die vereinbarte Viertelstunde war längst überschritten, aber er reagierte auf kein Zeichen der Regisseure Helge Schätzel und Peter Hüne. Dreißig Minuten vergingen, vierzig ... Da schickte Peter Hüne einen Mann auf die Bühne, ihn zu bändigen. Lächerlich, dachte der Lesende, ein Griff und der Gute ist erledigt. Doch Irrtum, unser Mann war ein echter Polizist, ein mit allen Wassern gewaschenen Zivilfahnder.

Mit Schrecken denke ich auch noch an zwei eigene Auftritte. Einmal wurde ich in einem echten Sarg auf die Bühne getragen. ( ... )

Geschwitzt habe ich auch, als ich bei einer „szenischen Lesung" hinter der Bühne jemanden erschießen musste, die Pistole aber versagte. Immer wieder. Was nun? Schließlich habe ich geschrien: „Dann ersteche ich dich Sau eben!"

*Gerne erinnere ich mich an die Kolleginnen und Kollegen, die „bei uns" gelesen haben, so an Bernhard Schlink und ... Ich stocke, denn alle, die ich jetzt <u>nicht</u> erwähne, darf ich nicht mehr zu meinen Freunden zählen, trotzdem lasse ich es und nenne nur Maj Sjöwall und Ingrid Noll.*

*Im Namen der Krimischreiberinnen und -schreiber wie des VS Berlin gilt mein herzlicher Dank Helge Schätzel und dem Bezirksamt Reinickendorf für die wunderbare Förderung unseres Genres. Und so kann ich an dieser Stelle nur das wiederholen, was auf der Homepage des Bezirksamtes steht:* In einer Mischung zwischen Lesung und Musik sind regelmäßig die Spitzenautoren des Genres Krimi in der Humboldt-Bibliothek zu Gast und lesen aus ihren aktuellen Büchern. Die Reinickendorfer Kriminacht ist dank einer einzigartigen Mischung aus Lesungen, Talk-Runden, Musik und Preisverleihung eine der erfolgreichsten Veranstaltungen um das populäre Genre „Kriminalliteratur" und darüber hinaus die älteste Kriminacht in Deutschland.

*Freuen wir uns auf die nächsten fünf Jahre und das 25. Jubiläum der Reinickendorfer Kriminacht.*

Ähnlich gestrickt wie die Reinickendorfer Kriminacht ist die Schlussveranstaltung der *CRIMINALE*, der Schlussveranstaltung bei der Jahrestagung des *SYNDIKATS*, der Vereinigung fast aller deutschsprachigen Autoren und Autorinnen. Das *SYNDIKAT* geht auf eine Idee von Fred Breinersdorfer aus dem Jahre 1986 zurück. Ich gehöre zu den Gründungsmitgliedern und war von 1991-2000 der Vorsitzende. Dabei habe ich viele beeindruckende Menschen kennengelernt und so einiges erlebt, aber auch gehört.

Fange ich einmal mit Fred Breinersdorfer an (Näheres siehe bei *Wikipedia*). Imposanter kann ein Mann nicht sein! Seine bisher größten Erfolge waren die Oscar-Nominierung des von ihm mit produzierten und geschriebenen Films *Sophie Scholl – Die letzten Tage* und zu Beginn des Jahres *ELSER*, die Geschichte des Hitler-Attentäters aus Schwaben. Als er Vorsitzender des *SYNDIKATS* ist, habe ich eine Lesung in Fellbach und besuche ihn davor in seinem Haus in Stuttgart. Wir sitzen gemütlich beisammen und trinken unser Viertele, da dringt aus dem Bad ein markerschütternder Schrei zu uns. Ein Mord? Nein, Freds Sohn hatte sich die Haare waschen wollen, sich dabei über den Badewannenrand gebeugt, war dabei vom Hund des Hauses, einem riesengroßen Tier, von hinten besprungen worden und hatte sich dessen Kopulationsversuchen kaum erwehren können. *„Der bekommt gleich ein Beruhigungsmittel!"* – *„Wer, dein Sohn oder der Hund?"*

Fred Breinersdorfer ist ein durch und durch kosmopolitischer Mensch, der perfekt Englisch sprechen kann, und so sind wir sehr erstaunt, als wir uns zu einer *CRIMINALE* in der Nähe von Prag versammelt haben, und er im Bus dorthin zum Mikrofon greift, um die Planung für den Tag anzusagen, also dass wir uns nach Ende unseres Stadtrundganges wieder vor dem Hotel einfinden sollen, vor dem wir gerade halten. Er sagt: *„We´ll meet us before the hotel."* Gelächter der Sprachkundigen, denn richtig wäre gewesen: We meet in front of the hotel.

Nun etwas mit ihm, das ich leider nicht selbst erlebt habe, was ich aber dennoch immer wieder so erzähle, als wäre ich dabei gewesen. Der internationale Verband der Krimischreiber, die AIEP (Asociaciòn Internacional de Escritores Policiacos) veranstaltet ein Meeting in Acapulco. Aus Schweden ist der Kollege Karl Arne Blom gekommen. Er erzählt davon, schwedischer Meister im Brustschimmen gewesen zu sein. Als man eine Menge Tequila getrunken hat und zufällig am Swimmingpool vorbeikommt, stoßen ihn Fred Breinersdorfer und andere in ihrem Übermut ins Wasser. Folgt ein Hilfe- und fast ein Todesschrei, denn Karl Arne Blom ist in Wahrheit Nichtschwimmer ...

Im Jahre 2000 beschließen liebe Kollegen aus NRW gegen mich zu putschen, denn ihrer Meinung nach geht es nicht an, dass der Vorsitzende des *SYNDIKATS* aus dem popeligen Berlin mit seinen rund 3,5 Millionen Einwohnern kommt, wo man doch die Gegend um Dortmund und Essen als eine einzige große Stadt sehen müsse und da gut und gern sieben bis acht Millionen Menschen wohnen. Wir versammeln uns im Rahmen der *CRIMINALE* in einem Saal der Volkshhochschule, wo die Ränge so ansteigen wie in dem Hörsaal einer medizinischen Fakultät. Ich habe vorher fünf Freude angerufen, doch bitte nach Essen zu kommen, um mir mit flammenden Appelle pro -ky beizustehen, doch niemand hatte plötzlich Zeit ... So saß ich denn mutterseelen-allein auf der Bühne und hatte mich zu verteidigen. Eigentlich hatte ich schon verloren, denn mein Gefühl sagte mir, dass mindestens 80 Prozent der Anwesenden gegen mich waren. Es ging vor allem um einen Bestechungsvorwurf: Ich sollte für viel Geld das Recht an einen Verleger verkauft haben, sein Unternehmen Verlag der *CRIMINALE* nennen zu dürfen. Lächerlicher ging es kaum. Wie gut wäre es gewesen, wenn nun ein anderer meinen Anwalt gespielt und mich verteidigt hätte. Aber nein, das musste ich nun selber tun. Und ich wurde von Minute besser und kann schließlich die Abstimmungsschlacht gewinnen. Als alles gelaufen ist, taucht oben im Saal Fred Breinesdorfer auf und beginnt, er ist ja von Hause aus Anwalt, ein flammendes Plädoyer zur Verteidigung von -ky zu halten. *(Spät kommt er – doch er kommt!* – und ich könnte ihn noch heute voller Dankbarkeit umarmen.)

Fred Breinersdorfer zum Letzten: Er bekommt bei der Reinickendorfer Kriminacht den *Krimi-Fuchs* für seine *Tatort*-Drehbücher und seine Fernsehspiele um den Anwalt Abel verliehen und muss nun, so das Ritual, eine Viertelstunde lang etwas aus seinem zuletzt gedruckten Kriminalroman vorlesen. Nun kann er sicherlich vieles, aber eines nicht so richtig: Hörbuchreif zu lesen. Immer wieder hat man ihm das gesagt, und damit wird er im Sinne der self-fulling-prophecy von Mal zu Mal auch nicht besser. Er weiß, dass das in Tegel kein glanzvoller Auftritt werden würde. Was macht er da, als er oben auf der Bühne am Lesetisch und vor dem Mikrofon Platz nehmen muss: Er spielt den total Erschrockenen, klopft sich mehrmals alle verfügbaren Jacketttaschen ab und ruft dann: „*Mist, aber ich habe meinen Roman im Hotel vergessen! Muss ich Ihnen halt erzählen, was drin steht.*" Und das macht er brilliant.

Leider habe ich nie ein Buch zusammen mit ihm geschrieben, so wie etwa mit den Kollegen Steffen Mohr, Felix Huby, Peter Heinrich und Jan Eik.

Mit Felix Huby zusammen habe ich die Anthologie *Nichts ist so fein gesponnen* herausgegeben, in der wir Kurzgeschichten und Romanausschnitte aller Väter des deutschen Kriminalromans zusammengetragen haben, als da sind: E.T.A. Hoffmann, Gerhart Hauptmann, Heinrich von Kleist, Theodor Fontane u.v.a.m. Bei aller Freundschaft sind wir natürlich auch Konkurrenten auf den Märkten, wo er mit seinen Serien wie *Ein Bayer auf Rügen* und den vielen Bienzle-Tatorten in der Geldrangliste weit, weit vor mir rangiert. Als Huby von Stuttgart nach Berlin zieht, hole ich ihn in unsere Wandergruppe. Jeden ersten Sonnabend im Monat ziehen wir durch die Mark Brandenburg. Einmal geht es auch durch die ziemlich menschenleere Uckermark und wir marschieren durch ein abgelegenes Dorf. Kommt plötzlich ein mir völlig unbekannter Mann aus seinem Haus gestürzt, läuft zum Gartenzaun und ruft enthusiastisch: *„Mensch, der -ky, dass ich Sie einmal von Angesicht zu Angesicht sehen kann! Ich liebe Ihre Bücher!"* – Meine Freude ist riesig, die von Huby nicht ganz so groß. Sage ich später zu ihm: *„Hättest du auch haben können, wenn dir das zweihundert Euro wert gewesen wäre, ich war nämlich letzte Woche hier und habe dem Mann hundert Euro für diese Szene gezahlt."*

Huby ist mir bis heute für einen Satz böse, den ich einmal in einem Roman eine ihm nachempfunde Figur habe sagen lassen, und der wirklich gutgemeint war: *„Er schreibt Drehbücher so schnell wie andere Leute ihren Einkaufszettel."*

Mit Jan Eik habe ich nicht nur zwei Kriminalromane zusammen geschrieben, sondern auch einiges Berlinspezifische. Nun sehen wir uns zwar nicht zum Verwechseln ähnlich, sind aber etwa gleich alt (1938 zu 1940). Sind wir gleich nach der Wende zu zweit zu einer Lesung nach Oranienburg eingeladen worden, und ich soll beginnen. Und das tue ich dann auch mit den Worten: *„Mein Name* *ist Jan Eik, eigentlich aber Helmut Eikermann. Ich bin in Berlin geboren, habe nach dem Abitur zunächst als Studioassistent und nach meinem Studium bis 1987 als Diplom-Ingenieur für Informationstechnik bei verschiedenen Rundfunkanstalten in der DDR gearbeitet. Meine ersten Veröffentlichungen gehen auf das Jahr 1962 zurück. Ich hoffe, dass einige von Ihnen meine Romane kennen werden, etwa Der siebente Winter.*" – Eik spielt mit und stellt sich vor als -ky. Und niemand bemerkt es und stellt klar, wer wer ist. Wie peinlich für uns ...

Etwa fünfzehn Jahre später will ich wiederum nicht ich sein. Da haben mich die *Sisters of Crime* zu einer Lesung eingeladen, bei der an sich nur Frauen auftreten sollen. Erscheine ich also mit einer Perücke und dem schönsten geblümten Kleid meiner Mutter. Aber da wir leider nicht in Oranienburg sind, sondern beim einzigartigen Klaus-Peter Rimpel in seiner Dorotheenstädtischen Buchhandlung in Moabit, ruft doch da gleich einer: „*Ah, die Bosetzka ist heute da!*"

Zu dieser Buchhandlung fahre ich auch am 14. November 2014, um etwas aus *Skandal um Zille* vorzulesen. Es ist kurz vor 20 Uhr und kein Mensch weit und breit zu sehen. Es kommt auch niemand mehr. Ich verstehe die Welt nicht. Erst später wird mir klar, daß ich schon am 14. November 20**13** hier war und ich beim Erstellen des Terminplans wohl etwas durcheinander geraten bin. Dabei übernehme ich dann, da mein Sohn das Ganze auf meine Homepage bringt, der Einfachheit halber die Adressen von Stätten, wo ich schon einmal "aufgetreten" bin. Dabei muss es passiert sein. (Das wäre eine schöne Anekdote, nur stimmt das leider so nicht ganz, denn Melanie Stiewe von *Lettekiez liest!* und *Moabit liest!* hatte mich schon vorher auf den Irrtum aufmerksam gemacht.)

Lesungen ... Lampenfieber kenne ich nicht mehr, dazu waren es schon zu viele, und ich habe ja auch an die dreißig Jahre im Hörsaal gestanden. Trotz aller Routine, geht immer wieder etwas schief. Entweder der Stuhl ist zu hart und ich leide von Minute zu Minute mehr, da meine Sitzhöcker von keinem Speck mehr überzogen sind, oder das Mikrophon ist so angeordnet, dass sein Schatten genau auf mein Buch fällt und ich ja noch nicht alles auswendig kann. Oft hat man aber auch vergessen, für ein Mikrophon zu sorgen, auch wenn die Akustik sehr zu wünschen lässt. Einmal, es war im Gemeindesaal der Frohnauer Johannes-Kirche, kamen von hinten immer wieder die Rufe: „*Lauter, bitte!*" Zum Schluss habe ich nur noch geschrien und, als ich dann nicht mehr konnte, mit letzter Kraft geröchelt: „*War das eine schöne Schreiung hier!*" Anfangs gibt es ja immer die Begrüßung durch die, die mich eingeladen haben. Wenn da über 20 Minuten hinweg alles vorgelesen wird, was über mich im Internet zu finden ist, verdrehe ich immer die Augen. Davon auszugehen, dass mich alle kennen würden, wäre aber zu arrogant, um es zu sagen und stimmte ja auch sicher nicht. Zumindest für manche der mitgebrachten Männer, die dann während der Lesung auch prompt einschlafen. Ich wecke sie nicht, ich kenne das vom Hörsaal her. Wenigstens tun sie nicht das, was gelangweilte Studierende (wie auch Theaterbesucher) gerne tun: den Raum verlassen und Türen zuknallen. Wenn die Einführung zu Ende ist, bedanke ich mich herzlich für die Einladung zu dieser Lesung und bei den Hörern und Hörerinnen für ihr Kommen. Dabei taste ich wie mit einem Laserstrahl alle Gesichter ab: Sind Verwandte, Freunde und Bekannte dabei, die mich zwingen, bestimmte Stellen nicht zu lesen oder schnell improvisierend zu verändern. Wenn ja, wird es harte Arbeit. Dann beginne ich. In den ersten Minuten gibt es so viele Versprecher und falsche Betonungen, dass ich immer unsicherer werde und dauernd rufen möchte: *„Bitte schneiden!"* Langsam fange ich mich dann, obwohl ich mich immer wieder frage: *„Warum liest du das denn laut vor, du kennst doch den Text?"* Zwischen den einzelnen Passage plaudere ich dann immer und erzähle Anekdoten ... Da habe ich Fred Breinersdorfer vor Augen. Lernen am Modell heißt das im Lehrbuch. Die Plauderei rettet den Abend dann, und oft überschüttet man mich – nicht mit dem ausgeschenkten Wein, sondern mit Beifall. Ich hebe das unvermeidliche und inzwischen leere Wasserglas, verbeuge und bedanke mich. Nur neulich im Museum Neukölln, wo auf den Plakaten und den Flyern eine <u>Lesung</u> aus *-ky´s Berliner Jugend* angekündigt war, meckert einer: *„Das war keine Lesung hier, das war eine Erzählung!"* Ich grinse, denn es ist höchst ehrenvoll, ein Erzähler genannt zu werden. Nach Lesung und improvisierter Plauderei beginnt, obwohl ich mehr als erschöpft bin, der härteste Teil der Veranstaltung: das Signieren. *„Was, bitte, darf ich schreiben?"* – *„???"* – *„Mit 'Für' oder ohne 'Für'?"* – *„Für Katharina & Jonathan ..."* O Gott, und das auch noch in Orten mit ewig langen Namen, wo ich dann schreiben muss: Königs Wusterhausen, den ... oder Hohenschönhausen, den ... Ich habe einen Vorrat an Widmungen: 1.: „ ... *zur Erinnerung an die Lesung in ... am ... Ihr ...*", 2.: „*Für ... mit herzlichem Dank für die Wertschätzung meiner Romane! Und bleiben Sie mir weiterhin gewogen ... Ihr ...*", 3.: „*Viel Spaß und Spannung bei der Lektüre wünscht Ihnen Ihr ...*"

Meine Handschrift wird immer unleserlicher. Das mag am Alter wie am Computer liegen. In manchen Buchhandlungen darf ich einen Stapel meiner Werke für den unbekannten Kunden von Morgen „vorsignieren". Einmal tue ich das für die Buchhandlung am Zeltinger Platz in Frohnau. Es ist schönes Wetter, und die signierten Romane liegen draußen auf dem Platz auf großen Tischen. Kommt ein junge Dame, die gerade ihre Lehre als Buchhändlerin begonnen hat, in den Laden gestürzt und ruft: *„Frau Kießling, draußen hat einer alle Romane von Bosetzky vorne vollgeschmiert!"*

Bei einer Lesung in Märkisch-Buchholz bekomme ich nicht nur das Honorar, sondern auch noch eine Packung legefrischer Eier. Wahnsinn! Ein Arzt aus Berlin war in die Mark ausgewandert und erfreute sich nun an der Hühnerzucht. *„Besser, als wenn sie dich am Schluss mit faulen Eiern beworfen hätten"*, sagt Freund Volker, der mich nach MB gefahren hatte.

Lesungen im Berliner Umland, also im Bundesland Brandenburg, machen immer viel Spaß, ob das nun Eggersdorf, Oranienburg (O-Burg), Königs Wusterhausen (KW), Eisenhüttenstadt, Cottbus, Gransee oder Seelow sind. Im Juli 2015 soll/darf ich auch in Mecklenburg-Vorpommern lesen, in Carwitz (Mecklenburgische Seenplatte). Eingeladen hat mich Edzard Gall von der Hans-Fallada-Gesellschaft. Ich freue mich über diese Ehrung, sind doch Fallada und Fontane meine großen Vorbilder (Gurus). Den Namen Gall will ich mir mit der Eselsbrücke France Gall merken (Sieg beim Eurovision Song Contest 1965 mit dem Titel *Poupée de cire, poupée de son*), das scheint aber nicht viel zu helfen, denn als ich noch eine Nachfrage habe und kurz nach meinem Mittagschläfchen eine E-Mail schreibe, rede ich ihn mit Herrn Gallwitz an. Liegt das hinzugefügte -witz daran, dass ich an diesem Tage gerade am *Trostpflaster* schreibe und nur noch Witziges im Kopf habe? Vielleicht auch an Carwitz (what car ist the biggest Witz) oder daran, dass ich vorher eine E-Mail an den Berliner Autor und Kulturveranstalter Herbert Witzel geschrieben oder an die Gallwitzallee in Berlin-Lankwitz gedacht habe, durch die ich ab und an spaziert bin?

Beim Lesen aus *Turnvater Jahn* habe ich immer eine gewaltige Klippe zu überwinden, denn da gibt es eine Szene, wo Jahn die ihm so verhasste *Marseillaise* anhören muss. Man singt: *Allons enfants de la Patrie, / Le jour de gloire est arrivé! / Contre nous de la tyrannie, / L'étendard sanglant est levé.* Nun kann ich außer *Merci* und so kein Wort Französisch, und auch als mir meine Tochter alles in Lautschrift aufgeschrieben und mit mir geübt hat, klingt es grausam. Ich suche nach einem Ausweg und finde ihn auch. Bei jeder Lesung halte ich das Blatt mit der ausgedruckten *Marseillaise* hoch und frage, ob jemand von meinen Zuhörerinnen und Zuhörern gut Französisch sprechen (und vielleicht auch noch singen) kann, um mir aus der Patsche zu helfen. Es findet sich immer jemand – und der Beifall ist ihm/ihr gewiss.

Ich finde es irgendwie peinlich, Freunde und Verwandte per E-Mail zu meinen Lesungen einzuladen, weil ich das als Nötigung ansehe, manche liebe Kollegin oder manch lieber Kollege tut das aber, und dann folge ich diesen Einladungen auch ab und an (wenn nicht gerade ein wichtiges Fußballspiel an diesem Abend stattfindet), und bei gemeinsamen „Auftritten" im Rahmen von „Marathon-Lesungen" muss man den anderen Akteuren ja unabdingbar zuhören. Bei beiden Gelegenheiten gerate ich immer wieder ins Schmunzeln, aber – die anderen mögen mir nicht böse sein – ein Meisterwerk an Humor ist für mich die Kurzgeschichte *Beim Bäcker* von Stephan Hähnel aus seinem Buch *Alte Frau zum Kochen gesucht.* Da ist die Hauptfigur ein Student, der sein laibförmiges Brot liebt und behandelt wie einen Hund, es/ihn Rex nennt, eine Lehrerin und einen älteren Herrn mit seiner verqueren Sicht der Dinge gleichsam ansteckt und die Feinbackwarenverkäuferin Edda Plunder derart in den Wahnsinn treibt, dass sie vor ein Auto läuft und staubend stirbt.

Früher bin ich zu Lesungen, Rundfunk- und Fernsehterminen durch die ganze Republik und ins Ausland gereist, heute schaffe ich es bei meinen schwindenden Kräften nur noch ins Berliner Umland. Vor vielleicht fünf Jahren werde ich zu einer Krimi-Sendung des WDR nach Kleve eingeladen. Ich sage dankend zu, denn die alten linksrheinischen Gebiete der Preußen wollte ich schon immer einmal kennenlernen, und die Stadt nebenan, Wesel, war mir schon seit frühester Kindheit vertraut, denn vor jedem größeren Wald rief bestimmt einer der Erwachsenen: „*Wie heißt der Bürgermeister von Wesel?*", und zurück kam das Echo: „*Esel!*" Mit von der Partie sollte auch Jochen Senf sein, damals Millionen bekannt als der Saarbrücker *Tatort*-Kommissar Max Palu. Wir verabreden uns und steigen auf dem Bahnhof Zoo, was damals noch möglich war, in einen ICE. Reisekosten und Honorar waren so üppig, dass wir in der 1. Klasse reisen konnten. Jochen hatte sein Klapprad mitgebracht, um am Zielort mobiler zu sein, was schon einiges Aufsehen beim Personal erregte und irgendwen von der hoheitlichen DB auch ärgerte. Nun, es konnte doch noch verstaut werden, und los ging es. Personalwechsel, erste Fahrkartenkontrolle. Personalwechsel, zweite Fahrkartenkontrolle. Personalwechsel, dritte Fahrkartenkontrolle. Da wage ich laut zu sagen: „*Wären wir mal lieber geflogen, da kommt während des Fluges auch nicht andauernd einer angelatscht und ...*" Dann füge ich noch hinzu, dass es doch eigentlich im Zeitalter der Hightec für den ersten kontrollierenden Kollegen eine Möglichkeit geben müsse, über unseren Plätzen ein Zeichen zu hinterlassen, dass bei uns alles okay sei. Jochen fragt, ob er als Palu denn so aussehe wie ein Schwarzfahrer? Der Bahnbeamte sah wegen seines Dienstplans offenbar abends nie fern, also konnte er den subtilen Humor nicht erkennen, der in dieser Frage steckte. Personalwechsel, vierte Fahrkartenkontrolle. Inzwischen waren wir schon im Ruhrgebiet angekommen, beide sauer. Sauer über so viel irrwitzige Bürokratie und vielleicht auch darüber, dass man uns nicht als VIP´s erkannte und gebührend hofierte. Schön und gut, wir weigern uns, unsere Fahrkarte noch einmal zur Kontrolle hinzuhalten. Kommt es barsch: „*Dann steigen Sie hier aus!*" Wir blicken auf das Bahnhofsschild: Mühlheim (Ruhr). In Köln oder Düsseldorf hätten wir der amtlichen Aufforderung ja vielleicht noch Folge geleistet, aber Mühlheim (Ruhr)? Also bleiben wir sitzen. „*Gut, dann hole ich die Polizei!*" Das soll eine Drohung sein, doch ich grinse nur, denn damit stehen wir am nächsten Tag in vielen Zeitungen, und vielleicht kommen auch Funk und Fernsehen. So viel kostenlose PR, wunderbar! Das könnte sonst niemand bezahlen. Wir warten ... Nichts passiert. Schließlich kommt der Kontrolleur zu uns zurück und blickt uns mit der ihm höchstmöglichen Verachtung an: „*Meinetwegen blieben Sie im Zug, aber zur Strafe spreche ich nicht mehr mit Ihnen!*"

Zum Schriftstellerdasein gehören auch die Kongresse. Da lässt sich die schöne Beobachtung machen, dass sich eine/einer umso mehr in den Vordergrund zu spielen versucht, je mehr sie/er der Kategorie „No-Name" oder „Höchstauflage 500" zuzurechnen ist. Bei einer Tagung in Wolfenbüttel drängt sich ein Team ans Mikrofon, das sich sehr wichtig nimmt und damit prahlt, wie schwer es ist, Texte aus Island zu übersetzen. Einer liest ein Gedicht auf Isländisch vor. Es klingt wie rollender Donner und hört sich herrlich an: *Fé er frænda róg / ok flæðar viti / ok grafseiðs gata. / aurum ylkir*. Ich verstehe natürlich kein Wort. Dann folgt die deutsche Übersetzung – und da wirkt alles furchtbar platt, so dass ich laut denke. „*Bei manchen Texten sollte man die Übersetzung per Gesetz verbieten.*" Wieder habe ich Dutzende von Feinden mehr ...

Zurück zur AIEP und damit zu Julian Semjonow. Er ist in Moskau auf die Welt gekommen, war studierter Orientalist, hat als Journalist gearbeitet, Drehbücher und Kriminalromane geschrieben und es auf eine Auflage von 12 Millionen gebracht. Doch damit nicht genug, er hat auch die AIEP ins Leben gerufen. Warum das? Es wurde damals kolportiert, er habe es getan, um die Gedanken Gorbatschows unter die Völker der Welt zu bringen und sei auch einer von dessen Redenschreibern gewesen. Zwei Villen soll er gehabt haben, eine auf der Krim, eine in der Eifel. Das alles ist kaum noch nachprüfbar, wahr aber ist, dass er im Herbst 1988 im Ost-berliner *Sputnik* einen Artikel veröffentlicht hat, der für die Perestroika wirbt, in der DDR viel Staub aufwirbelt und den Sturz Honneckers einleitet. Unter Eid aussagen kann ich, dass Julian Semjonow bei mir in Frohnau gewesen ist, zusammen mit seiner Tochter Olga. Mein Sohn war so fasziniert von ihr, dass ich schon gehofft hatte, die beiden würden einmal ... Nein, daraus ist nichts geworden.

Bleiben wir kurz bei dem, was mit der DDR zusammenhängt. Was gibt es für einen Jubel bei uns, als zwei meiner Romane nach einem Tauschgeschäft des Rowohlt Verlages auch in der *DIE-Reihe* des Ostverlages *Das Neue Berlin* erschienen sind, und Edith, meine Lebensretterin in frühen Jahren, aus Güstrow, ihrem neuen Wohnsitz, schreibt, sie hätte sie dort als "Bückware" kaufen können.

In Frohnau besuchen mich immer wieder Kollegen und Kolleginnen aus der DDR, mit welcher Absicht auch immer, sie bekommen jedenfalls von ihren "Organen" die Erlaubnis dazu. Auch Hans Pfeiffer gehört dazu. Mein Leipziger Freund Steffen Mohr hat viel von ihm erzählt, und ich kenne einige Kriminalromane von Hans Pfeiffer, so *Tote Strombahnen*. Er ist Professor für künstlerische Lehrtätigkeit am Leipziger Institut Johannes R. Becher (Johannes, der Erbrecher, wie man lästert).

Einige Ostkollegen und -kolleginnen besuchen mich auch in der Fachhochschule im Ku'dammkarree. Bekomme ich dort in meinem Büro eines Tages einen Anruf unseres Verfassungsschutzes. *„Wir möchten Sie bitten, Ihre Besuche aus der DDR bei uns zu melden, wenn sie in Räumen des Landes Berlin stattfinden."* – *„Wieso denn das, ich denke, wir wollen alles daran setzen, bei uns keine solchen*

*Verhältnisse zu haben wie drüben in der DDR." – „Egal, Sie sind als Hochschullehrer Beamter des Landes Berlin und damit verpflichtet, solche Angaben zu machen. Wir wollen ja schließlich wissen, was es an inoffiziellen Kontakten schon gibt, wenn wir offiziell mit Ostberlin über den Kulturaustausch verhandeln."*

1986 fahre ich zu einer Lesung im Rahmen eines Krimifestivals nach Göttingen und bekomme zwei Wochen später Post aus Leipzig mit einem Zeitungsausschnitt. Es ist ein Artikel eines gewissen Steffen Mohr, der auch in Göttingen gelesen hat und sehr positiv von meinem Auftritt dort berichtet. Ich bedanke mich bei ihm – und habe wenig später die Idee, einen deutsch-deutschen Krimi mit ihm zu schreiben. Er findet das gut, wir treffen uns in einem DDR-Schriftstellerheim in Petzow am Schwielowsee, brüten den Plot aus zu *Schau nicht hin, schau nicht her*, wo es um eine sogenannte Transit-Leiche geht, und gewinnen Richard K. Flesch vom Rowohlt Verlag für unser Vorhaben. Der handelt mit dem *Mitteldeutschen Verlag* Halle/Leipzig aus, dass der Roman etwa zeitgleich in Ost und West erscheinen soll. Okay. Dann aber wird das Projekt von der DDR-Seite aus angehalten. Warum? Die Zensurbehörde verlangt 85 Änderungen, auf die wir uns nicht alle einlassen wollen, und außerdem gibt es ein riesengroßes Problem: Auf dem *rororo*-Cover soll stehen: -ky (BRD) und Steffen Mohr (DDR). Das ginge nicht. heißt es von östlicher Seite, denn ich käme nicht aus der Bundesrepublik Deutschland, sondern aus „*der politisch selbständigen Einheit Westberlin*", es habe also da -ky (WB) zu stehen. Dagegen lege ich mein Veto ein, finde aber einen Ausweg: Mit meinen *connections* gelingt es mir, in Bremen-Sebaldsbrück Untermieter bei meinem Freund Ingulf zu werden und einen bundesdeutschen Reisepass ausgestellt zu bekommen. Den zeige ich nun den DDR-Leuten, aber trotzdem gibt es von dort keine Druckerlaubnis. Da fahre ich zu einer Veranstaltung des LCB, des Literarischen Colloquiums Berlin, nach Wannsee hinaus – und wer steht da in einer Pause draußen auf der Terrasse und raucht: Klaus Höpcke, der stellvertretende Minister für Kultur der DDR. Als er einen Moment allein ist, stelle ich mich vor und schildere ihm unser Anliegen. *„Ist es nicht doch machbar, Herr Minister, denn wir beide ahnen ja wohl, dass sich die Welt bald ändern wird, und wenn ich meinem Freund Julian Semjonow glauben darf, dann ...“*

Eine Woche später wird unser Roman durchgewunken.

Zwei Anmerkungen dazu: Erstens, fünf Jahre später bekomme ich eine gesalzene Rechnung der Bremer Stadtwerke. Seit ich dort gemeldet bin, sei doch eine Menge Müll angefallen, und man habe das jetzt einmal hochgerechnet. Ich muss viel Mühe aufbringen, um den Leuten zu beweisen, dass ich am besagten Ort nicht einen einzigen Tag gewohnt habe. Zweitens, Klaus Höpcke war dabei, als Steffen Mohr und ich, 1999 in Leipzig das zehnjährige Erscheinen unseres ersten (und letzten) deutsch-deutschen Kriminalromans gefeiert haben, und wenn wir uns heute begegnen, dann können die Leute sehen, wie sich zwei ältere Männer auf der Straße umarmen: Klaus Höpcke (SED, PDS, Die Linke) und Horst Bosetzky (SPD) – und ich sage dann immer: *„Wenn sich die Sozialdemokraten und Kommunisten 1933 so umarmt hätten wie wir beide jetzt, dann hätte es Hitler nicht gegeben und der Welt wäre unermessliches Elend erspart geblieben.“*

Als ich Steffen Mohr zum ersten Mal in Leipzig treffe, stecke ich tief in einer Beziehungskrise und so bin ich hocherfreut, als er mir vor einem Stadtspaziergang auf Sächsisch ankündigt, dass wir zu „den Mädchen" gingen. Er meinte, zu „den Medien", das heißt, zu einer Leipziger Zeitung.

Anlässlich der *CRIMINALE* 1988 werden wir vom *SYNDIKATS*-Vorstand von DDR-Kollegen und -kolleginnen zu einem Treffen in die feudale Begegnungsstätte des Schriftstellerverbandes am Majakowskiweg in Pankow eingeladen. Bevor ich das Wort ergreife, zeigt einer auf Günter Ebert, dessen *Männer, die im Keller husten* bei mir in Frohnau im Regal steht, und flüstert mir zu: „*Vorsicht, der da ist von der Stasi.*" Ein Dutzend Jahre später habe ich eine Lesung in Neustrelitz – und wer sitzt da in der ersten Reihe mit seiner Frau: Günter Ebert. Ich habe große Mühe, mich zu fangen. Nach der Lesung kommt er zu mir: „*Wollen wir nicht mal ein Glas Rotwein zusammen trinken?*" – „*Ja ...*" Er erzählt mir, wie er IM geworden ist. Als junger Mann ist er – wie Günter Grass etwa – zur Waffen-SS gekommen und mit der sogenannte Blutgruppentätowierung gebrandmarkt worden: etwa 20 Zentimeter über dem linken Ellenbogen auf der Innenseite des Oberarms und ungefähr 7 Millimeter groß, bestehend aus dem oder den Buchstaben seiner Blutgruppe. In der Endphase des Krieges verliert er in den Ardennen ein Bein, der besagte Arm aber bleibt ihm erhalten. Als er später nach dem Krieg Journalist in Thüringen ist, kommen Stasi-Leute mit einer klaren Botschaft zu ihm: „*Wir wissen von der Waffen-SS. Entweder Sie kommen zu uns – oder es ist aus mit Ihnen als Journalist und Schriftsteller.*" Zu oft habe ich in der Kirche gehört: ... *und vergib uns unsere Schuld, wie auch wir vergeben unsern Schuldi-*

*gern* .... um nicht anders zu können, als ihm die Hand zur Versöhnung zu reichen.

Über meine Lesungen wäre viel zu berichten, da gibt es schon einmal hundert Zuhörende, aber auch einmal Nullnummern. Niemand da, außer dem Veranstalter, so geschehen in Schwerin und in Erfurt gleich nach der Wende.

Gleich nach diesem epochalen Ereignis werde ich ins Kulturhaus des Stahlwerks Hennigsdorf eingeladen. Von Frohnau aus ist das ein Katzensprung, ich fahre also gerne hin, und setze mich, da ich entschieden zu früh da bin, auf eine Bank, von der aus ich das Kulturhaus beobachten kann. Die Menge strömt nur so, ich zähle bis hundert, dann wird es mir zu viel. Als ich aber den Saal betrete, in dem ich lesen soll, verlieren sich dort maximal zehn Interessierte. Wie das? Die anderen hatten eine Etage höher gewollt, wo Heizdecken und andere westliche Luxusgüter vorgeführt wurden ...

Sind nur eine paar „Männeken" da, dann ist das immer ein ziemlicher Frust. Der Trost ist dann nur das Honorar. Aber das fällt auch immer geringerer aus, und manchmal darf ich auch für 0,00 Euro lesen. Bei Obdachlosen ist das okay, aber oft höre ich auch: *„Freuen Sie sich doch, dass Sie auf unserem Flyer stehen!"*

Einmal in der Spandauer Zitadelle, als ich aus dem *Letzten Askanier* lesen soll, sind es gar zweihundert Gäste. Ich bedanke mich für ihr Kommen und rufe aus: *„So viel hätte ich erst bei meiner Beerdigung erwartet!"* Im Allgemeinen kommt etwa die Zahl zusammen, die ich von meinen Seminaren, Kursen und Projekten her kenne, so um die dreißig herum. Meine beiden Rekorde sind eh nicht zu toppen. Die habe ich der Gewerkschaft ver.di zu verdanken. Von 2000 bis 2014 war ich ja Vorsitzender des Berliner Schriftstellerverbandes VS in der ver.di – und da waren ab und an Gegenleistungen zu erbringen. Einmal musste ich mitmachen beim Protest gegen die damals miesen Arbeitsbedingungen bei Lidl und habe vor einigen hundert Gekommenen ausgerufen: *„Dieses Land darf nicht verlideln!"* Riesenbeifall. Das war aber noch gar nichts gegen meinen anderen Auftritt, dem vor dem Roten Rathaus. Als ich auf die Bühne gestiegen und ans Mikrofon getreten bin, sind an die 8.000 Menschen versammelt, um gegen den Finanzsenator Theo Sarrazin anzukämpfen. Als es um die Verschlechterung der Bedingungen an den Berliner Kitas gegangen war, hatte der gehöhnt, die Eltern sollten nicht so tun, als würde man ihre Kinder ins KZ schicken. Als ich das am Ende meiner Rede aufnehme und ausgerufen habe: *„Schluss mit diesem Sarrazynismus!"*, da brauste ein Jubelsturm über mich hinweg.

Wozu wäre noch etwas zu sagen? Zu den Übersetzungen und zu Film und Fernsehen natürlich. Einiges ist von mir ist in kleinere Sprachen übersetzt worden, drei Romane aber auch ins Französische (z.b. *Pour le roi de Prusse*), ins Italienische, ins Russische und ins Chinesische. Dem chinesischen Übersetzer habe ich zu seiner Ausreise nach Deutschland verholfen, und er war auch einmal zu Gast bei uns in Frohnau. Da stellte sich heraus, dass er nur sehr schlecht Tischtennis spielen und Rad fahren konnte ... Ja, die Klischees ... Mein Übersetzer ins Russische war Jewgenij Faktorowitsch. Sein Vater war nach dem Krieg Presseoffizier in Karlshorst, und hier hat Jewgenij angefangen, Deutsch zu lernen. Er ist an sich Ukrainer und Jude dazu und schafft es mit seiner

Frau, nach Deutschland umzusiedeln. Aber er darf sich nur im Land Brandenburg niederlassen und nicht in Berlin, in das er so gern zurückkehren möchte. Huby und ich schaffen das mit unseren Kontakten. Sitzen Jewgenij und ich danach in der Schwartzschen Villa beisammen, um das alles zu begießen, und ich will zwei doppelte Wodka kommen lassen, da stellt sich heraus, dass Jewgenij keinen Alkohol zu sich nimmt. Gott, was ist das für eine Welt, in der man sich nicht einmal auf althergebrachte Klischees verlassen kann! – Bleibt die Krönung bei den Übersetzungen: Ein Verlag in New York bringt den *Kalten Engel* als *Cold Angel* heraus. Hinten auf dem Cover singt man ein Loblied auf mich: ... *a former professor of sociology is the author of over forty bestselling crime novels and many screenplays for television and radio*, aber es wird kein Cent nach Berlin überwiesen (wie auch die Russen und Chinesen nie etwas gezahlt haben). Ich hatte auch gehofft, zu einer Lesung nach New York eingeladen zu werden ... Ja, denkste!

Zu den besagten *screenplays for television and radio* ... Was gibt es da für Anekdoten, die ich immer wieder erzähle? Ich schreibe für das ZDF ein Drehbuch für das Vorabendprogramm und erbitte mir, in einer kleinen Szene selbst auftreten zu dürfen. Genehmigt! Wir drehen in einem echten Berliner Gefängnis, und ich darf ein Justizbeamter sein. Regisseur ist Wolf Gremm, der Ehemann von Regina Ziegler, und wir sind befreundet. Die Szene geht so: Ich schließe einem Knacki, gespielt von Michael Altmann, eine Tür auf, muss sagen: „*Ich habe noch einmal mit dem Anstaltsleiter gesprochen – es sieht nicht schlecht aus mit deiner vorzeitigen Entlassung*", und oben auf der Galerie steht ein anderer Häftling, gespielt von Heinz Werner

Kraehkamp, ist wütend über uns und spuckt auf uns hinunter. Nun bin ich trotz aller Hörsaalerfahrung kein gelernter Schauspieler und verspreche mich beim Zungenbrecherischen: „*Ich habe noch einmal mit dem Anstaltsleiter gesprochen – es sieht nicht schlecht aus mit deiner vorzeitigen Entlassung*" wieder und wieder. Ich war ja viele Male im Knast (als Sozialforscher), weiß, wie ungemein formell bürokratisch es mit den vielen „Vormeldern" dort zugeht („*Ich hoffe, keine Fehlbitte getan zu haben*") und wollte dies mit meinem besagten Satz „rüberbringen". Doch er ist wohl „unsprechbar". Sage ich zu Wolf Gremm: „*Bitte, kann ich das nicht irgendwie anders formulieren?*", grinst er: „*Nee, ich habe beim ZDF unterschrieben, dass ich am Drehbuch kein einziges Wort verändere.*" Also muss ich es wieder und wieder probieren, und ein jedes Mal landet ein dicker Qualster Kraehkamps auf meinem Kopf und in meinen Haaren ...

Und noch ein anderes Mal denke ich mit Schrecken an alles zurück, was mit dem Fernsehen zu tun hat. Da werde ich zur Sendung *Pro und Contra* nach Stuttgart eingeladen. Ein Studiogast ist auch Dagobert Lindlau, dreimaliger Grimme-Preisträger und ein TV-Gott, wie es nur wenige gibt. Er ist als Sachverständiger für das organisierte Verbrechen eingeladen worden, ich als Kriminalschriftsteller und -soziologe. Es ist eine Livesendung, nichts da mit: „*Bitte schneiden!*" Ich denke daran, wie wir in der Sozialforschung immer über Günter Wickert und die Blitzumfragen seines Instituts gelästert haben: Hat er seine Schwiegermutter befragt und das auf 60 Millionen Deutsche hochgerechnet. Ich will Dagobert Lindlau nun dahingehend kritisieren, dass er, wo er drei Mafia-Bosse getroffen hat, so tut, als würde er die ganze organisierte

Kriminalität in aller Tiefe erfasst haben, habe aber, als die Kamera auf mich gerichtet ist, einen völligen Blackout und rede wirklich ausgemachten Stuss („*Bosetzky, setzen: Fünf!*"). Treffe ich nach der Sendung mit Dagobert Lindlau auf dem Flur zusammen. Faucht er mich an: „*Sie Arschloch Sie!*" Verbeuge ich mich vor ihm und antworte: „*Das aus Ihrem Munde! Was für ein Kompliment!*"

Wäre zum Schluss noch auf das einzugehen, was bei mir im Hinblick auf mein Geschriebenes bei Kino und Fernsehen, aber auch den Romanen <u>nicht</u> zustande gekommen ist. Es reichte, eine Theorie der Vergeblichkeit zu entwickeln, begonnen vielleicht mit einem Vers von Wilhelm Busch: *Vergebens predigt Salomo. / Die Leute machen's doch nicht so.*

Fangen wir an mit dem Buch. Mein Freund Jürgen-Matthias Edelmann ist studierter Diplom-Kommunikationswirt und verweist mich bei meinen (zu) vielen Veröffentlichungen immer wieder auf den Wert der Theorie der Verknappung. Ich sollte also das Angebot meines Produkts unterhalb der Nachfrage halten, um *à la longue* einen höheren Absatz zu erzielen. Nun ja ... Vor Jahren sind mein Verleger Norbert Jaron und ich auch schon auf diese Idee bekommen und haben beschlossen, meinen Roman *Die Liebesprüfung* unter dem schönen Pseudonym Maria Mandragora erscheinen zu lassen. Im Verlagsprospekt stand dann: Die Autorin steht für Lesungen zur Verfügung. Als Maria Mandragora hatten wir Karen, die jüngere Tochter meine Schulfreunds Gert Regenspurg (siehe weiter oben) gewonnen. Sie ist Schauspielerin von Beruf. Ein herrlicher Plan, nur scheitert er daran, dass so wenige Vorbestellungen („Vormerker") beim Verlag eingehen, dass sich der Druck des Buches nicht lohnt ...

Zu Film und Fernsehen ... Aus meinen *Kartoffel*-Romanen soll eine Serie mit 26 Folgen werden, ebenso wie eine mit meinen Kriminalkommissar Hansjürgen Mannhardt und dem Amtsrat Karl Voppmann und seinen Taten in *Wenn der Amtsschimmel wiehert*. 3 x 26 plus dem jeweiligen Trailer, das wären 81 Folgen. Dabei wäre ich der weit oben angesiedelten Honorareinstreichgruppe von Felix Huby und einigen wenigen Anderen zuzurechnen gewesen. Aber alles scheitert. Einmal ist der Produzent pleite, ein Andermal hat der vorgesehene Hauptdarsteller ein Alkoholproblem und ist nicht zuverlässig verwendungsfähig, beim dritten Projekt entscheidet sich der Sender im letzten Augenblick für eine andere Serie. „*Acht – neun – Aus!*" So gewinne ich die Härte, um zweimal bei der Diagnose Krebs nicht in Panik zu geraten. Auch weitere Verfilmungen scheitern: Bei *Der letzte Askanier* wie auch bei Romanen aus der Reihe *Es geschah in Berlin*. Es wird auch nichts mit meinem Drehbuch über den Berliner Ausbrecherkönig Ekke Lehmann. Das Beste zum Schluss: Was kann ein deutscher Autor sich mehr erträumen als dass Hollywood ruft. Und bei mir hat es gerufen: Man wollte (zusammen mit einem Münchener Produzenten) den Roman *Von oben herab* verfilmen, der weithin auf dem alten Flughafen Tempelhof spielt. Größer konnte kein Jubel sein! Mir traute man nicht zu, ein amerikanischen Ansprüchen gerecht werdendes Drehbuch zu schreiben und engagierte stattdessen Michael Gonzales, einen erprobten Drehbuchschreiber aus Santa Monica, und ließ ihn nach Berlin einfliegen, damit er hier Ortskenntnisse sammeln und geeignete *locations* aussuchen konnte. Ich half ihm dabei, und als sich meine Englischkenntnisse als unzureichend erwiesen, sprangen mein Sohn und meine Gefährtin meines Lebens für mich ein. Alles schien sich ganz wunderbar zu entwickeln, dann kam eines Tages die Nachricht, dass, nachdem Michael Gonzales die 21. Fassung seines Drehbuchs abgeliefert hatte, das Ganze gestorben sei ...

Im *Stern* Nr. 20 vom 7.7.2015 lese ich mit Freude einen Beitrag von Jan Rosenkranz über eine „*Mixtur von aus Workshop, Therapie und Happening*", den sogenannten *Fuck-up-Nights* hier in Berlin, wo Gründer vom Scheitern ihrer Ideen berichten: *Es wird geweint, gelacht – und gejubelt.* Ich hoffe nicht, dass ich, nachdem dieses Buch erschienen ist, dort auftreten muss.

# VIII. Eine allgemeine Nachhilfe zum Überleben in dramatischen Situationen

Nun also zu „Hottes Resterampe". Was ist auf meiner langen Liste übriggeblieben, das ich in keine der sieben vorherigen Schubladen so recht unterbringen konnte? Beginne ich wieder bei meinen Eltern ...

Wir sitzen im Wohnzimmer und sehen fern. Zu dieser Zeit gab es nur ein einziges westliches Programm, und all die vielen Fernsehspiele wurden live gesendet. Steht da ein Fernsehspiel mit der damals sehr beliebten österreichischen Schauspielerin Herta Staal auf dem Programm. Sie muss laut Drehbuch sagen: *„Ich kann mich nicht entscheiden"*, hat aber offensichtlich ein Störgefühl dabei und denkt, dass es wohl: *„Ich kann mich nicht entschließen"* heißen müsste – und sagt dann schließlich: *„Ich kann mich nicht entscheißen."* Sofort klingelt bei uns das Telefon. Gerda, die zweitbeste Freundin meiner Mutter, ist am Apparat: *„Hilde, hast du das auch gehört?!"* In der Folge wird es bei mir und meinem Vater ein running gag: *„Tut mir leid, ich kann mich nicht so schnell entscheißen."*

Bleiben wir beim Fäkalen und meiner Mutter. Eines ihrer Lieblingsgerichte, und die kochte sie immer wieder, waren Kohlrouladen. Zu deren Herstellung benutzte sie keine stählernen Spieße, sondern den guten alten Bindfaden. So ... Das geschah auch an einem Sonntag in Neukölln, und ich esse meine Kohlroulade mit Behagen. Am nächsten Tag gehe ich dann in der Fachhochschule auf die Toilette und schreie unwillkürlich auf, weil ich mich schon wegen sich auflösender Därme auf dem Operationstisch sehe. Was war passiert? Ich hatte den Zwirnsfaden mitgegessen und der hatte sich im Verdauungstrakt ... („*Bosetzky, Stop: Jetzt wird es doch zu unappetit-lich, und Sie sollten die Details der Fantasie Ihrer Leser überlas-sen.*")

Gut, etwas ganz Harmloses und zugleich zurück nach Schmöckwitz. Else Jastrau, die Freundin meiner Oma, wohnt über der Post und hat einen schönen Erker mit Blick auf den Zeuthener See. Im Sommer schläft sie nachts gern bei offenem Fenster. Ihr Gebiss legt sie nach dem Säubern auf das Fensterbrett. Am Morgen erwacht sie durch den heftigen Flügelschlag einer Elster. Die sieht sie gerade noch mit ihrem glitzerndem Gebiss im Schnabel in Richtung Wasser davon fliegen ...

Jahre später. Wir sind nach Wilmersdorf in die Ko-blenzer Straße gezogen, und in der Nachbarwohnung lebt eine Single-Frau. Wir wissen, dass sie sich gerade von ihrem Mann getrennt hat und sehr unter allem lei-det. Mein Arbeits- und ihr Schlafzimmer haben eine ge-meinsame und recht dünne Wand. Da höre ich eines Abends von drüben her ein schreckliches Stöhnen. Im-mer wieder. „*Frau Brandt liegt im Sterben!*", rufe ich meiner Frau zu. „*Schnell, den Notarzt, die Feuerwehr!*" Die kommt auch. Man klingelt Sturm. Frau Brandt erscheint quietschfidel in der Tür. Was war passiert? Ihr Hund, ihr Afghane, hatte in tiefem Liebeskummer und heißem Verlangen nach einer Hündin gotterbärmlich gestöhnt ...

Was ich auch immer wieder erzähle, obwohl ich nicht dabei war, ist etwas, das mir Jürgen Dittberner (siehe oben) berichtet hat. Er sitzt zu einer Zeit für die FDP im Berliner Abgeordnetenhaus, da Ella Barowski (1912-2007) an ihrem 90. Geburtstag für ihre Verdienste um Berlin geehrt wird. Über sie finde ich im Internet eine Zusammenfassung ihres Lebens nur auf Englisch:

*Dr. Ella Barowsky ( ... ). FDP member of Berlin House of Representatives from 1951 to 1955 and 1963 to 1971 after serving as mayor of Schöneberg and finance secretary of Wilmersdorf.*

Sie beginnt mit ihrer Dankesrede, Seite um Seite vom Blatt ablesend. Seite 3: „*1950 habe ich mehrere Monate mit einer schweren Typhus-Erkrankung, die eine Spätfolge meiner Arbeit als Trümmerfrau war, im Krankenhaus gelegen und dann ...*" Sie liest diese Seite zu Ende und beginnt dann mit der, wie sie glaubt, nächsten Seite: „*1950 habe ich mehrere Monate mit einer schweren Typhus-Erkrankung, die eine Spätfolge meiner Arbeit als Trümmerfrau war, im Krankenhaus gelegen und dann ...*" Ihrem Alter geschuldet hat sie dieselbe Seite zweimal gelesen. Alle merken es, nur sie nicht, und alle sind so höflich, es ihr nicht zu signalisieren ...

Ich bin zwanzig Jahre jünger als sie und zum Glück keineswegs dement, als mir Folgendes passiert. Ich bekomme zu Weihnachten zwei Hosen geschenkt. Die eine ist leider zu kurz und muss verlängert werden, die andere hingegen zu lang und soll gekürzt werden. Ich vermesse mich, hefte zwei Zettel an die Hosen und bringe sie zur Änderungsschneiderei. „*Wollen Sie nicht noch schnell in die Umkleidekabine gehen und die Hosen anziehen, damit ich dann alles selbst abmessen kann?*", fragt mich die Schneiderin. „*Nein, danke, das ist mir zu umständlich.*" Als ich die Hosen dann eine Woche später abhole, ist die eh schon zu kurze um zwei Zentimeter gekürzt und die zu lange um zwei Zentimeter verlängert worden ... Ich hatte die Zettel falsch angeheftet.

Ich nenne mich „Professor Deppie", aber die Gefährtin meines Lebens faucht mich wegen dieser Selbstdiminuierung an. Das erinnert mich an eine andere „Heldentat". Da wollen mein Freund Gerhard und seine Frau Ingeborg das Geld für den Elektriker sparen und vertrauen mir die Reparatur der maroden Leitungen in ihrer neuen Wohnung in Steglitz an. Ich schaffe das auch, nur geht das Licht im Korridor nur an, wenn man die Kühlschranktür öffnet ...

Einmal stehe ich auf dem U-Bahnhof Alexanderplatz und werde von einer Frau angesprochen, die aus dem tiefen Süden Deutschlands kommt und mit ihrer gehbehinderten Mutter nach Alt-Kladow will. Ich bin stolz darauf, alle Fahrmöglichkeiten im Kopf zu haben. Also beginne ich: *„Sie können mit der S-Bahn bis Savignyplatz fahren und dann weiter vom Ku'damm aus mit dem Bus X13 von der Ecke Schlüterstraße direkt bis nach Kladow raus. Da hätten wir aber von der S-Bahn zum Bus einen Fußweg von mehreren hundert Metern, und das wäre schlecht für Ihre Mutter. Also ist es vielleicht besser, Sie fahren mit der RB 14 bis Spandau und von dort, vom Rathaus Spandau also, mit dem 134er-Bus bis Kladow. Aber wenn Sie schon einmal in Berlin sind, dann sollten Sie bei dieser Gelegenheit auch gleich eine kleine Dampferfahrt machen. Ohne die geht es in Berlin nicht. Hertha BSC ist ja auf einem Dampfer gegründet worden, und Theodor Fontane ist 1964 ... Quatsch: 1874 auf der Sphinx von Köpenick nach Teupitz gefahren ... Moment mal ... Entschuldigung: das war ein Segelschiff! Also gesegelt. Sie fahren also mit der S-Bahn bis nach Wannsee, bei Fontane noch: Wannensee, und besteigen dort das Segelboot nach Kladow. Unsinn: die Fähre nach Kladow."* Guckt die Frau mich wie einen armen Irren an und sagt: *„Komm Mutti, gehen wir, der Mann tut mir leid."*

Zwischenruf: *„Mächtig zerstreut heute, Herr Professor!"* — *„Ja, klar, das gehört sich schließlich so. Trotzdem bitte ich, meine*

*Asche nicht auf hoher See, also dem Seddin- oder Zeuthener See zu zerstreuen, sondern die Urne mit ihr in Frohnau auf dem Friedhof an der Hainbuchenstraße in die Erde zu senken.« – »Okay, aber nicht vor 2020!« – »Ich will mir alle Mühe geben und noch ein paar Jährchen meinem Beruf als Erinnerungshelfer nachgehen.«*

Da wir gerade bei meiner Asche sind ... Ich war kurz davor, verascht zu werden. Nicht verarscht, das werde ich öfter, sondern kremiert, wie das in der Fachsprache heißt, also eingeäschert. Warum? Weil ich zu einer Lesung ins Bahnbetriebswerk (Bw) Friedrichsfelde eingeladen werde. Jemand holt mich an der Pforte ab, und wir gehen durch eine Werkhalle, wo lange S-Bahnzüge darauf warten, durchgecheckt und repariert zu werden. Neben mir glitzern die Stromabnehmer, und da ich davon ausgehe, dass sie stromlos sind, beuge ich mich hinunter, um einen von ihnen anzufassen. Reißt mich mein S-Bahner mit einem Schreckensschrei zurück. *„Da liegen 750 Volt dran!"*

Da wir gerade beim ÖVPN sind: Gestern zucke ich beim Lesen der abonnierten *Verkehrsgeschichtlichen Blätter* (vb), 41. Jahrgang, September/Oktober 2014, Seite 124, zusammen, lese ich doch da gänzlich unerwartet meinen Namen:

*Mit bissigem Humor hat Horst Bosetzky aus Sicht eines Westberliners seine Erfahrungen mit Grenzüberquerungen unter und auf der Bösebrücke festgehalten.*

Bissiger Humor ... Soll ich mich nun darüber freuen oder nicht? Urteilen Sie selbst. Wiedergegeben ist eine Passage aus meinen S-Bahn-Erinnerungen aus dem Jahre 1997: *Einsteigen bitte, Türen schließen:*

*(...) ... auf der Bösebrücke befand sich ein Grenzübergang, den wir auch schon benutzt hatten: schwitzend und innerlich fluchend. „Klappen Sie mal die Sitzbank hoch." – „Ja." – Ganz devot, obwohl man die schlafenden Kinder wecken musste und sich an dem Scheißpatent die Fingernägel abbrach. – „Öffnen Sie mal die Kofferhaube." – „Ja, gerne."*

Hinzuzufügen wäre noch, dass ich mir bei unserem gelben VW-Passat Sekunden danach mächtig die Finger verbrannt habe, als ich auch noch die Motorhaube zu öffnen hatte und da ein alter Putzlappen herumlag. Als ich den herausziehen wollte, berührte ich ein glühend heißes Teil. *„Aua!"* Zum Schmerz an den Fingern kam noch der an der Zunge hinzu. Auf die hatte ich mir kräftig beißen müssen, um dem Grenzpolizisten nicht die Hand zu schütteln: *„Gratuliere! Nun haben Sie ja meinen Cousin im Tank doch noch gefunden!"*

Jeden Abend, den ich zu Hause verbringe und nicht gerade Fußball sehe, rate ich etwa ein Stunde lang Kreuzworträtsel, angefeuert von meinem französischen Rotwein. Und da ich das schon seit etwa zehn Jahren tue, stellen sich offenbar in meinem Frontal- und Temporallappen – oder in welchem Teil meines Gehirns auch immer – gewisse Verformungen ein, so frage ich neulich im Supermarkt: *„Wo, bitte, liegen denn bei Ihnen die Aufbrühhilfen für Heißgetränke?"* – *„???"* – *„Äh, Pardon, die Teesiebe?"* Dass ich so spreche, liegt daran, dass bei meinen Kreuzworträtseln in den kleinen Quadraten mit dem Pfeil oft die ungewöhnlichsten Umschreibungen stehen. Nähme ich sie beim Schreiben eines Romans, dann käme ein Text wie dieser heraus (die Zahlen in Klammern dahinter nennen Ihnen am Schluss des Kapitels das gesuchte gebräuchliche Wort):

*Als Tinko erwachte, fiel ihm ein, dass seine Frau am Freitag Geburtstag hatte, und er beschloss, ihr eine Schmuckkugel (1) zu schenken. Bevor er ins Bad ging, brachte er sein Möbelstück zum Schlafen in Ordnung (2). Laura hatte den Platz am Spiegel schon besetzt und cremte ihre Körperhülle (3) ein. Ein kleiner Pickel auf dem Rand der Mundöffnung (3a) machte ihr Sorgen.*

*„Hast du einmal einen Blick auf den Zeitmesser (4) geworfen?", fragte er. „Ich habe es eilig, ich muss noch meinen Haarwuchs im Gesicht (5) beseitigen."*

*„Und ich muss früh zu meiner Knetkur (6)!", hielt sie ihm entgegen, während sie ihren natürlichen Kopfschmuck (7) ordnete.*

*Er suchte auf dem Regal nach einer Packung mit einem selbstklebenden Wundschutz (8), war aber in seinem Gedanken schon bei ihrer Urlaubsreise, die zu einem Nebenmeer des Atlantiks (9) gehen sollte. Er begann davon zu schwärmen.*

*Sie trat auf die Hemmvorrichtung (10). „Lass uns heute abends bei einem Glas gegorenen Traubensafts (11) darüber reden."*

*Tinko winkte ab. „Hast du das vergessen: Heute Abend sehen wir uns doch wieder einmal ein musikalisches Bühnenwerk (12) an, und ich habe extra ein handliches Doppelfernrohr (13) für uns gekauft?"*

*Sie verzog das Gesicht. „Deiner Besessenheit, was die Hochkultur angeht, solltest du langsam einmal Lenkriemen (14) anlegen!"*

*„Entschuldige bitte, aber wozu bin in denn in einer Singgemeinschaft (15)!?", reagierte er gekränkt.*

*„Egal: Ich wäre lieber zu Hause geblieben und hätte mich einem neuen längeren Prosawerk (16) gewidmet."*

*Er nahm sie liebevoll in den Arm. „O du mein kleines hirschartiges Waldtier (17)!"*

*Sie genoss seine Zärtlichkeit, kehrte aber schnell wieder ins Alltägliche zurück. „Lege jetzt bitte einen Essgerätesatz (18) auf den Tisch und bediene die Lichtöffnung in einem Gebäude (19)."*

*„Okay. Hast du zum Frühstück noch einen besonderen Wunsch?"*

*Sie überlegte einen Augenblick. „Ja, hole bitte den Rest der kurz gebratenen Fleischschnitte (20) von gestern aus dem Kühlschrank."*

*Als sie dann gemeinsam am Tisch saßen, dachten sie mit einiger Melancholie an ihr erstes gemeinsames Frühstück zurück.*

*„Wo ist nur Abfolge von Augenblicken (21) geblieben", seufzte er und erfreute sie mit einem Liedvortrag (22).*

*Sie reagierte, während vor ihrem Fenster ein Lastenheber (23) seine Arbeit aufnahm, mit einem vorwurfsvollen Blick zur Zimmerdecke hinauf. „Du hast da oben den Rauchmelder immer noch nicht angebracht ..."!*

*„Nein, ich habe aber gestern an die Fadenverknüpfung (24) in meinem Taschentuch gedacht und mir einen Zapfen zum Verankern (25) gekauft."*

*„Und auch einen Richtungsbestimmer (26) für unsere nächste Wanderung?"*

*„Auch. Und mir schließlich noch eine Wandverkleidung aus Papier (27) für die Wohnung deiner Mutter angesehen Da muss wirklich dringend alles renoviert werden, bei der riecht es manchmal in der Tat wie in einer Tierunterkunft (28)."*

*„Gott, sie schafft es nachts nicht mehr auf die Toilette und macht in ein Gefäß mit Henkel (29). Aber jetzt Schluss damit! Ich habe eine Bitte um Antwort (30) an dich?"*

*„Ja ...?"*

*„Kannst du mir einen Mietwagen mit Fahrer (31) rufen?"*
*„Natürlich."*

*Er tat es. Sie arbeitete in einem Atelier, wo Kunsttöpfer (32) ihre Werke schufen, er war als Speisezubereiter (33) am Werke, das restliche Geld für ihren Wohnzins (34) zu verdienen.*

*Als die Taxe unten vorfuhr, küssten sie sich noch einmal filmreif. Da sie viele Krimis las, warnte sie ihn noch lachend.*

*„Vergiss nachher nicht deinen Gegenstand zum Öffnen der Tür (35), und vor allem: Lass dich bitte nicht umbringen, wenn ich weg bin, denn ich habe vielleicht keinen Abwesenheitsbeweis (36), und wenn keine Beweisperson (37) zur Hand ist, dann sitze ich in der Patsche."*

*Diese Vorahnung sollte sich wirklich erfüllen, denn kaum hatte sie ihre Wohnung verlassen, da fiel er von der Sprossenstiege (38), brach sich das Genick und verstarb auf der Stelle.*

*Es begannen schwere Tage für Laura und ihrer Gruppe verwandter Personen (39). Ihre Mutter hatte nie ganz verstanden, warum sie Tinko geehelicht hatte. Sie rang die Hände, als sie vom Schicksal ihres Schwiegersohns erfuhr und wollte ihre Tochter mit dem Ausruf trösten: „Ach, wäre doch noch alles rückgängig zu machen und das Leben kein Pastenbehälter (40)!"*

Jeden Tag fallen neue Anekdoten an. Meine Tochter erzählt von einer Szene in ihrer Schule, die zeigt, dass mangelnde Englischkenntnisse schlecht sein können, es aber zu unliebsamen Zwischenfällen kommen kann, wenn man zu sehr in die Welt des Englischen eingetaucht ist und Englisch träumt und denkt. *Miscarriage* ist die Fehlgeburt. Eine junge Lehrerin, die als Studentin lange Zeit in den USA war, hat nun eine Lehrprobe zu bestehen, die Prüfungskommission hat hinten in der Klasse Platz genommen. Thema ist der Konflikt zwischen Preußen und Österreich, die Lehrerin kommt auf Kaiserin Elisabeth zu sprechen und sagt: *„Bevor sie*

*eine Tochter auf die Welt bringt, hat sie viele Missgeburten erlit-*
*ten.*"

Zum Schluss (*„Wie schade!"*) noch einmal nach Frohnau.
Mir gegenüber in der Benediktinerstraße hat Herr He-
ring gewohnt. Ich sehe ihn, wie er mit seinem Dackel
spazierengeht. Kommt ihm eine Radfahrerin entgegen
und er ruft ihr zu: *„Guten Morgen, Frau Fisch!"*

Kleiner Einschub: Das erinnert mich an meine Mutter.
Die hatte eine Chefin, mit der sie gut konnte und die sie
auch oft privat besucht hat: Gertrud Entrich. Kommt
auf Frau Entrich eines Tages ein neu eingestellter Kollege zu und begrüßt sie. *„Darf ich mich vorstellen: Erpel."*

Wieder Frohnau: In meinem Schlafzimmer piept mein
Rauchmelder. Ich höre es, kann es aber nicht glauben,
denn er ist neu. Piept es wieder. Ich fluche über die Leute
im Baumarkt, die mir da ganz offensichtlich ein Ding mit
einer alten Batterie drin angedreht haben. Also kaufe ich
eine neue Batterie und setzte sie ein. Es piept aber, als ich
einschlafen will, weiterhin anhaltend und intensiv. Da
springe ich aus dem Bett, reiße den Rauchmelder von der
nicht allzu hohen Decke, zertrete ihn in meinem Zorn
und werfe ihn in den Mülleimer. – Jahre später: Ich ziehe
aus, und mein Sohn baut meinen betagten Hochschrank
ab, um ihn zu entsorgen. Da entdeckt er unten in den
Spanplatten ein Mäusenest ... Klar, ich hätte, wissend,
dass wir riesige Haselnusssträucher im Garten haben, im
Parterre nicht bei offenem Fenster schlafen dürfen.

Noch einmal Frohnau: Ein Nachbarin zeigt, was
Geistesgegenwart ist und was man tun muss, um nicht

erschlagen oder erstochen zu werden. Kommt sie vom Einkaufen nach Hause und findet die Tür zum Einfamilienhaus nur angelehnt vor. Die Kinder wieder! Als sie den Flur betritt, sieht sie im Wohnzimmer einen Einbrecher. Statt nun um Hilfe zu rufen und Gefahr zu laufen, getötet zu werden, lächelt sie den Mann an und sagt: *„Ach, Sie sind der Heizungsmonteur und wollen mal nachsehen, warum es bei uns nicht richtig warm wird. Lassen Sie sich nicht stören, ich gehe inzwischen in die Küche.“* Der Mann verschwindet lautlos.

Wenn ich demnächst lautlos verschwinde, dann geht es ins Familiengrab auf dem Frohnauer Friedhof. Meinen ersten Krebs habe ich elf Jahre lang überlebt, es war ein aggressives Sarkom, nun hat man ein Karzinom in der Prostata entdeckt. Ich tue das, was einem immer wieder empfohlen wird: eine zweite Meinung einzuholen, und fahre in ein Krankenhaus zu einem absoluten Spezialisten. Der redet kurz mit mir und geht dann zu seinem Bücherschrank. *„Was soll ich Ihnen lang und breit etwas über Ihr Leiden und die Heilungschancen erzählen, ich habe gerade ein Buch darüber geschrieben. Sie können es mit einem Rabatt von zwanzig Prozent gern kaufen.“*

Okay, ich tue es.

Möglicherweise wäre ich schon tot, wenn es mich nicht immer zu irgendwelchen Scherzen triebe. Da hat vor, sagen wir sieben, acht Jahren, meine jüngste Tochter Schulferien und langweilt sich. Ich lese ihr etwas vor, und sie will wissen, was Messen sind. Ich halte ihr, der vielleicht Zehnjährigen, einen längeren Vortrag über Industrie- und besonders Buchmessen, und als wir dann beim Spazierengehen an unserer Apotheke vorbeikommen, sage ich zu ihr: *„Es gibt aber auch Geräte zum Messen des*

Blutzuckers und des Blutdrucks." – „Habe ich auch Zucker im Blut?" – „Ja, klar, aber man darf nicht zu viel naschen." Zufällig hängt nun ein Schild mit der Aufforderung „Lassen Sie einmal Ihren Blutzucker kostenlos bei uns messen!" im Schaufenster. Da wir nichts anderes vorhaben und die Tochter ja bespaßt werden muss, gehe ich mit ihr in die Apotheke, wo sie zusehen soll, wie das so geht mit dem Blutzuckermessen. Der Apotheker sticht mir in den Finger, fängt meinen Blutstropfen auf und schüttelt den Kopf. „Das Gerät muss kaputt sein ..." Aber auch ein Zweites zeigt als Wert 595 an (der dürfte drei Stunden nach dem Frühstück bei einem gesunden Menschen nicht höher als 130-140 sein). „Sofort zum Arzt!"

Und nun, wie soll ich aufhören? Vielleicht damit, dass Sie beim Lesen meiner schwarz umrandeten Anzeige zur Beerdigung kommen und sich dann einen meiner Lieblingswitze erzählen, die sie bei einer Lesung gehört haben, einen, den ich von meinem angeheirateten Cousin Jochen aus der alten DDR gehört habe: Steht ein Polizist mitten auf dem Alexanderplatz und onaniert. Kommt sein Vorgesetzter: „Was soll denn das?" – „Na, du hast doch jesagt: 'Sperr ma ab!'"

Oder einen von meinem echten Cousin Curt: „Kommt ein Mann vom Arzt nach Hause und sagt zu seiner Frau: „Ich soll beim nächsten Mal Proben von Kot, Urin und Sperma mitbringen." Daraufhin sie: „Na, dann nimm ihm doch einfach deine Cordhose mit.""

Noch etwas zur eben schon erwähnten zweiten Meinung. „Kommt ein Mann zum Orthopäden. Hält der sich die Nase zu und sagt: „Sie müssten mal die Socken wechseln." Nickt der Patient. „Ja, das sagt meine Frau auch immer, aber ich wollte noch eine zweite Meinung einholen."

Gott, wie wird das sein, wenn sie in der Friedhofskapelle über mich lästern.

*„Sie werden keinen Platz nach Horst Bosetzky benennen, denn es gibt ja seinen Platz schon." – „Wie, den kenne ich nicht ...?" – „Doch: den Allgemeinplatz."*

Und wenn der Pfarrer oder Redner, der bei meiner Beerdigung die letzten Worte sprechen soll, dieses Buch hier vorher liest.

*„Ich beginne einmal im Stile des teuren Verblichenen: Horst Bosetzky war ein Steller. Nein, er hat bei der S-Bahn keine Weichen gestellt, und er war auch kein Fallensteller wie der Sam Hawkins bei Karl May oder die Kriminalbeamten in seinen Romanen, nein, er hat Schrift gestellt, denn er war Schriftsteller."*

Gut, dass ich das dann nicht mehr höre.

(1) Perle, (2) Bett, (3) Haut, (3a) Lippe, (4) Uhr, (5) Bart, (6) Massage, (7) Haar, (8) Pflaster, (9) Ostsee, (10) Bremse, (11) Wein, (12) Oper, (13) Opernglas, (14) Zügel, (15) Chor, (16) Roman, (17) Reh, (18) Besteck, (19) Fenster, (20) Steak, (21) Zeit, (22) Gesang, (23) Kran, (24) Knoten, (25) Dübel, (26) Kompass, (27) Tapete, (28) Stall, (29) Eimer, (30) Frage, (31) Taxi, (32) Keramiker, (33) Koch, (34) Miete, (35) Schlüssel, (36) Alibi, (37) Zeuge, (38) Leiter, (39) Familie, 40 (Tube).

# IX. Schnelle Stimmungsaufheller in depressiven Lebensphasen

Immer wieder werde ich von den edelsten Geistern der Höchstkultur, die in den Feuilletons nisten, als flacher Vielschreiber geschmäht oder völlig übersehen und kann da nur mit Goethe *(Faust, Vorspiel auf dem Theater) kontern: Die Masse könnt ihr nur durch Masse zwingen, / Ein jeder sucht sich endlich selbst was aus. / Wer vieles bringt, wird manchem etwas bringen; / Und jeder geht zufrieden aus dem Haus.* Und Goethe ist für mich der unangreifbare Zweithöchste, wenn man einmal von James Joyce ausgeht, der gesagt haben soll: *Nur Gott ist größer als Shakespeare.*

Ich hätte auch mit einem der größten deutschen Philosophen beginnen können, mit Karl Valentin, und seiner fundamentalen Erkenntnis: *Es ist schon alles gesagt, nur nicht von allen.* Wo auch immer ich auf der Rednerliste ganz hinten stehe, beginne ich mit diesem Satz.

Den *Faust*, es ist ein abgegriffenes rotes Büchlein, habe ich nach dem Tode meiner Mutter aus ihrem Bücherschrank genommen. Sie hat ihn in den Jahren um 1927 im Lyzeum lesen müssen. Ein jedes Mal erfreue ich mich an ganz bestimmten Zeilen wie (ebenfalls aus *Vorspiel auf dem Theater*): *Wie machen wir´s, daß alles frisch und neu / Und mit Bedeutung auch gefällig sei?* Das ist die große Frage beim Beginn eines jeden Romans. Einige Dutzend Zeilen weiter bietet Goethe dann auch ein allzeit gültiges Rezept an: *Greift nur hinein ins volle Menschenleben! / Ein jeder lebt´s, nicht vielen ist´s bekannt, / Und wo ihr´s packt, da ist´s interessant. Aus Der Tragödie erster Teil* könnte man da anschließend noch hinzufügen: *Wie alles sich zum Ganzen webt, / Eins in dem andern wirkt und lebt!* Was habe ich sonst noch angestrichen? Etwa: *Wenn ihr's nicht fühlt, ihr werdet's nicht erjagen, / Wenn es nicht aus der Seele dringt / Und mit urkräftigem Behagen / Die Herzen aller Hörer zwingt* (und Lesenden könnte man hinzufügen).

Was habe ich in all den Jahren noch bedeutsam erschienen ... Zum Beispiel: *Was du ererbt von deinen Vätern hast / Erwirb es, um es zu besitzen.* Gut, ja, aber leider haben wir Deutschen von unseren Vätern nicht nur ererbt, was uns freudvoll lachen lässt ... Dann, was man x-mal im Jahr ausruft, wenn man diesem und jenem zugehört hat: *Die Botschaft hör ich wohl, allein mir fehlt der Glaube!* Kommt jemand zum Eigentlichen, dann ertönt sofort der Ruf: *Das also war des Pudels Kern!* Oft drehe ich, wenn mich die absoluten Gutmenschen deutscher Nation wieder einmal zu sehr nerven, das um, was Mephistopheles im Studierzimmer sagt, er sei nämlich: *Ein Teil von jener Kraft, / Die stets das Böse will und stets das Gute schafft.* Und bei den nachfolgenden Zeilen muss ich immer an die FDP und die AfD denken: *... denn alles, was entsteht, / Ist wert, daß es zugrunde geht.*

Wesentlich positiver besetzt ist da der Ausruf ein paar Seiten weiter hinten: *Und Schlag auf Schlag! / Werd' ich zum Augenblick sagen: / Verweile doch! Du bist so schön!* Jedes Mal, wenn ich im Labor meines Hausarztes sitze und man mich zum Zweck der Analyse anzapft, dann entfährt mir: „*Blut ist ein ganz besondrer Saft.*" Gern hätte ich von meinen Studenten gehört, und habe dies selbst auch bei der Begegnung mit einigen Großen der Welt gesagt: *Ich bin allhier erst kurze Zeit, / Und komme voll Ergebenheit, / Einen Mann zu sprechen und zu kennen, / Den alle mir mit Ehrfurcht nennen.* Selbst denke und sage ich, wenn ich wieder einmal intellektuell und neural überfordert bin: *Mir wird von alledem so dumm, / Als ging´ mir ein Mühlrad im Kopf herum.* Und für dieses Buch soll das gelten, was Mephisto murmelt: *Ich bin des trocknen Tons nun satt* ...

Das passt ja alles wie die Faust aufs Auge, aber Schluss nun mit dem *Faust* und weiter zu Goethes gesammelten Gedichten, die ich ebenfalls in einem roten Büchlein meiner Mutter finde, geschmückt mit ihren handschriftlichen Anmerkungen, die ich, da sie in der Sütterlinschrift gehalten sind, kaum richtig entziffern und deuten kann. Weniges ist dort angestrichen, etwa auf der Seite 47: *Wer nie sein Brot mit Tränen aß, / Wer nie die kummervollen Nächte / Auf seinem Bette saß, / Der kennt euch nicht, ihr himmlischen Mächte!* Ich kannte nur die erste Zeile und auch den Titel des Gedichtes nicht: *Harfenspielers Reue.* Ich blättere weiter und stoße auf den *Erlkönig.* Da tönt es automatisch in mir: *Wer reitet so spät durch Nacht und Wind? / Es ist der Vater mit seinem Kind* ... Ich bin nur einmal geritten – einmal und nie wieder. Diesen Ritt habe ich nur überlebt, weil ich getauft und konfirmiert bin und bis heute Kirchensteuern zahle. Am Strand vom Baltrum hatte mich meine damalige Verlobte verführt. Nein, nicht dazu ..., sondern aufs Pferd zu steigen. Das ist dann mit mir durchgegangen, und ich habe mich betend in seine Mähne gekrallt ... Da war ich vaterseelenallein und nichts mit: *Er faßt ihn sicher, er hält ihn warm.* Ich dachte an das, was wir in der Schule mit den beiden letzten Zeilen des *Erlkönigs* gemacht hatten – und war diesem Zustand recht nahe: *Erreicht das Klo mit Müh´ und Not; / In seinen Hosen war der Kot.* Schneller Schnitt und zum *Schatzgräber.* Auch dessen ersten Zeilen haben wir kleinen Banausen verhunzt und aus *Arm am Beutel, krank am Herzen, / Schleppt´ ich meine l*angen Tage ge-

247

macht: Krank am Beutel, arm am Herzen, wobei Beutel für Skrotum stand, gehoben: Hodensack, bei uns damals aber nur Sack. Nebenbei: Erna Sack (1898-1972) war eine berühmte Kammersängerin, und war sie zu hören oder zu sehen, sangen die Erwachsenen damals immer: *„Du hast Glück bei der Flak, Erna Sack!"* Zurück zum *Schatzgräber.* Aus dem durften bei keiner Feier zwei der hinteren Zeilen fehlen: *Tages Arbeit, abends Gäste! / Saure Wochen, frohe Feste!* Beim *Heidenröslein* muss ich immer an meine Siemens-Lehre denken, denn hatten wir in der Buchhaltung ein ältliches Fräulein mit Vornamen Rosa, das *„keinen abbekommen hatte"*, und wenn sie ihre Kollegen geärgert hatte, sangen die immer: *„Sah kein Knab´ das Röslein stehn, / Röslein auf der Heiden ..."* Zum Schluss noch die beiden ersten Zeilen aus Goethes Gedicht *Das Göttliche,* die auch heute noch im Ethikunterricht ganz obenan stehen und auch uns damals immer wieder gepredigt wurden: *Edel sein der Mensch, / Hilfreich und gut.* Ich sagte Mönch statt Mensch, als ich aufgerufen wurde und das Gedicht vortragen wollte, denn ich hatte gerade an Wolfgang Mönch gedacht, einen Sportreporter des RIAS, und bekam wieder einmal nur zu hören (siehe weiter oben): *„Bosetzky, setzen! Fünf!"*

Weil wir gerade bei Gedichten sind: Von meinen Vätern hatte ich auch geerbt, und besitze es heute noch, den Band *Deutsche Gedichte,* zusammengestellt von Prof. J. Feldmann aus dem Jahre 1915, und da ist eine Menge angestrichen. Die Markierungen unterschiedlichster Art beginnen bei Joseph v. Eichendorff (*Der Jäger Abschied*) und den Zeilen: *Wer hat dich, du schöner Wald, / Aufgebaut so hoch da droben?* Es geht weiter mit Emanuel Geibels *Hoffnung* und den Zeilen, die Ältere noch jedes Jahr Ende

Februar zitieren: *Und dräut der Winter noch so sehr / Mit trotzigen Gebärden, / Und streut er Eis und Schnee umher: / Es muß doch Frühling werden.* Auch Wilhelm Hauff ist in meiner Gedichte-Sammlung vertreten und zwar mit *Reiters Morgengesang*, der beginnt mit: *Morgenrot, / Leuchtest mir zum trüben Tod? / Bald wird die Trompete blasen, / Dann muß ich mein Leben lassen, / Ich und mancher Kamerad!* Da gilt dann: *Glück ist die Summe des Unglücks, dem wir entgangen sind* – und wir können frohen Mutes das Spiel Bayern München gegen den FC Porto (6:1) genießen. Bei den diesjährigen Niederlagen der Bayern in Porto (1:3) und Barcelona (0:3) war eher an Goethe und dessen Gedicht *Prometheus* zu denken, das beginnt mit: *Bedecke deinen Himmel, Zeus, / Mit Wolkendunst.* Und in der Tat, als wir 2014 Urlaub am Fuße des Olymps gemacht haben, war der ständig von Wolken umhüllt. Dick angestrichen sind im langen Gedicht mit dem Titel *Grenzen der Menschheit* (abermals Goethe) sechs Zeilen, die ich für meine Familiensaga (die *Kartoffel*-Bücher) gebraucht habe: *Ein kleiner Ring / Begrenzt unser Leben, / Und viele Geschlechter / Reihen sie dauernd / An ihres Daseins / Unendliche Kette.* Und nun, großer Sprung, zu Schiller, den ich immer mehr mochte als Goethe. Natürlich darf sein *Lied von der Glocke* nicht fehlen, das so beginnt, wie wir es alle auswendig gelernt haben: *Festgemauert in der Erden / Steht die Form aus Lehm gebrannt. / Heute muß die Glocke werden! / Frisch, Gesellen, seid zur Hand!* Anmerkungen: a) Die Erbauer des neuen Berliner Flughafens BER hätten das mal vorher lesen sollen, und b) weil wir damals zu faul waren, das ganze ewig lange Gedicht auswendig zu lernen, haben wir lieber die geniale Kurzfassung genommen: „*Loch inne Erde, Bronze rin, Glocke fertich: Bimm, bimm, bimm!*" In Bayern müssen die CSU-Mitglieder und besonders ihr Horst bei der Schaffung des Betreuungsgeldes fünf Zeilen im Teil IV. geradezu verinnerlicht haben: *Und drinnen waltet / Die züchtige Hausfrau, / Die Mutter der Kinder. / Und herrscht weise / Im häuslichen Kreise.* Weiter ... Auch Heinrich Heine darf in der Reihe großer deutscher Dichter nicht fehlen – mit der *Lorelei* natürlich (ich im Unterricht: „*Lieber Lore Lei als Robert Ley!*"): *Ich weiß nicht, was soll es bedeuten, / Daß ich so traurig bin; / Ein Märchen aus alten Zeiten, / Das will mir nicht aus dem Sinn.* (Klammer zweiter Teil: Robert Ley war Reichsleiter der NSDAP und Anführer der „Deutschen Arbeitsfront" und ist in Nürnberg als Kriegsverbrecher zum Tode verurteilt worden. Weil dem so war, konnte ich wegen meiner Bemerkung nicht ins Klassenbuch eingetragen werden.) Weiter zu *Hofers Tod* von einem Julius Mosen: *In Mantua in Banden / Der treue Hofer war* ... Dazu eine kurze Anmerkung: Mantua liegt zwar in Italien, aber nichtsdestoweniger ist damit nicht gemeint, dass der Wirt Andreas Hofer (1767-1810) dort in die Mafia-Banden integriert war, sondern ein heldenhafter Freiheitskämpfer gegen die Franzosen und die mit ihnen verbündeten Bayern war, die seine Heimat besetzt hatten.

Ganz etwas Anderes ... Zu Gottlieb Konrad Pfeffel (1736-1809). Den, ein deutschsprachiger französischer Schriftsteller aus Colmar, kannte schon zu meiner Schulzeit nicht einmal unser Deutschlehrer, aber trotzdem mussten wir eines seiner Gedichte (*Die Tabakspfeife*) auswendig lernen, weil es mit der so gemütlich klingenden Zeile begann: *Gott, grüß Euch, Alter! Schmeckt das Pfeifchen?* Heute würden sofort x Schüler lachend losbrüllen: „*Heb, Alter, isch sch´wöre, das ist voll Scheiße das Gedicht von diese*

*Wichser und ich geh U-Bahn!"* Dabei hatten sie die menschenverachtende Zeile *Wie Grummet sah man unsere Leute / Der Türken Glieder mähn* gewiss nicht gekannt, zumal ja bestimmt auch nicht alle Deutschen wissen, dass mit Grummet der zweite Schnitt des Grases auf einer Wiese gemeint ist. Zurück zu „Schillan". *Die Bürgschaft* darf natürlich nicht fehlen: *Zu Dionys, dem Tyrannen, schlich / Möros, den Dolch im Gewande. / Ihn schlugen die Häscher in Bande. / „Was wolltest du mit dem Dolche? Sprich!" / Entgegnet ihm finster der Wüterich.* „Wie: 'entgegnet ihm' ...?", habe ich damals im Deutschunterricht gefragt, aber keine Antwort bekommen, denn die Deutschlehrerin hat das als Majestätsbeleidigung angesehen. Logischerweise müsste nicht der Wüterich dem Möros, heute durch Damon ersetzt, den berühmten Satz entgegenschleudern: *„Die Stadt vom Tyrannen befreien!"*, sondern Möros dem Machthaber. Uns war das egal, wir reimten sowieso: *„Was willst du mit dem Dolche? Sprich!"* – *„Kartoffeln schälen, vastehste nich!"* Manche variierten das auch mit: *„Käse schneiden ..."* Ich finde Kartoffeln besser. Beim Thema Friedrich (mit oder ohne von) Schiller durfte natürlich *Der Ring des Polykrates* nicht fehlen: *Er stand auf seine Daches Zinnen, / Er schaute mit vergnügten Sinnen / Auf das beherrschte Samos hin. „Dies alles ist mir untertänig!" / Begann er zu Ägyptens König. / „Gestehe, daß ich glücklich bin."* Er wirft dann sein höchstes Gut, seinen Ring ins Meer, um die Erinnyen, die rasenden Rachegöttinnen, dahingehend milde zu stimmen, dass sie ihm sein Glück nicht neiden. Doch die nehmen das nicht an, und der Koch findet den Ring des Polykrates im Bauch eines Fisches wieder. Auf den warte ich nun beim Zerlegen jeder Dorade aus dem Mittelmeer ... Und in den letzten Zeilen, den ägyptischen König meinend, heißt es: *Hier wendet sich der Gast mit Grausen, / (...) / Und sprach´s und schiffte schnell sich ein.* Ruf von der letzten Reihe in meiner 8. Klasse: „*Das muss ein Schwein gewesen sein!*" Warum das?, fragen wir uns heute, weil schiffen bei uns in Neukölln ein Synonym für Harn lassen war. In meiner Gedichte-Sammlung folgt dem *Ring des Polykrates* sogleich *Der Handschuh*, der uns ein weiteres geflügeltes Wort beschert, den Ausruf: „*Den Dank, (edle) Dame, begehr´ ich nicht!*" Da hat die Beauté, um den Mut eines Ritters und die Stärke seines Begehrens zu prüfen, ihren Handschuh in einen „Löwengarten" geworfen – und er soll ihr diesen nun zurückholen. Er riskiert sein Leben und tut es, aber ... Folgt nun auf Schiller ... wer wohl? ... Schiller, diesmal mit dem Gedicht *Der Taucher*. Die ersten beiden Zeilen lauten: „*Wer wagt es, Rittersmann oder Knapp, / Zu tauchen in diesen Schlund?*" Das Gedicht hat 27 lange Strophen, und die auswendig zu lernen, war zu viel für uns, so dass wir lieber die gekürzte Fassung wählten: „*Der Tauch-her – gluck, gluck, weg war er!*" Die Schüler und Schülerinnen in der DDR machten es beim (fiktiven) *Bergwerksunglück* nicht anders: „*Rumpeldipumpel – futsch war der Kumpel!*" Nun Schiller zum Letzten mit einem weiteren Endlosgedicht, der *Kassandra*, denn dort finden sich zwei Zeilen, die Fontane später „klauen" wird: *Nur der Irrtum ist das Leben, / Und Wissen ist der Tod.* Die letzte Zeile müssen die Macher von RTL, SAT 1, Vox und so weiter bei ihrem Beschluss im Kopf gehabt haben, uns alle zu erretten. Weiter geht es bei Kassandra mit zwei Zeilen, die alle Herausgeber von esoterischen Lebensberaterbücher vom Bundesverfassungsgericht als geschäftsschädigend verbieten lassen müssten: *Wer erfreute sich des Lebens, / Der in seine Tiefen blickt.* (Für die Seher der *Biene Maja*: Kassandra ist hier nicht die Lehrerin im Bienenstock, sondern eine Seherin und Priesterin im antiken Troja.) Machen wir noch kurz Halt bei Ludwig Uhland (obwohl er Schwabe ist, gibt es bei der Berliner U-Bahn die Uhlandstraße, und so heißt sogar der Endbahnhof der Linie 1 am Ku'damm), bei dem *Der gute Kamerad* mit zwei Zeilen beginnt, die wir immer wieder zitieren: *Ich hatt´ einen Kameraden, / Einen bessern find´st du nit.* (Nit statt nicht, weil sich das besser auf Tritt reimt, und nicht an Wicht hätte denken lassen.) Nein, Uhland gehört nicht in die Sammlung von Trostpflastern, endet doch sein Gedicht *Das Glück von Edenhall* mit den so furchtbar pessimistischen Zeilen: *In Splitter fällt der Erdenball / Einst, gleich dem Glücke von Edenhall.* Ich werde den Berliner Senat bitten, aus der Uhlandstraße die Buhlandstraße zu machen – oder besser noch: die Buhlanstraße, denn Bully Buhlan (1924-1982) war in meiner Jugend ein überaus beliebter und erfolgreiche deutscher Schlagersänger (und daneben noch Pianist, Schlagerkomponist und Schauspieler), der uns mit dem *Chattanooga Choo Choo* und Liedern wie *Ich hab' mich so an dich gewöhnt* oder *Ham' se nich' 'ne Braut für mich* beglückt hat.

Ich lege nun die Sammlung deutscher Gedichte aus der Hand, und wundere mich, dass einer meiner Gurus fehlt, nämlich Theodor Fontane, aus dessen *John Maynard* ja ältere Büroinsassen kurz vor Feierabend immer noch gern zitieren: „*Halt aus! Hallo! Und noch zehn Minuten bis Buffalo.*" Ob sie aber ihrem Chef bei dessen Ableben auch hinterher rufen: „*Er starb für uns, unsre Liebe sein Lohn?*" Bei jedem Gang und jeder Fahrt über eine der bekanntlich alle weithin altersschwachen deutschen

Brücken habe ich im Kopf, was in der *Brück´ am Tay* ganz am Schluss geschrieben steht: *„Hei! Wie Splitter brach das Gebälk entzwei."* / *„Tand, Tand, / Ist das Gebilde von Menschenhand."*

*„Bosetzky, setzen! Fünf! Wofür soll denn das ein Trostpflaster sein?"*

„Hm ... Ja ... Aber vielleicht gelingt es mir mir noch, empfindliche Gemüter – und mich selbst – damit zu beruhigen, dass es den letzten Brückeneinsturz in Deutschland am 13. August 2002 gegeben hat, als beim Elbehochwasser die Alte Muldebrücke eingestürzt ist, und sich das Ganze, da es sich ja um ein Jahrhunderthochwasser gehandelt hat, per Definition bis 3000 nicht wiederholen kann."

Ich zitiere Theodor Fontane in einem fort (wenn auch noch nie im Fort Hahneberg in Berlin), und gehe etlichen meiner Kommunikationspartnern gehörig auf die Nerven, obwohl ich sie damit zumeist nur trösten will. Krimschreiberkollegen, die man mit dem Vorwurf der Trivialliteratur ins Herz treffen will, tröste ich mit: *„Was heißt großer Stil? Großer Stil heißt so viel, wie vorbeigehen an allem, was die Menschen eigentlich interessiert* – oder auch mit: ... *die trivialsten Sätze sind immer die richtigsten."* Manchmal greife ich auch zu diesem Trostpflaster: *„... geistreich sein ist bloß gefährlich wie schön sein und ruiniert den Charakter."* Und hat man ihnen wieder einmal keinen Preis verliehen, dann bekommen sie zu hören: *„Man muss sich darin abfinden, daß immer wer da ist, der einem vorgezogen wird."* Tröstlich sind, wenn man (wieder einmal) scheitert ist, auch zwei Fontane´sche Sentenzen, einmal: *Eigentlich ist es ein Glück, ein Lebelang an einer Sehnsucht zu lutschen* und zum anderen: ... *wie viel hat das Leben, aber für wie wenige* *nur.* Wenn ich wegen meiner These, in jedem Roman *„müsse ein Stück Hollywood stecken"* angegriffen werde, dann kontere ich immer mit einem Satz Fontanes: *Ohne ein gewisses Quantum von Mumpitz geht es nicht.* Wer darunter leidet, zu dünnhäutig zu sein, den beruhige ich mit Fontanes Erkenntnis: *Hundert Nadelstiche regen mehr auf als ein Kolbenstoß.*

Dies alles habe ich meinem Buch *Mord und Totschlag bei Fontane* entnommen, wo sich auch die genaue Quellenangabe findet, aus dem *Stechlin* aber sind diese drei Erkenntnisse: „ *... wer immer unzufrieden ist, der taugt nichts. Immer Unzufriedene sind dünkelhaft und boshaft dazu, und während sie sich über andere lustig machen, lassen sie selbst viel zu wünschen übrig."* (Sagt Armgard.) „*Unglücklich sind immer nur die Halben."* (Lässt Fontane den Superintendenten Koseleger sagen.) „*Er war das Beste, was wir sein können, ein Mann und ein Kind."* (So Pastor Lorenzen über den alten Stechlin.)

Nach so viel Tiefe kann ich es wohl wagen, zu Wilhelm Busch als Nächstem zu kommen. Meine Schmöckwitzer Oma (siehe oben), bei der ich bis zum Mauerbau immer meine Sommerferien verbracht habe, hatte ein dickes Wilhelm-Busch-Album, und das habe ich wieder und wieder gelesen und dabei alle meine schulischen und pubertätsbedingten Sorgen vergessen. Mit *Max und Moritz* sind wir wohl alle aufgewachsen, auch wenn das Ende der Hühner (*Jedes legt noch schnell ein Ei, / Und dann kommt der Tod herbei.*) wie auch das der beiden Lausbuben der reinste Horror und wenig kindgerecht ist. Auch von *Fipps, der Affe* war ich begeistert, wenn der auch einigen Menschen schrecklich und menschenverachtend mitspielt, wie etwa in dieser Sequenz: *Es wohnte da ein weißer Mann, / Der Affen fing und briet sie dann.* Der Gemeinte trug einen großen Ring durch die Nase, und ..., aber lesen wir Busch im Original: *Fipps faßt den Reif mit seinem Schweif. / Der Weiße wird vor Schrecken steif. / Die Nase dreht sich mehrere Male / Und bildet eine Qualspirale.* (Die Passage ist im Sinne von „no racism" leicht verändert.) Hoch im Kurs stand bei mir auch *Hans Huckebein, der Unglücksrabe* mit den Versen: *Und läßt mit stillvergnügtem Sinnen / Den ersten Schluck hinunterrinnen.* (Sozusagen als Fortsetzung dessen hängt bei mir im Zimmer eine Postkarte, die man mir nach meinem Schlaganfall geschickt hat, und auf die die Botschaft *Lieber Rotwein als tot sein* aufgedruckt ist.) Auch *Plisch und Plum* habe ich wegen seiner hohen Ladung an Schwarzem Humor sehr gemocht (*Schlich, der durch das Fenster sah, / Ruft verwundert: „Ei, sieh da! / Das ist freilich ärgerlich, / Hehe! Aber nicht für mich!"*) Köstlich war und ist auch *Tobias Knopp.* Darin findet sich auch eine Szene, aus der ich eine Kurzgeschichte und einen Sketch für die Reinickendorfer Kriminacht gemacht habe, Knopps Besuch bei einem alten Freund, wo zu lesen ist: „*Heißa!!" – rufet Sauerbrot – „Heißa! meine Frau ist tot!!'* Mit dem *Naturgeschichtlichen Alphabet für größere Kinder und solche, die es werden wollen,* konnte man als heranreifendes Kind so schön das ABC von A bis Z erlernen, am Anfang so: *Im **A**meisenhaufen wimmelt es, / Der **A**ff' frißt nie Verschimmeltes.* Und hinter der Mitte: *Der **R**ehbock scheut den Büchsenknall, / Die **R**att' gedeihet überall.* Am Ende dann: *Die **Z**wiebel ist des Veggies Speise, / Das **Z**ebra trifft man stellenweise.* (Den Veggie habe ich im Sinne der *political correctness* eingeführt, was aber bei meinen jüdischen Wurzeln vielleicht gar nicht nötig gewesen wäre.) Aus anderen Busch-Büchern habe ich den passenden Trost für alle Singles, die dies gegen ihren erklärten Willen sind: *Wer einsam ist, der hat es gut, / Weil keiner da, der ihm was tut.* Und wer von aktiv oder passiv lärmenden Jüngern der Terpsichore genervt wird, der denke gleich an Wilhelm Busch: *Musik wird störend oft empfunden, weil stets sie mit Geräusch verbunden.*

Meiner Familiensaga habe ich aber keine Gedanken von Wilhelm Busch vorangestellt (von George W. Busch schon gar nicht), sondern einen von Pedro Calderón de la Barca: *Denn ein Traum ist alles Leben / Und die Träume selbst ein Traum.*

Fast in jedem Buch greife ich auf Georg Christoph Lichtenberg und seine *Aphorismen und andere Sudeleien* zurück, die in vielerlei Lagen Lebenshilfe bieten. So werden diejenigen, die mit ihrer Verortung im Bereich der Hochkultur protzen und als Kotzbrocken verschrien sind, vielleicht zur Selbstkorrektur angeregt, wenn sie lesen: *Man findet oft sehr seichte Köpfe, die zum Erstaunen viel wissen.* Wer einmal selbst gedruckt werden möchte, der nehme dies hier zur Kenntnis: *Heutzutage machen drei Pointen und eine Lüge einen Schriftsteller.* Und dies sei allen auf den Weg mitgeben, die kognitiv überdrehen: *Der Mann hatte so viel Verstand, dass er fast zu nichts mehr in der Welt zu gebrauchen war.* Und wer sich über alles aufregt und zu allem „seinen Senf dazugibt", dem sei mit Lichtenberg geraten: *Nichts kann mehr zu einer Seelen-Ruhe beitragen, als wenn man gar keine Meinung hat.* Wer sich aus der schreibenden Zunft über die Literaturkritiker ärgert, der sei damit getröstet: *Unter den größten Entdeckungen, auf die der menschliche Verstand in den neuesten Zeiten gefallen ist, gehört meiner Meinung nach, die Kunst Bücher zu beurteilen, ohne sie gelesen zu haben.*

*„Herr Bosetzky, kennen Sie Lichtenberg?"*

*„Klar, in Berlin-Lichtenberg hat meine Tante Claire gewohnt und da hat auch meine Hochschule ihren Standort."*

*„Dann lesen Sie mal Georg Christoph Lichtenberg, wo Sie auch diesen Satz finden werden: Es gibt für mich keine gehässigere Art von Menschen, als die, welche glauben, dass sie bei jeder Gelegenheit ex officio witzig sein müssten."*

Peng, das hat gesessen, und ist ein schönes Beispiel für einen Nadelstich im Sinne Fontanes. Aber ich habe erhebliche Nehmerqualitäten, wie das in der Boxersprache heißt, und revanchiere mich, da der Mann, der mich gerade k.o. schlagen wollte, Lyriker ist, mit besagtem Lichtenberg: *„Bei vielen Menschen ist das Verse-Machen eine Entwicklungs-Krankheit des menschlichen Geistes."* Es steht jetzt zumindest 1:1.

Oft schaue ich auch, bin ich auf der Suche nach passenden Zitaten in *Das endgültige zynische Lexikon* von Jörg Drews & Co und habe auch da Etliches markiert, was mir gefallen hat, so zum Beispiel einen Satz von Gottfried Benn, der Bücher wie dieses hier wohl *Rülpser des Anekdotenschleims* nennen würde. (Danke! Und ich widme ihm diesen Satz: *„Wenn Benn einen zieh´n lässt, ist das noch lange kein Benzin!"*) Von Gustave Flaubert finde ich dieses: *Ehren entehren. Titel setzen herab. Ein Amt verblödet.* Jetzt weiß ich auch, warum ich nicht gern auf Plakaten als Prof. Dr. erscheine und noch nie mein Bundesverdienstkreuz getragen habe. Auch Lichtenberg taucht hier auf: *Ich danke es dem lieben Gott tausendmal, daß er mich zum Atheisten hat werden lassen.* Angestrichen bei mir ist auch ein kurzes Gedicht von Schopenhauer: *In bunten Bildern wenig Klarheit, / Viel Irrtum und ein Fünkchen Wahrheit: / So wird der rechte Trank gebraut, / Der alle Welt erquickt und auferbaut.* Wenig später steht ein Satz des großen Robert Musil, der einen jeden von uns trösten mag, wenn er bei Günther Jauchs *Wer wird Millionär* schnell scheitert: *Ich bin vielseitig ungebildet.*

*„Herr Bosetzky, trauen Sie sich auch, das Zitat von Walter Serner abzudrucken, das sich drei Seiten später findet: Das beste Buch ist das unterlassene?"*

*„Nein, das lass ich lieber!"*

Manchmal kommen Leser zu einem meiner öffentlichen „Auftritte", die meine Bücher sehr schätzen – und dann bitter enttäuscht sind, wenn sie mir persönlich begegnen, und da muss ich dann immer an das denken, was Albert Savinio zum Thema „Besuche beim Dichter" geschrieben hat: *„Wer ein Ei ißt, will ja auch nicht unbedingt die Henne kennenlernen, die es gelegt hat."* Sehr tröstlich für mich, der ich stapelweise unbeantwortete Briefe bei mir zu liegen und an die 50 E-Mails noch nicht abgearbeitet habe, ist die Anmerkung Oscar Wildes unter dem Stichwort „Korrespondenz": *Ich habe einen jungen Mann gekannt, der sich durch das Laster, alle Briefe zu beantworten, ruiniert hat.* Nein, dieses Schicksal möchte *ich* nicht erleiden!

Immer wieder überlege ich ja, ob ich mich nicht doch daran machen sollte, eine Theorie der Vergeblichkeit und des Scheiterns zu entwickeln.

*„Herr Dr. Bosetzky, ich verstehe beim besten Willen nicht, was das mit dem Thema Trösten und Trostpflaster zu tun hat?"*

*„Eine Menge, wenn wir nicht vom eigenen Scheitern ausgehen, sondern dem, was anderen widerfährt, insbesondere denen, die wir – aus welchen Gründen auch immer – nicht mögen."*

Ich verliere meinen Ruf als Gutmensch endgültig, wenn ich gestehe, dass es mir bei meinen Krankenhausaufenthalten psychisch besser gegangen ist, wenn mein Zimmernachbar noch schlimmer dran war als ich. Im

Heft 4 (2015) der *Psychologie Heute* bringt es die Überschrift eines Artikels von Klaus Wilhelm auf den Punkt: *Dir geht es schlecht – wie schön für mich.* Wie sagte man früher, als man noch kein Gutmensch sein musste: Schadenfreude ist die schönste Freude! So heißt es in dem besagten Artikel auch weiter: *Schadenfreude ermöglicht, Rache in der Light-Variante auszukosten.* Im Gehirnscanner zeige sich, dass, insbesondere bei Männern, Belohnungszentren aktiviert werden. Wie komme ich darauf? Dadurch, dass in meinem Lexikon der zynischen Sprüche auch ein solcher von François VI. de La Rochefoucauld Eingang gefunden hat, nämlich: *Der Ruin des Nächsten erfreut Freund und Feind.*

„*Du bestehst nur aus Sprüchen!*" Das wirft mir meine Lebenspartnerin immer wieder vor.

„ *... und aus Widersprüchen*", ergänzte ich dann.

Nun aber keine Widersprüche, sondern wieder Sprüche, nämlich echte Berliner aus den beiden Sammlungen von Luise Lemke (*Lieber ´n bißken mehr, aber dafür wat Jutet* und *Besser jut jelebt und det noch recht lange*). Ich liste einmal unkommentiert die auf, die mir am besten gefallen und die ich bei jeder passenden und unpassenden Gelegenheit anbringe:

- *Halte dir an die Natur, sie allein bejlückt dir nur.*
- *Man kann oft jar nich so dumm denken, wie´t kommt.*
- *Besser schlecht jefahren als jut jeloofen.*
- *Spaß muß sein bei der Leiche, sonst jeht keener mit.*
- *Wer Jott vertraut und Bretter klaut, der hat ´ne billige Laube.*
- *Sieh da, sieh da, Timotheus, die Olle fällt vom Omnibus.*
- *Spare in der Not, da haste Zeit dazu.*
- *Bei mir Lohengrin: nie sollst du mich befragen.*
- *Bei mir Venus von Milo: Hände weg.*

- *Eene jut jebrat'ne Jans is eene jute Jabe Jottes.*

- *Der Storch hat Beene, doch Waden hat er keene.*

- *Ein Satz mit Muttererde: Mutta, eh'r de jehst, schmeiß mir noch ne Stulle runter.*

- *Ein Satz mit Konzert und Feldmütze: Cohn zerrt seine Olle uff's Parkett und fällt mit se.*

- *Bei mir Calais: jejenüber 'n Doofer.*

- *Bei mir Jummiband: ick zieh mir zurück.*

- *Papa, wat is'n Transvestit? Weeß ick nich, frag mal Tante Willi.*

- *Entschuldijen Sie, det ick jeboren bin, et soll nich wieder vorkomm'.*

- *Ick trag's mit Osram: mit Fassung.*

- *Du hast ja een Pickel am Hals – ach, det is dein Kopp?*

- *Zankt euch nicht und haut euch nicht, spuckt euch lieber in't Jesicht.*

- *Wo wir sind, klappt nischt, aber wir können nicht überall sein.*

- *Nu mal ran an'n Sarch und mitjeweent.*

Jetzt erinnere ich mich auch noch an den Spruch, der auf meinem eigenen Mist gewachsen ist und den ich immer anbringe, wenn es darum geht, etwas zu verteilen, das knapp ist und nicht für alle reicht: „*Verzicht ist meine Stärke!*"

Nun wäre auch das abzuhaken. Ursprünglich wollte ich noch meine Versprecher in dieses Kapitel aufnehmen, aber da ist mir nur einer eingefallen, als ich nämlich einmal vom Beyschlagtunnel in Berlin-Heiligensee sprechen wollte und dabei – auch noch zu einer weiblichen Begleitung – gesagt habe: „*Wir fahren jetzt durch den Beischlaftunnel.*" Ständig wiederhole ich aber einen Versprecher meiner Mutter und einen meiner Schmöckwitzer Oma. Erstere fand es nicht so gut, dass ich mich während meiner schwierigen ersten Semester an der FU am liebsten zu Hause vergrub und wollte sagen: „*Du sollst dich nicht so abkapseln!*", sagte aber: „*Du sollst dich nicht so abkaspeln!*" Hatte sie gerade ans Kaspische Meer gedacht oder gemeint, ich sei ein echter Kasper (Hauser). Die Oma wollte mich anhalten, beim Hinaustragen des Mittagessens in den Garten nicht alles zu verschütten, sagte aber „*verschulpern*". Welche Fehlschaltung lag da wohl zugrunde? Hatte sie dabei gedacht, dass man nicht alles „verplempern" oder „verschleudern" solle? Nein, nein, viel einfacher: Es soll, wie mich das Internet belehrt, wirklich das alte und längst vergessene Verb schulpern = vergießen geben. Das kann stimmen, denn im Duden finde ich, dass der Schulp die Schale des Tintenfisches ist, und woraus kann man besser etwas vergießen als aus einer Schale.

Zum Schluss noch dieses zum Thema Zitate: Bekomme ich von einer Deutschlehrerin eine E-Mail, in der sich mich wegen der Zeilen lobt, die ich dem ersten Band meiner Familiensaga (*Tamsel* bzw. als Tb *Hoch zu Ross*) vorangestellt habe: *Du hast Eltern, und Deine Eltern hatten Eltern, / wie auch die wiederum Eltern hatten – / und so weiter und so fort, / die Jahrhunderte hindurch. / Und alle leben in Dir, / wie Du in ihnen gelebt hast. / So gibt es ohne sie keine Gegenwart / und ohne Wissen um Deine Herkunft / auch keine Zukunft für Dich. - Anaxithonos.*

„*Ich möchte mehr über diesen Anaxithonos wissen*", schreibt man mir nun. „*Das muss ja ein großer Philosoph gewesen sein, und ich hätte gern etwas mehr über ihn gewusst.*"

„*Dann geben Sie doch bitte bei Wikipedia Horst Bosetzky ein, der hat sich diesen Mann ausgedacht.*"

# X. Ablachen vor dem Fernseher

Der Lachbedarf zumindest westlicher Völker scheint riesig zu sein, und die industrialisierte TV-Produktion ist ein lohnendes Geschäft geworden. Auch das Prof. Dr. vor dem Namen schützt die Menschen nicht davor. Meine Standardentschuldigung ist ein Satz unseres hochangesehenen Berliner Theaterkritikers Friedrich Luft (1911-1990), der, wenn eine Premiere in einem Haus der Niedrigkultur zu besprechen war, begonnen hat mit: „*Wieder einmal habe ich mich köstlich unter meinem Niveau amüsiert.*"

Meine Lieblingsserie ist derzeit *In aller Freundschaft*, bei mir kurz „Sachsenklinik". Jeden Nachmittag, wenn ich nach meinem Mittagsschläfchen noch nicht wieder arbeiten kann, sehe ich eine der alten Folgen, mit der Folge, dass ich von Angehörigen der Hochkultur, das sind per eigener Definition in Berlin Leser und Leserinnen der „*Süddeutschen*" und der *FAZ*, als „geistiger Tiefflieger" verachtet und bespöttelt werde. Wenn ich mich hiermit als Dauerseher der „Sachsenklinik" oute, dann mit Gefühl eines Schwulen, der sich der Öffentlichkeit offenbart. Warum nur habe ich diese Abhängigkeit entwickelt? Ich sehe eine Reihe von Gründen: Wahrscheinlich wäre ich doch lieber Chirurg und Chefarzt geworden wie Dr. Heilmann und Dr. Stein oder Belegarzt wie Dr. Kaminski, auch Klinikdirektor wie Prof. Simoni, und nicht nur ein lumpiger Geisteswissenschaftler und Schreiberling. Also identifiziere ich mich mit den genannten Herren und vergesse beim Anschauen der Serie vollkommen, dass dies alles vielfach geschönt und dramaturgisch überhöht ist und nicht der dröge und so harte Klinikalltag. Ich lebe in und mit der Familie von Dr. Heilmann und leide mit ihr, ich habe mich in die Psychologin Christina Buchmann, Dr. Heilmanns Affäre, trotz meiner 77 Jahre regelrecht verguckt und möchte mich gern von ihr therapieren lassen. Und nicht zuletzt lache ich auch über so manch absurde Szene, etwa wenn der Pfleger und Medizinstudent Hans-Peter Brenner immer alles falsch zitiert, etwa „*Da fällt einem der Deckel auf den Kopf*“ statt „die Decke“, oder wenn Sarah Marquardt, Verwaltungsleiterin der Sachsenklinik, so irrwitzige Reformen zur Effizienzsteigerung ihrer Organisation durchsetzen will, wie ich sie von der Berliner Verwaltung her kenne (siehe KLR).

Es ist lachhaft, aber meine Nähe zur „Sachsenklinik“ ist schon pathologisch und geht so weit, dass ich im Juni 2015 mit dem Freund Volker in das Örtchen Zollbrücke fahren werde, das nahe der Oder liegt und zu Bad Freienwalde gehört, weil dort der Schauspieler Thomas Rühmann (der Dr. Heilmann aus der „Sachsenklink“) das *Theater am Rand* betreibt. Es ist der helle Wahnsinn, aber es ist der letzte große Traum meines langsam zu Ende gehenden Lebens, dass er auf den Deal eingeht, den ich ihm vorschlagen werde: „*Ich komme ohne jeden Cent Honorar zu einer Lesung in Ihr Theater, wenn Sie mir dafür eine winzige Nebenrolle in einer der nächsten Folgen von 'In aller Freundschaft' verschaffen. Und ich hoffe, keine Fehlbitte getan zu haben.*“

So krank können Serien machen!

Das habe ich im April 2015 geschrieben, und vier Monate später wäre folgendes hinzuzufügen: Am 19. Juni 2015, und nachdem ich zusammen mit meinem

Freund Volker noch einmal im Oderbruch nachgehakt hatte, hat mich die folgende E-Mail erreicht:

*Lieber Herr Bosetzky,*
*schön, daß Sie den Weg an den Rand gefunden haben.*
*Leider kann ich Ihnen nicht helfen. Nicht mit einer Rolle bei IAF*
*- so wird die Serie intern genannt.*
*Die Besetzung, auch die der Kleindarsteller liegt in Händen einer*
*professionellen Agentur.*
*Und ich kann Ihnen auch keine Lesung im Theater anbieten. Wir*
*haben unsere Schwerpunkte verändert. Noch vor einigen Jahren*
*gab es Schriftstellerlesungen. Wir belegen den dafür vorgesehenen*
*Sonntag-Vormittag inzwischen mit eigenen Produktionen. ( ... )*
*Es ist also wirklich eine Fehlbitte gewesen, deren Nichterfüllung*
*Sie hoffentlich mit Humor nehmen. ( ... ) Ich würde mich über*
*einen Theaterbesuch von Ihnen freuen. Gucken Sie sich gern «Mit-*
*ten in Amerika» an. Kommen Sie danach einfach auf mich zu.*
*Herzliche Grüße*
*Thomas Rühmann*

Ich war nun mit einer Gruppe vom Freunden und Verwandten im *Theater am Rand* und habe mir das besagte Stück angesehen, so viel an innerer Größe muss ja sein. Es war herrlich! Hinter der Bühne gab es keine Wand, die Kulisse waren die Felder dahinter, mit Pferden und Störchen. Und großartig war auch die Idee, die Darsteller durch diese Felder von hinten auf die Bühne kommen zu lassen, spielte alles doch auf einer Farm im Mittleren Westen der USA. Nach der Vorstellung habe ich mich dann Dr. Heilmann vorgestellt und ihm einen meiner Romane mit einer schönen Widmung geschenkt, ohne dass er irgendeine Reaktion gezeigt hätte.

Seither höre ich fremde Stimmen: „*Bosetzky, da haben Sie sich in Ihrem Alter aber ganz schön zum Affen gemacht!*" (Zum IAFfen, ja.)

„*Vater, du heißt nicht nur Horst, du bist auch einer!*"

Es darf schallend über mich gelacht werden!

Von meiner Serien-Seh-Sucht bin ich aber noch immer nicht geheilt worden. Ich sehe mir jetzt jeden Vormittag ab 11 Uhr 45 – obwohl ich Protestant bin – *Um Himmels Willen* an, das in einem Nonnen-Kloster angesiedelt ist, und rechtfertige damit, dass eine der Protagonistinnen, nämlich Jutta Speidel (die Schwester Lotte), vor Ewigkeiten einmal die weibliche Hauptrolle in der Wolf Gremm-Verfilmung meines Kriminalromans *Kein Reihenhaus für Robin Hood* gespielt hat. „*Gelobt sei Jesus Christus!*" – „*In Ewigkeit. Amen.*"

Wo soll das mit mir noch enden?

Die erste Serie mit erheblichen Comedy-Elementen, die ich jeden Vorabend gesehen habe, war die *Sesamstraße*. Dies etwa seit 1975, als mein Sohn Sascha drei Jahre alt war. Was haben wir gelacht über die *Mupppets* Ernie & Bert, Kermit, den Frosch, Grobi, das Krümelmonster, Graf Zahl, Oscar in der Mülltonne und *Big Bird* Bibo. Mit meiner fünf Jahre jüngeren Tochter Lisa habe ich dann die „verdeutschte" Fassung der *Sesamstraße* gesehen und immer noch gelacht, denn Samson und Tiffy waren so fürchterlich bieder und hatten null Anarchistisches mehr wie etwa Oscars Standardlied: „*Ich mag Müll. Alles, was schmutzig ist, stinkig und dreckig. Ja, ich mag Müll!*" Und das bei der in Deutschland immer noch angesagten „Reinlichkeitsdessur" der Kinder. Herrlich! Weniger begeistert davon als ich waren etliche meiner erzbürgerlichen lehrenden Kollegen, besonders die, die sich in Professor Hastig wiederfanden, dem zerstreuten Professor, der oft vorn im Hörsaal an der Tafel einschlief. Das waren in der Regel auch die, denen ich wegen meines Hangs zum Entertainment und den dadurch bedingten sehr guten Rückkopplungsnoten ein Dorn im Auge war.

Die süchtige Serien-Seherei aber ging bei mir erst so richtig los mit *Ein Herz und eine Seele* (ab 1973). Alfred Tetzlaff („Ekel-Alfred"), dargestellt von Heinz Schubert, fand ich genial und *very sophisticated*. Glücklich hat es mich gemacht, dass ich Heinz Schubert für die Serie *Soko 5113* einmal eine Rolle auf den Leib schreiben konnte (*Die große Wut des kleinen Paschirbe*). Wolfgang Menge, dem deutschen Vater dieser einzigartigen Serie, konnte ich meine Verehrung zeigen, als er mich in Bremen bei *Drei nach Neun* befragt hat. Gelernt habe ich beim Anschauen der vielen Folgen auch, was ein ganz besonderer *running gag* ist: die Nachbarin Frau Suhrbier, auf die Alfred äußerst allergisch reagiert, die aber immer nur erwähnt wird und niemals in persona auftritt. Es spricht allerdings gegen diese Serie, dass sie meinen Charakter nachhaltig zum Bösen hin verändert hat, denn das, was Alfred ständig zu seiner Frau gesagt hat: „*du dusslige Kuh*", das rufe ich jetzt immer aus, wenn mir eine in den Medien präsente Prominente mit ihrer Art und ihren naiv-doofen Äußerungen stark *contrecœur* geht.

Nach *Ein Herz und eine Seele* kamen ab 1976 die Sendungen mit Loriot und Szenen, die uns allen nicht mehr aus dem Kopf gehen und die wir ständig vor uns haben und nachspielen. Wo auch immer ich bin und ein schief hängendes Bild sehe, da rücke ich es gerade. Unvergesslich sind auch der *Vertreterbesuch*, wo Loriot als Weinvertreter Blümel auftritt, der einer Hausfrau (Evelyn Hamann) verschiedene Weine von zweifelhafter Qualität zum Probieren anbietet („ ... *abgezapft und original verkorkt von Pahlgruber & Söhne*") und selbst solange mittrinkt, bis er „dun ist", und dann der Staubsaugervertreter Jürgens erscheint und den „Saugblaser Heinzelmann" bewirbt („*Es saugt und bläst der Heinzelmann, wo Mutti sonst nur saugen kann.*") Wir alle kennen auch die *Herren im Bad* (mit Herrn Müller-Lüdenscheid und Dr. Klöbner), die Eheszenen *Das Ei* und *Feierabend*, aus dem Berufsleben *Liebe im Büro* mit Direktor Meltzer und Fräulein Dinkel, *Die Jodelschule* (*Holleri du didl dö*), *Der Lottogewinner* („*Ich heiße Erwin Lindemann ...*"), *Die Nudel*, wo Evelyn Hamann als Hildegard auftritt und ihrem eitlen Verehrer hartnäckig eine solche auf der Oberlippe klebt, oder wie sie in einem weiteren Loriot-Sketch die britische Krimiserie *Die zwei Cousinen* präsentieren möchte und dabei wegen der anspruchsvollen Artikulation der vielen ti-äitsch-Laute in den englischen Orts- und Personennamen fast einen Nervenzusammenbruch erleidet. Auch an *Weihnachten bei Hoppenstedts* und den Restaurantbesuch zweier Ehepaare, die sich im Urlaub kennengelernt haben und deren Freundschaft mit dem „Kosackenzipfel" ein jähes Ende findet, sind bei uns allen abgespeichert.

Ich vermisse in den *Loriot*-DVDs und meinem Reclam-Büchlein leider den Sketch, den ich einmal auf einem Video-Band hatte: *In der Benimmschule*. Da soll Herr Blümel eine Prüfung ablegen und lernt, wie man zwei Damen begrüßt. Er soll die Damen fragen: „*Wollen Sie sich erst noch frisch machen?*", fragt aber, so jedenfalls in meiner Erinnerung, als er ihnen den Weg zur Toilette zeigt: „*Wollen Sie erst noch etwas frisch machen?*" Ich hoffe fest, dass das wirklich so war, denn wenn ich unseren Gästen die Frage in der zweiten Version stelle, berufe ich mich, tadelt man mich streng, immer auf Loriot ...

Keine Folge wollte ich auch von der amerikanischen Serie *Alf* verpassen (1986-1990). Alf war ein freundlicher pelziger Außerirdischer vom Planeten Melmac, der mit seinem Raumschiff auf die Garage der Familie von Willie Tanner abstürzt ist und von den Tanners als Familienmitglied aufgenommen und versteckt wird. Den *running gag*: „*Alf! In die Küche!*" habe ich bei der Erziehung meines Collies übernommen: „Mac! Auf dein Plätzchen!"

Seit Jahren lasse ich mir auch keine Folge von *Two and a Half Man* (ab 2003) entgehen, wobei ich insbesondere den Alan Harper, verkörpert von Jon Cryer, umwerfend komisch finde, wie er sich, ein konservativer, pathologisch kontrollierter und überaus geiziger Mensch, der von den meisten Frauen ausgelacht wird, als *Looser* erfolgreich durchs Leben schlägt.

Kommt nun *Eine schrecklich nette Familie*, von der ich überall so geschwärmt habe, dass mich der damals mit mir befreundete Verleger Oliver Schwarzkopf gebeten hat, für seinen Bildband über diese Serie, die unter dem Titel *Al Bundy* erschienen ist, ein heiter-wissenschaftliches Vorwort zu schreiben. Dieser Essay ist überschrieben mit *Froh unter Niveau oder: Warum Al Bundy so wichtig ist*. Ich beginne – wie eben oben auch – mit dem Satz von Friedrich Luft und mache mir dann Luft, indem ich die attackiere, die das Anschauen und den Genuss dieser Serie für eine Form dessen ansehen, was wir Soziologen „abweichendes Verhalten" nennen. (Nun ist vorab zu sagen, dass der erfundene Serienheld Al Bundy ein

Schuhverkäufer ist, dass aber ein Ted Bundy sehr real gewesen ist und als einer der bekanntesten Serienmörder in der Geschichte der USA gilt.) Ich beginne mit: *Zuerst einmal: Als Bildungsbürger sieht man generell keine Fernsehserien, und im Extremfalle hat man gar keinen Fernsehapparat. Stattdessen äußert man Sentenzen wie diese: „Fernsehen verblödet doch nur. Ich spiele stattdessen lieber Cello oder lese ein gutes Buch."* (Womit sicherlich keines meiner Bücher gemeint ist.) Ich formuliere zehn Thesen, und eine von ihnen lautet: *Wer Eine schrecklich nette Familie in zu großen Dosen zu sich nimmt, läuft Gefahr, sich anzustecken und im täglichen Leben ebenso drastisch zu reden wie die Bundys.* So rufe ich manchmal aus: „*Was ist denn das hier für eine gequirlte Scheiße!*" oder: „*Haben sich denn alle Idioten Deutschlands bei der Bundesbahn versammelt!*" Weiterhin stelle ich fest, dass sich echte Intellektuelle und klammheimliche Anarchisten diese Serie unbedingt ansehen müssten und verweise auch darauf, dass sie mithelfen würden, unseren Ambivalenz-Konflikt zu lösen, der wie ein Schwelbrand in uns steckt und darin besteht, dass wir leicht zornig auf die Person werden, die wir am meisten lieben, und immer versucht sind, sie zu verletzen, denn: Je enger die Beziehung, desto heftiger der Konflikt (siehe Freud, Bowlby und Coser). Worüber habe ich nun bei Al Bundy am meisten gelacht und kolportiere das immer wieder:

... wie Al Bundy im Flugzeug die Socken auszieht, und sofort die Sauerstoffmasken herabgefallen kommen.

... wie eine Nachbarin Al´s Hamburger verabscheut, und sie dann bei einer Gartenparty doch mit höchster Verzückung genießt, weil sie so wunderbar gewürzt sind – mit der Asche ihrer verstorbenen Tante, die Al Bundy in einer Urne gefunden hat.

... wie die Familie Bundy während einer Hitzeperiode mangels einer eigenen Klimaanlage in einen Supermarkt zieht und dort blutig darum kämpft, der millionste und reich beschenkte Besucher zu werden.

Schließen wir mit einem Dialog zwischen Al und seinen beiden Kindern:

Al (zu Bud und Kelly): *„Wisst Ihr, dass Euer Dad euch liebt ...“*

Bud (hoffnungsvoll): *„Dad, wirst du sterben ...?“*

Am Ende dieses Kapitels darf natürlich das *Dinner for One* nicht fehlen, unser alljährliches Silvester-Ritual, und wie oft reagieren wir auf sich wiederholende Abläufe mit der Frage: *„The same procedure as every year?“* oder bei einem übernommenen Auftrag mit: *„Well, I'll do my very best.“*

Immer wenn ich bei Feierlichkeiten keine Turnschuhe anhabe, sondern Lederschuhe mit harten Hacken, dann schlage ich diese, so weh das auch tut, klackend wie der Butler James zusammen, wenn der den Admiral von Schneider spielt und rufe in meinem besten Schwedisch: *„Skål!“* In meiner Jugend haben wir bei unserer Schwedenreise immer gerufen: *„På det goda i alla vackra flickor, skål!“* (*„Auf das Wohl aller schönen Mädchen, Prost!“*)

Ja, so ist das Leben: Heute nicht mehr Prost, sondern Prostata ...

# Quellen

Bosetzky, Horst (Hg.), Ran an´n Sarg und mitjeweent, VS Berlin / Eulenspiegel Verlag, Berlin 2010

Bosetzky, Horst, und Rengha Rodewill, -ky´s Berliner Jugend, Vergangenheits Verlag, Berlin 2014

Das dicke Busch-Buch, hrsgg. von Wolfgang Teichmann, Eulenspiegel Verlag, Berlin o.J.

Drews, Jörg, & Co, Das endgültige zynische Lexikon, Haffmans Verlag, Zürich 1989

Feldmann, J., Deutsche Gedichte, Volksvereins-Verlag, M.Gladbach 1915

Goyke, Frank (Hg.), Al Bundy: Eine schrecklich nette Familie. Das große Buch für Fans, Schwarzkopf & Schwarzkopf, Berlin o. J.

Loriot, Menschen – Tiere – Katastrophen, Philipp Reclam jun. Stuttgart 1992 (Auswahl Peter Köhler)

Lemke, Luise, Lieber ´n bißken mehr, aber dafür wat Jutet, arani, Berlin 1981

Lemke, Luise, Besser jut jelebt und det noch recht lange, arani, Berlin 2004

Lichtenberg, Georg Christoph, Aphorismen und Sudeleien, Reclam, Stuttgart 2003

Psychologie Heute, versch. Ausgaben (siehe Angaben im Text)

Stern Nr. 20 vom 7.7.2015

Wikipedia zu versch. Themen (siehe Angaben im Text)